# 网络平台治理：
## 规则的自创生及其运作边界

Network Platform Governance

Autopoietic of Rules and Their Operational Boundaries

李怡然　著

上海人民出版社

目　录

# CONTENTS

# 导论

## 一、研究的缘起

人类正在经历的第四次技术革命已经引发了全球意义上的重大社会结构变革，国际法学界都在热议着此次技术革命对传统法治模式形成的冲击。当下，我国正逐渐进入一个“在网络交易平台上生活”的时代。由于“法的滞后性”，互联网企业基于大数据、人工智能和区块链等技术，在平台治理等实践中逐渐形成的一种超常规且处于不断演化过程之中的“企业的制度自我生产机制”。这种法的生产机制的变革，正在使得传统的国家与社会、国家与市场、国家与企业、公与私等两分界限不断地模糊化。与此相关的是，人工智能与大数据技术还引发了网络安全、数据垄断、财产权形态变化、差异化与正义实现等新问题。比如，滴滴出行与哈啰出行的安全、微信的反盗版、淘宝的打假、脸书的信息泄露，等等。因此如何从法律的角度对网络交易平台的制度形成、治理实践，并对有关法律理论以及传统法治秩序的冲击、创新等问题进行全面梳理也就显得很有必要了。[1]

网络交易平台或者第三方电子商务平台是随着电子商务兴起而出现的一类特殊商业现象，其经营者不直接销售商品，而是提供撮合消费者与商品服务销售者的信息技术平台，并可以提供相关服

[1] 俞思瑛、季卫东、程金华、郑戈、侯利阳：《对话：技术创新、市场结构变化与法律发展》，载《交大法学》2018 年第 3 期。

务，在某种意义上其实质类似于展销会、集贸市场、商场等传统的市场主体。然而，随着人工智能、大数据、区块链等新型技术的不断应用，第三方电子商务平台正经历着指数式的增长。以阿里巴巴集团（以下简称“阿里巴巴”）为例，2017 年的总销售额大约是 3.77 万亿元人民币。这意味着如果阿里巴巴是个省的话，它在全国排名第六，仅低于广东、江苏、山东、浙江、河南；如果阿里巴巴是个国家的话，它的总销售额跟瑞士或者沙特的 GDP 相近，位居世界前二十。到了 2020 年，这个数据的总量和排名均再次提升。2020 年阿里巴巴数字经济体的消费型商业业务 GMV 达 7.053 万亿元，成为世界上第一个平台销售过 1 万亿美元的公司。这意味着如果阿里巴巴平台是一个省份，按照 GDP 总量口径统计，其已经上升至全国排名第四，仅次于广东、江苏、山东。

更重要的是，网络交易平台的发展，还带来了人类社会结构、市场形态与法律内容的巨大变化。其中最重要的是，网络平台企业实质上已经在某种意义上，开始与政府的很多职能形成竞合，其具体表现为：

第一，形成独立的信用治理体系。比如，在淘宝上，无论是买家还是卖家，都有一个信用值或者是级别，不同的信用赋予拥有者不同的特权。信用体系在传统社会是通过政府以及政府授权的组织（比如银行等）来实现的。阿里巴巴的信用体系、支付体系已经深入我们生活的方方面面，甚至开始控制我们的生活。这其实就是阿里在重新构建社会结构的过程。但我们又必须注意到的是阿里终究是营利性的机构，它不可能像政府或者其他第三方机构一样具有天然的、独立的地位。

第二，形成独立的纠纷解决机制。比如，还是以阿里巴巴为例，淘宝网对于网购纠纷摸索出一套全新而有效的在线解决机制。从解决过程来看，遵循不断分流、尽快结案的理念，具有仅买家被允许启动程序、提供反复举证互动的机会、促使和解结案等特点。从解决结果来看，存在多数纠纷以和解结案、多数判定支持买家的现象。从主体博弈、利益平衡的视角观察，可以发现判定者并不是居中的利益无涉者，而是以扩大平台整体交易规模为宗旨，因此在单笔交易纠纷的解决中偏向买家，但和卖家之间又具有长期的共生关系。基于此，交易平台采取的是“牺牲卖家单笔订单利益来满足买家的购物体验，再以事后的店铺流量作为补偿”的策略。该机制强调经济利益、程序的分类和分流、纠纷主体的充分沟通、结果的有力执行等经验，可为构建适应我国国情的新时代多元纠纷解决体系带来启示。

第三，对传统的守法形态和执法体系造成的影响。通过制度设置，电商平台上的企业实质上在受到工商机关、税务机关监管方面要相对松弛，事实也意味着被规制成本的降低。个体的守法更多通过平台的算法技术得到了监控，并通过对其在信用、信息资源获取方面的调配与惩戒来引导个人的守法形态。在执法方面，平台几乎畅通全中国乃至世界的物流与支付体系，令执法的送达、执行、宣告、拍卖的效率和威慑力大大提升，失信被执行人在网络平台的时代几乎寸步难行和无所遁形。

与上一次法律界兴起的对大型跨国公司的讨论[1]相比，网络

[1] 巨型公司已经成为“确立生活方式准则和公民生活模式的机构。它引导、形成、指挥、决定我们社会的发展前景”，并在某种程度上成为权力的中心，享有“私人政府”的地位，与政府分享主权，并从追求私人利益的边缘经济工具变成了在社会占统治地位的复杂部门。参见［美］施瓦茨：《美国法律史》，王军等译，法律出版社 2011 年版，第 172 页。［英］伊凡·亚历山大：《真正的资本主义》，杨新鹏等译，新华出版社 2000 年版，第 117 页。

平台及其依托的智能互联网等技术对于人类生活结构的重塑更为深刻。在此层面，实质上需要对网络交易平台及其公司的法律性质有一个新的理解。在传统上，我们很容易将第三方电商平台性质的网络交易平台类比于展销会组织者、集贸市场经营者。但是很显然，这样的定性已经不足以解释网络交易平台实质上扮演的社会角色。以阿里巴巴腾讯为代表的超级网络平台已经不是一个自我运行的公司，其将很多用工环节通过外包、众包等形式委托给了第三方的合作商，从劳动法的角度这些外包公司及其雇员、众包人员和平台之间并非传统的基于劳动关系二分法下的某种劳动或者劳务关系，如果从民法的角度去套用委托代理、加工承揽等概念亦不具有说服力。那么在我国现行法律治理体系中网络交易平台具有何种法律地位、具有何种法律属性呢？简言之，现行法中绝大多数的法律法规都是基于工业时代如何规制传统型大公司而构建的，这些法律到了互联网时代面临着重新适应以及再次调整的问题。要解答这一问题，就需要回溯到基础理论，尤其是其中与组织运作、社会治理结构变革、法律规则衍变有关的社会理论。

## 二、论题的确定

网络平台的种类众多，按照其应用属性可以分为五大类型，其分别是：（1）操作系统和应用商店平台，如苹果、谷歌、微软等，主要提供网络应用基础设施；（2）信息发布和共享平台，如大众点评、去哪儿、携程等，主要解决“食住”等问题；（3）社交媒体平台，如脸书和腾讯（微信、QQ）等，主要解决“交往”的问题；（4）电子商务和互联网金融平台，如亚马逊、阿里巴巴、京东等，主要解决“衣”等问题；（5）出行共享经济平台，如优步、滴滴打车、美团单车等，主要解决“行”的问题。近些年随着经济发展平台领域不断创生出新的场景和业态，正在向其他领域渗透。

由于网络交易平台的种类众多，为了论题的集中，本书主要关注的平台是以销售实体产品的电子商务交易平台的法律问题，即利用互联网和智能技术连接多个企业和个体的、承担中间载体作用的商业交易平台，其以阿里巴巴、京东、腾讯为代表的电子商务平台及其衍生出的支付宝、微信钱包等支付类互联网信用平台为代表。在研究的过程中不断将视角集中于人工智能、大数据、区块链等新型技术，对于第三方电子商务平台治理实践的影响及其最终对法律、法治理论与实践的冲击。

经过了三十年的发展，网络平台从最初的无序竞争、兼并不断、事故多发已经迈入新的秩序整顿阶段[1]。正如我们所体验到的，阿里巴巴这样的企业已经形成了自身的生态帝国，如包罗万象的淘宝网、定位于品牌专卖的天猫商城、为电商业务提供有力信用支撑的支付宝、深度融合互联网金融相关业务的蚂蚁金服、基于大数据分析提供个人征信服务的芝麻信用、为自身和外部提供信息化支撑的阿里云、与电商平台形成信息交流互动的微博等，这些子公司并立已经形成一个以电子商务为核心的生态圈。尤其是在近年来国家借助反垄断政策收紧对平台的监管态势下[2]，平台经营者主要

[1] 互联网的商业化于1991年出现、1994年爆发、以2007年iPhone的出现为标志进入腾飞阶段，其进展经历了ISP阶段、门户阶段、垂直阶段、社交媒体阶段和移动综合平台阶段。移动综合平台阶段互联网的腾飞是借助移动智能终端出现的，此后出现了我们所熟知的超级网络平台，并于2017年出现了一系列市值超过3000—7000亿美元的巨无霸主导全球市场的发展，中国的腾讯和阿里巴巴两家公司也进入了超过3000亿美元的几大互联网巨头俱乐部。

[2] 孔祥俊：《论互联网平台反垄断的宏观定位——基于政治、政策和法律的分析》，载《比较法研究》2021年第2期。

关心的仍然是如何继续保有竞争优势和进一步扩大用户黏性的问题。就维持竞争优势而言，平台需要在信息流、财务流和数据流等几个方面继续加以巩固和拓展，进一步建立信任机制并提升用户体验，其中涉及打假、提升商品质量、交易便利和可信度、会员优惠等问题。

无论是哪种努力，平台治理的大型化、复杂性、多变性和综合性都使得其决策关涉多个领域和主体，仅仅依靠平台自身已经无法应对所有的问题，这些问题概括起来包括内部治理失灵与外部制度不足两个方面。一方面，平台治理的内部存在失灵现象，这一自组织的失灵体现在制定规则、分配权利义务和解决纠纷等多个层面。比如，由于流量超级巨大而无法发现数据或隐私保护的漏洞所在，由于平台内部腐败而无法解决商家刷钻刷分、篡改评价等难题从而难以赢得消费者的完全信任，在打假、取缔非法商家等方面更是由于没有执法权而力不从心。另一方面，平台的外部制度供给不足，传统法律已经无法解释和应对环绕平台出现的各种新问题，这在劳动关系认定和责任分配领域尤为明显。由于横向和纵向的传统官僚权力体系在地域上的分割不足以应对平台网络的全域性治理，也由于平台治理与政府治理两种权力之间存在巨大张力，出现了治理边界模糊、规则定位不清、责任分配不合理等问题。

因此，互联网平台时代的多场域、脱域性和全域性对于平台治理结构提出了重构的需求。传统的平台治理研究集中于治理的内外两种视角，并先后提出了平台与政府的合作治理、敏捷治理、多级治理、第四方法人和第四方治理等多个创见，但是，对于如何认识平台在当今社会的法律地位和性质，如何建立平台治理的合法性、合理性、必要性和具体实施机制等重要问题，学界和实务界至今并未给出有力的分析、解释或回答。在平台治理的参与主体、程序机制、规则论证、责任分配、治理效力等具体法律问题上更是迫切需要法学学者的智识。如果说平台治理的路径主要有通过价格、规则、声誉机制的治理，那么法学者主要提供的是一种“基于规则的治理”智识，即主要关注与平台规则有关的制定、修改、实施和法律衔接等难题，在此基础上再讨论基于规则的平台治理如何构造的问题。因此，本书将聚焦于“基于规则的网络平台治理”这一核心问题。

## 三、概念的界定

### （一）什么是平台？

世界上最早的电子商务平台型企业是1995年创立的美国的易贝公司和亚马逊公司，前者C2C代表，后者是B2C代表。在中国，1998年创立的C2C电子商务平台易趣网是最早具有影响力的电商平台，后来被亚马逊收购后改名为易贝易趣，之后被淘宝取而代之至今。B2C和B2B发展出了较多的企业，除阿里巴巴旗下各个电商平台外，还有京东、当当，等等。服务领域也逐渐发展出一些电商平台，例如在线旅游的去哪儿、携程、大众点评等。

通过对平台治理相关的中外文献的整理，笔者发现平台的含义源自“双边市场”的概念，最早经由经济学者对之进行概念界定，如平台经济研究的大家阿姆斯特朗（Armstrong）将双边市场定义为“存在两组需要通过网络型平台实现互动的用户，其中一组用户加入平台的收益取决于加入该平台的另一组用户的数量”。伴随平台应用群体的多样化，多边市场和多边平台的概念应运而生，哈丘（Hagiu）将平台定义为“能够使得归属于其中的多类用户通过直接互动创造价值的组织”。中国学者方兴东认为，网络平台是借助组件（硬件、软件、服务）和规则（标准、协议、政策、合约）来促成两个或多个主体的互动来创造价值，即由一组稳定的组件通过约束其他组件之间的联系来支持系统中的多样性和可演化性。[1] 平台的服务事项是多样化而一站式的，包括认证、支付、物流、客服、纠纷解决等。因此，在经济学者看来，网络平台是一个双边市场，为销售方和消费者搭建了一个中介性的场所，促使双方在不同的场景下进行相互合作，并为合作提供了许多渠道上的便利，这些渠道促使在平台上的用户行为逐步标准化。在某些行政管理学者看来，网络平台是在网络空间中通过提供技术支持和应用入口，为用户交易、互动和交流提供场所和服务的自组织生态，其本质是连接商品或服务供需端口的中间节点[2]。2019 年实施的电商领域基本法《电子商务法》在第九条对平台经营者进行了定义，即“本法所称电子商务平台经营者，是指在电子商务中为交易双方或者多方提供网络经营场所、交易撮合、信息发布等服务，供交易双方或者多方独立开展交易活动的法人或者非法人组织”，但并未对平台进行明确的概念界定，这可能与该法专注于电商平台的法律规制有关。首个在法律法规层面对平台作出定义的是 2021 年 2 月国务院发布的《国务院反垄断委员会关于平台经济领域的反垄断指南》，其中第二条第一款规定，“平台，本指南所称平台为互联网平台，是指通过网络信息技术，使相互依赖的双边或者多边主

[1] 方兴东、严峰：《浅析超级网络平台的演进及其治理困境与相关政策建议——如何破解网络时代第一治理难题》，载《汕头大学学报》2017 年第 3 期。

[2] 郭渐强、陈荣昌：《网络平台权力治理：法治困境与现实出路》，载《理论探索》2019 年第 4 期。

体在特定载体提供的规则下交互，以此共同创造价值的商业组织形态”。

据此，本书认为，网络平台是指依托互联网、大数据、人工智能技术为相互依赖的交易双方或者多方提供网络经营场所、交易撮合、信息发布等服务，供交易双方或者多方独立开展交易活动的特定新型场域。

### （二）有关治理的概念界定

有关“治理”的讨论一度集中在政治学、行政管理领域。学界一般认为新旧治理的分水岭是 1989 年的世界银行报告，世界银行在探讨撒哈拉以南非洲发展问题的报告中，把非洲当时的情况首次称之为“治理危机”。所谓新旧治理的区别在于，旧治理一般是指“政府以及它的行为”，而新治理是指“政府与社会之间的伙伴关系”[1]，从而去除了政府中心主义的视角。之后，20 世纪 90 年代由一批国际关系学者和政治科学家发起了“全球治理”运动，其以 1992 年《无政府治理》一书的出现为标志，倡导对全球治理的更广泛理解。这一对治理的更灵活认知涉及“全球生活是如何组织、结构和监管的”这一核心问题（Barnett & Duvall，2004），并试图超越单一的国家中心主义，以更好理解 20 世纪涌现的治理结构中的权力关系和冲突。斯托克（1998）进一步认为治理需要“为有序的规则和集体行动创造条件”，因此，后期对治理的认识已经超越了一种能力，而是一种跨越不同行动者和行动的特定而复杂的互动

[1] Van Kersbergen K. 和 Van Warden F. 分析了九种治理概念，学者将其分为四大类，分别为善治、没有政府的治理、网络治理和市场治理。参见周雪峰、李平主编：《网络平台治理与法律责任》，中国法制出版社 2018 年版，第 33 页。余军华、袁文艺：《公共治理的概念和内涵》，载《中国行政管理》2013 年第 12 期。

网络。有学者认为，西方治理话语的兴起是对福利国家危机、全球化和地方性的回应，是新自由主义对国家行为方式的新诠释，该话语强调社会组织与政府分享权力。[1] 这种治理话语随着跨国企业和全球化的兴盛而逐步扩展到全球范围，如斯蒂格里茨（2014）认为在全球化治理体系中，世界银行、IMF、世贸组织和若干角色——财政部长、商贸部长等在支配着整个局面，但许多受到其决策影响的人却几乎没有发言权。[2]

正如有的学者[3]所说，在过去的半个世纪里，有关治理的政治观念有了很大的发展。根据福山（2013）的传统表述，治理是“政府制定和执行规则、提供服务的能力”。所谓的“良好治理”指一个国家建立功能性和有效的机构、并利用这些机构有效维持法律和秩序的能力（维斯，2000）。有的学者认为治理是“将不同公民的偏好意愿转化为有效的政策选择的方法手段，以及将多元社会利益转化为统一行动，并实现社会主体的服从”。也有学者认为，治理是“为了实现公共利益的目标而制定规则和实施规则的过程，其核心在于权力与责任的分配”。作为一种概念工具，治理与管理的最大区别在于其自身的包容性和开放性，为非正式制度或组织作为公共秩序规则的补充提供可能，并以其自身的过程性实现了对静态命令与服从关系的超越，[4] 其包含了公共权威、管理规则、治理机

[1] 王岩、魏崇辉：《协商治理的中国逻辑》，载《中国社会科学》2016 年第 6 期。

[2] [英] 约瑟夫 · E. 斯蒂格利茨：《全球化及其不满》，李杨、章添香译，机械工业出版社 2004 年版，第 15 页。

[3] Robert Gorwa, *What is platform governance?* Informaion, Commnicaion & Sociey, 2019, OL. 22, NO., 8—81 https://doi.org/10.1080/19118X.2019.191.

[4] 周辉：《变革与选择：私权力视角下的网络治理》，北京大学出版社 2016 年版，第 19 页。

制和治理方式等内容。[1] 同时，部分学者（杰索普，1999）也认为治理存在许多制约因素，如市场机制、自组织过程的本质以及个别机制内部固有的特殊两难问题，比如合作—竞争、开放—封闭、可治理—灵活性、责任—效率[2]。

（三）有关平台治理的概念界定

对于平台治理，学界尚无公认的定义。平台治理的概念本身借助了政治学和经济学的概念，主要是指平台运营方对自身的治理，当然也有学者认为是指政府对于平台的治理，即政府为了维护社会的安全、秩序和福祉对平台进行的一系列规制活动，这种政府规制与平台对自身的治理关系如何、界限在哪里需要我们进一步分析。

在经济学领域，埃森曼（Eisenmann）等指出，建构一个双边平台包括两个方面：一是平台设计，即为各参与方之间交易达成提供的服务架构；二是平台治理，即明确定价和参与者权利与义务的一系列规则[3]。提瓦纳（Tiwana）等在此基础上进一步将平台视为生态系统，该系统既包括平台内在的设计和治理，也包括外在的环境因素[4]。他们将平台治理定义为“谁为平台作什么决策”，平台治理因此包括三个方面的决策：决策权配置、控制和所有权，分别对应于权利义务治理、动机治理和股权治理。平台治理的核心问题

[1] 俞可平：《全球治理引论》，载《马克思主义与现实》2002 年第 1 期。

[2] [英] 鲍勃·杰索普：《治理的兴起及其失败的风险：以经济发展为例的论述》，漆芜译，载《国际社会科学杂志》(中文版）1999 年第 1 期。

[3] Eisenmann T., Parker, G., Van Alstyne M. *Strategies for two-sided markets.* Harvard Business Review, 2006（10）: 92—101.

[4] Tiwana A., Konsynski B., Bush A. A. *Research commentary-platform evolution: coevolution of platform architecture, governance, and environmental dynamics.* Information Systems Research, 2010（4）: 675—687.

是既要保持对平台整体性的足够控制，又要适当放松控制以激励平台内开发者的创新。伊万（Evans）从法律角度将平台治理定义为一种基于管理规则的私有性控制，是对负面网络效应的防范机制。他们指出，平台拥有者为了自身利益最大化，需要制定各种规则以控制平台，减少平台用户的有害行为和管理各种问题，虽然这些问题有时也会受到公共法律法规的制约，但平台的私有性控制有时较之社会法律法规处理负面网络效应更为有效[1]。Iansiti & Levin，Ceccagnoli 等学者则认为，平台治理是平台拥有者为平台用户提供的各种服务和政策（如沃尔玛零售平台为供应商提供的信息服务），这些服务和政策能够改善市场竞争状况，激励产品供应者为平台市场不断供应新产品，增强平台市场的间接网络效应[2]。

根据公共选择理论的代表人物诺贝尔经济学奖获得者奥斯特罗姆教授的理论，有效的公共池塘治理分为治理主体、治理机制和治理工具三个层面，鉴于平台治理的公共性，就治理主体而言，平台治理主要指以平台运营方为主的多利益相关方参与的多元治理[3]。就治理机制而言，平台治理主要包括围绕平台治理的一系列内外部制度与规则、协议。就治理工具而言，则是指互联网及相关人工智能、大数据等第四次工业革命和 Web3.0 时代的新兴技术。

[1] Evans D. S. *Governing bad behavior by users of multi-sided platforms*. Berkeley Technology Law Journal, 2012（2）: 1201—1250.

[2] Iansiti M., Levin R. *Strategy as ecology*. Harvard Business Review, 2004（3）: 68—78, 126. Ceccagnoli M., Forman C., HUANG P, et al. *Co-creation of value in a platform ecosystem: the case of enterprise software*. MIS Quarterly, 2012（1）: 263—290.

[3]［美］埃莉诺·奥斯特罗姆：《公共事物的治理之道》，余逊达、陈旭东译，上海译文出版社 2012 年版。

鉴于平台功能从单一向多元化的综合服务进化，运营方或所有者在平台治理中要在多利益相关方的参与下调动各方主体的积极性，并激发基层参与者——企业和个体的“用户黏性”，平台主要承担的管理职能有制定规则、分配权利义务和解决纠纷，具体内容如下：

（1）制定规则：比如交易规则、准入规则、信用评分规则等。鉴于政府监管在网络平台领域的相对缺位，国家在监管信息上的掌握力度比较弱，社会治理权力分散，平台本身反而承担了整合治理权力制定各项规则的角色。

（2）分配权利义务：平台对于双边市场的利益方进行权利赋予与责任分配。该分配机制关涉对销售方营业自由权、弱者的准入与保护；购买方的消费权利保护、消费信息的选择与获得权利等方面的考量。

（3）解决纠纷：比如解决知识产权争议、消费利益保护和不正当竞争纠纷等。平台对于纠纷的解决体现在事前监管和事后侵权责任的追究上进行结合，通过建立纠纷解决流程和机制来实现效率、公平、正义等价值。

由于其治理过程中不可避免地涉及多个主体，本书倾向采用多元的动态的概念界定，即认为平台治理是一个基于大数据、云计算、人工智能等技术的，多方参与治理的，由机制、算法和规则互动生成的多元动态过程。

### （四）有关平台治理和政府治理、市场管理的区分

平台及其运营企业一方面具有营利性，其往往通过收取广告费用和排位费用获取收益；另一方面，平台由于涉猎人群与资源众多并对技术、资源享有分配和调度权力而具有公共性。在实际运行过程中，平台在对卖家监管和交易监控的过程中的角色与性质常常存

在矛盾与混乱之处，比如其基于营利性和公共性的双重特征导致的既是“掌舵者”又是“划桨者”的矛盾如何解决的问题，又比如面临公共性平台与政府之间的关系该如何摆正的难题，平台在与消费者和平台商家的互动过程中掌握着制定规则和交易监管、纠纷解决的主导权，这些权力相比行使行政执法权的传统权威政府界限在哪里[1]？这需要我们对平台治理与熟知的政府治理和市场管理之间的关系进行廓清。

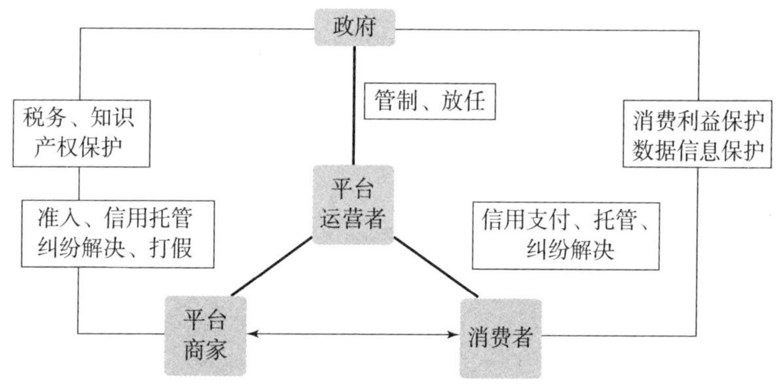


图 1　平台治理的多元结构

资料来源：作者自绘。

1. 平台治理不同于政府治理

与传统的政府治理相比，平台治理与其相同之处是二者均追求一种良好的“治理”状态，后者某种程度上是前者的实现路径之一。二者的相似之处是所涉资源均具有公共性和非排他性，在治理过程中由于涉及对象广泛都需在模式创新的过程中进行社会稳定和

[1] 泮伟江：《双重偶联性问题与法律系统的生成：卢曼法社会学的问题结构及其启示》，载《中外法学》2014 年第 2 期。王宏选：《作为一个自创生系统的法律——卢曼和托依布纳的法律概念》，载《黑龙江社会科学》2006 年第 5 期。

公共利益的考量，且二者均与治理对象之间存在“委托—代理”关系。在政府与公众之间，公众是委托人，政府是代理人，在平台与平台卖家之间，平台是委托人，卖家是代理人，在平台与平台买家之间，买家是委托人，平台则是代理人，两两产生的委托—代理过程中均会产生作为“信息优势方”的代理人与作为“信息劣势方”的委托人之间基于信息不对称而导致的“柠檬问题”[1]。

与政府治理显著不同的是，平台治理具有超越时空的“脱域性”。在空间上，平台治理更像是“跨越巡回区”的“大区”治理，其采取的是跨区域和扁平化的监管模式，其权力和资源的获得通常是自下而上的。而政府采取的是“条条块块”的金字塔监管模式，按照行业和区域严格划分政府部门，其权力和资源的获得通常是自上而下的。在时间上，依托于互联网和大数据，平台治理可以随时随地进行，其时效性极强、效率极高，许多治理行为一经做出，就可以立即以指数级别产生扩散效应。因此，与传统政府的讲政治逻辑和渐次进行的“组织化动员”相比，平台治理更加注重市场化、依契约和自创新的逻辑，鼓励个体自主创新、精准治理。

2. 平台治理不同于市场管理

与传统的市场平台尤其是集贸市场、线下商场相比，平台与其均具有“交易中介”的功能，但与以往的中介市场不同之处在于以阿里巴巴为代表的超级网络平台具有基础设施性，平台已经借助互联网技术成为继政府之后的社会的另外一个超级节点，是一个再中心化的多中心结构（周汉华，2018）[2]，其管理的一整套金融

[1] 这在2014年阿里巴巴“叫板”工商局等事件中表现得尤为突出。

[2] 汪旭辉、张其林：《平台型网络市场中的“柠檬问题”形成机理与治理机制——基于阿里巴巴的案例研究》，载《中国软科学》2017年第10期。

支付、物流、生活服务整合等体系已经深深嵌入社会生活的方方面面。其所依托的互联网技术继水电煤气后已经作为现代生活的基础设施与每个人的生活密不可分，其所依托的大数据也成为“基础能源”。在平台上，每个人都是数据的生产者。不仅如此，平台还依托巨大的体量及不断创新的技术深度介入金融信用秩序、交通、食品安全等领域，并创生出金融支付工具、通信工具、信用评级等崭新功能。平台在管理双边市场、改变原有市场格局上所起的作用超过了以往任何一种市场管理形式，从而极大改变了原有的市场秩序结构。

## 四、研究方法

### （一）个案的研究方法

个案研究追求的是研究对象的典型性而非统计分析意义上的总体代表性，其对于研究难以用统计变量加以简单描述的疑难问题尤其富有价值，是探索性、解释性、描述性研究的重要方法。尽管个案研究常常面临代表性和一般性的质疑，但个案研究的价值恰恰在于其典型性特征而非总体代表性特征，二者在研究方法上不可混为一谈[1]。作为“解剖一只麻雀”的研究方法，个案研究对问题到底是什么的描述和为什么如此的解释尤其有效，对探索性研究从经验到理论的提升更为必要。[2]。而总体代表性研究则常常借助大样本的统计分析予以实现，缺点则是“只见森林，不见树木”。具体就

[1] 王宁：《代表性还是典型性？——个案的属性与个案研究方法的逻辑基础》，载《社会学研究》2002 年第 5 期。

[2] Yin, R. K., Case Study Research: Design and Methods, London: Sage Publications Ltd, 2009.

本书来说，个案研究方法可以深度挖掘被其他研究忽略的事实，能够较为细致地对平台运作机理进行深描，而探索性研究多关注的是社会新兴话题、富有争议的问题或者出现重大疑难的问题，因此，个案研究对于尚处于争议之中的探索性研究具有极为重要的意义。

网络平台的种类众多，且随着经济发展不断创生出新的场景和业态，本书主要关注的平台是以销售实体产品的电子商务交易平台，即利用互联网和智能技术连接多个企业和个体的承担中间载体作用的商业交易平台，其以阿里巴巴、京东、腾讯为代表的电子商务平台及其衍生出的支付宝、微信钱包等支付类互联网信用平台为代表。本书将以阿里巴巴作为典型个案对电子商务平台的治理进行探索性的描述和研究。研究对象的选择主要基于典型性的考量：一方面，阿里巴巴占据了中国电商市场 80% 以上的市场份额，阿里巴巴自身的市值也在 2017 年超过了 3000 亿美元，从而进入了世界十大互联网巨头俱乐部[1]。而且阿里巴巴作为国内发展历程最早、持续生命最长、业态场景最为丰富的平台之一在其生长过程中面临的合法性、制度供给与创生难题最为复杂；另一方面，平台经济发展具有鲜明的时代性特征和近乎雷同的生长模式，尽管平台已经呈现出较为多样化的形态和场景，但仅就商业交易领域而言就有微商、依托微信小程序的新零售、借用拼多多平台的大规模团购等多

[1] 中国互联网用户在 2016 年已经达到 7.1 亿，互联网消费总额已经达到了 9670 亿美元，分别位列世界第一和第二，2016 年电商在总零售中的占比达到了 16.4%，为美国的 1.5 倍。截至 2013 年底，包括天猫、淘宝和聚划算在内全年商品交易总额为 15420 亿元人民币（2530 亿美元）。而 2013 年美国网络零售交易额为 2589 亿美元，约合人民币 1.566 万亿元。仅阿里巴巴平台上的全年商品交易额就与整个美国相当，单是天猫平台便占 1.5 万亿元人民币。参见 https://www.aliyun.com/zixun/content/2_6_81558.html，最后访问日期：2018 年 8 月 18 日。

种销售场景，但这些销售场景无不是步阿里巴巴后尘的新兴业态，尽管形式上细处创新不断，但并没有脱离阿里的发展模式，尤其是在交易流程、后续服务的设置和对数据技术的运用上。因此，从对以阿里巴巴为代表的场景规则分析中可以推及其他平台。

（二）法社会学的理论研究方法

法社会学的理论研究方法属于广义社会科学研究中的实然分析方法，它通常包括两个类型，即法实证研究和非实证的法的实然分析。前者通常提出假说并运用资料数据予以验证，后者则通常套用既有基础理论分析新的具体情境，该基础理论在实然层面的有效性已经被同一研究范式的学者所接受[1]，因而成为某种“不言自明”的前提。法社会学的理论研究方法是法的实然分析的一种，是法学与社会学的“联姻”。其通常包括法的社会学分析以及法与社会研究，前者流行于欧陆，常见研究路径是借用权威学者的观点去进一步建构法社会学的理论，重现理论的宏达叙述，较少地用实证研究的方法予以证明或证伪。后者则流行于美国，重视法与社会系统的互动，重视法的实证研究，大多采用定性方法寻找书本中的法和行动中的法的差异，并提出理论予以解释[2]。本书采用的方法主要是法的社会学分析方法，然而却在此基础上进行了一点创新，即运用典型的个案和实证资料对相关理论进行崭新情境的运用和验证。

总体而言，法社会学的研究方法专注于探讨法律与社会的关系，法社会学寻求一种一般性的认知，即研究典型的、重复的和有

[1] 张永健：《法实证研究：原理、方法与应用》，台湾新学林出版股份有限公司2019年版，第12、13、16页。

[2] 张永健：《法实证研究：原理、方法与应用》，台湾新学林出版股份有限公司2019年版，第22页。

规律的人类社会行为，并试图弄清人类在一定方式的社会联系中总是发生的事情[1]。通过这种方法，我们得以在更高、更为抽象的层次上总结、概括人类和社会的典型行为与一般行为并得出结论。在法社会学的理论脉络里，源于韦伯、帕森斯一脉，发扬光大于卢曼、托依布纳的社会系统理论，为研究法律与社会的诸般现象提供了新的研究范式，并在过去数十年来随着互联网、人工智能的兴盛大行其道，这为越来越多的学者解释社会现象提供了新的线索和思考维度。

法律学者从法社会学的角度切入研究平台治理具有以下优势：一是从整体性的视角看待平台治理这一新兴事物，以多元的框架来研究平台治理可以纳入其关涉的多个治理对象，从而跳出研究路径的单线化思维，同时借助法社会学的相关理论模型化约复杂性，可以使人们借助理论模型对平台治理得出更为广角的、清晰的、深入的认识。二是以动态互动分析的方法来研究利益相关方的博弈，以应对平台治理随着智能时代的发展而不断迭代更新的状态，保持研究过程的开放性。三是无论是冲突、共识还是议论的法社会学范式对于思考平台、平台城市乃至平台社会这样一个新兴的、冲突不断的、未来充满变数和未知的矛盾综合体都具有指导性的价值，从而避免了合法 / 非法的传统二元法律代码以及法教义学方法在分析上的单一无力。

[1] Kracauer, Soziologie als Wissenschaft, 1922, in Schriften Bd. 1, 1971, 19. 转引自［德］托马斯·莱赛尔：《法社会学导论》，高旭军等译，上海人民出版社 2011 年版，第 12 页。

# 第一章

# 国内外研究综述

## 第一节　网络平台治理的跨学科研究图景

平台研究在中国和其他各国的出现不过十来年的历史。截至 2021 年 6 月 26 日，在中国知网的界面以“平台治理”为关键词“精确”搜索 CSSCI 等核心期刊引文文献获得 200 多篇中文文献。其中，2003 年出现第一篇文章，且该年度只有 1 篇，此后的年度文献数量均为个位数，2010 年至 2013 年随着 P2P 等地方融资平台的兴起出现了一批研究融资平台治理的文献，但并未形成规模且伴随 P2P 平台的衰落、暴雷很快销声匿迹。这种现象从 2015 年开始改变（值得注意的现象是阿里巴巴在这一年首次成立了平台治理部），在该年度综合研究平台治理的文章达到 9 篇。2015 年之前对平台治理的研究对象主要是融资平台，2015 年之后的文献则呈现多元化的趋势。从 2019 年开始，平台治理逐渐成为热门，尤其以 2020 年的平台反垄断为界，平台治理研究更是进入了公众视野。综合分析这 200 多篇文章不难发现，相当大部分的文献都是经济学、管理学（其中又以企业管理和行政管理为主）、传播学相关的学者发表在管理类或者综合性的期刊报纸上，且以政府融资平台、P2P 借贷平台、产业创新平台为主要研究对象。从法学学科切入研究平台治理的文章只有零星数篇，且分别从立法、司法、执法和规制等不同领域切入。可见，平台治理研究领域从诞生初始就打上了跨学科的烙印，其关涉产业组织、法律规则、经济分析、信息技术、社会治理等多个领域，是一个崭新的研究领域。尤其对于法学研究者而言，与互联网相关的法律研究正方兴未艾，从“非法兴起”到“合规改进”，平台的合法合规建设需要更多的法学智识投入。

## 一、平台治理的国内研究

如果将视野扩展到与平台有关的研究，不难发现经济学者最早对平台进行了研究。如国内较早且系统介绍平台经济的文献是上海交通大学的学者徐晋（2006）等。徐晋、张祥建在其 2006 年的《平台经济学初探》一文中首次对平台经济的定义、表现、特征、分类、业务模式、定价机制、管制能力等均做出了介绍[1]。程贵孙等（2006）指出传统的基于单边市场特征的产业规制理论无法解释平台企业的经济行为。李维安、吴德胜等（2007）运用淘宝网作为证据研究了网上交易中的声誉机制。李雪静（2014）运用博弈论、信息经济学和产业组织理论，研究了与平台竞争相关的定价问题和动态性问题。陈威如、余卓轩（2012）探讨了平台商业模式的运行规则，指引企业通过构建“平台生态圈”制胜。可见，早期的平台研究集中于平台运作的商业模式和平台经济的性质，并未将平台治理作为研究对象。

这种状况在 2015 年以来得到改变。近几年来，部分经济学学者将平台型网络企业的治理主体和对象视为网络平台治理研究的突破口，尝试给平台明确概念，并初步划分了企业平台的三种治理模

[1] 徐晋、张祥建:《平台经济学初探》，载《中国工业经济》2006 年第 5 期。

式：个体自治、政府治理和多中心网络治理（白景坤等，2017；阳镇等，2018）。[1]有的学者将政府与平台的协同治理划分为分层治理模式和穿透式治理模式，前者指政府管平台、平台管用户的治理结构，后者指政府对平台用户及行为进行直接监管的治理模式（李强治等，2018）。有的学者基于平台发展的生态化趋势认为厘清平台治理问题的本质属性必须从法人分类制度出发，并建议基于《民法总则》的法人分类原则将大型平台和平台治理界定为第四方法人和第四方治理（李广乾，2018）。有的学者从社会责任的角度研究平台企业的生态化治理（肖红军等，2019）或者单纯研究平台企业社会责任的边界、治理和评价问题，从而得出平台型企业通过平台门槛机制、认证机制、激励考核机制和监督惩戒机制等对平台双边用户的社会责任行为治理并实现从外部第三方评价到平台自组织式评价的结论（阳镇，2018）。有的学者专门关注平台对卖方企业用户的治理机制（陈莹，2019）。有的学者专注于对网约车等共享经济的公共治理研究，从中发现了建立合作制组织与合作社会的可能性（李延伟等，2018；谢新水，2018），还有学者专门研究了平台知识资产管理制度的建构（魏江等，2019）。近几年来，经济学者对于平台的研究也呈现类型化趋势，如关注共享经济平台的数据治理（蒋国银等，2021）、垄断治理机制和机理等（陈兵，2021；侯晓东，2021）。

行政管理学者对平台治理的关注从一开始就注重从理论模型

[1] 参见白景坤、王健、张贞贞：《平台企业网络自组织形成机理研究——以淘宝网为例》，载《中国软科学》2017年第5期；阳镇、许英杰：《企业社会责任治理：成因、模式与机制》，载《南大商学评论》2018年第4期。

层面予以总结。如行政管理学者孙宇[1]（2017）基于劳伦斯·莱斯格（Lawrence Lessig）、尤查·本科勒（Yochai Benkler）、劳伦斯·B.索罗姆（Lawrence B. Solum）、弥尔顿·L.穆勒（Milton L. Mueller）、劳拉·德娜蒂丝（Laura DeNardis）、杰克·M.巴尔金（Jack M. Balkin）等人的理论总结出了五种互联网治理模型——自我演化制序模型、编码模型、跨国机构和国际组织模型、国家管制模型和市场激励模型。其中，戴维·约翰逊（David Johnson）和戴维·波斯特（David Post）的自我演化秩序模型把网络空间设想为一个新的独特场域，承认在网络空间与现实世界之间存在一个合法的重要边界，认为互联网是无法监管的，论者认为这一模式早已过时。以劳伦斯·莱斯格为代表的编码模型认为，编码就是法律，与自我演化制序模型相同，其赞同互联网治理与主权国家无关。跨国机构和国际组织模型主张，互联网治理应该交给脱离主权国家控制的跨国机构和国际组织负责。国家管制模型认为，鉴于互联网的重要性，互联网治理必须受制于具有共识的国家管制。市场激励模型认为，互联网治理所遇到的问题必须回归到 ICANN 和域名系统中去，这是因为互联网的根区服务和域名资源都是稀缺资源，只有市场本身才能保证对稀缺资源的优化配置。近几年来，管理学的学者对平台治理的研究亦逐步分化，如关注平台社会责任的研究（朱文忠等，2020；曹倩等，2021）、将平台治理和政府治理、国家治理统筹研究（沈费伟等，2020；熊阿俊等，2020）。

[1] 孙宇：《互联网治理的模型、话语及其争论》，载《中国行政管理》2017 年第 5 期。

## 二、平台治理的国外研究

从外文文献来看，以“Platform Governance”（平台治理）为关键词对 ProQuest，EBSCO 和 INFORMS 三大数据库进行精确搜索期刊类论文，结果显示该领域的研究自 2002 年[1]开始，2010 年至 2014 年才呈现大幅增长，总体数量态势与中文文献类似，但比中文文献的出炉一般提早 3—5 年。外文文献早期对平台治理的研究集中在产业组织学、战略管理、市场营销和管理信息系统等领域，研究内容涉及平台治理概念、平台治理动因、影响平台治理的环境因素、平台治理对象、平台治理策略和平台治理效果评价等不一而足。近两年来社会学和政治学的学者也开始涉足该领域。伊万（Evans，2003）、卡约（Caillaud，2003）和朱莉安（Jullien，2003）、阿姆斯特朗（Armstrong，2004）、罗切和梯若儿（Rochet & Tirole，2004）等人最早对平台经济进行研究，这一研究比我国仅仅提前了三年。可见，在平台治理这个领域，我国无论是在实践还是理论研究方面都已经赶上了时代的潮头，这在我国学术发展史上具有标志性的意义。

国外学者的研究多数比较着重从宏观角度来研究平台治理的功能、路径和结构问题，如伊万根据平台的功能性质把平台分为市场制造者、受众制造者和需求协调者三类。罗切和梯若儿提出平台厂商对于平台经济的发展有三项规制职能，即价格管制者、许可授权者和竞争管理者。有的学者认为平台治理欲解决其核心挑战需要从三个角度来考虑如决策权的划分、控制权以及所有权的共享［阿

［1］Rochet J.-C.，Tirole J. *Cooperation among competitors: some economics of payment card associations*. The RAND Journal of Economics，2002（4）：549—570.

姆瑞特·梯瓦纳 & 贝诺·康欣可 & 阿什·布什（Amrit Tiwana，Beno Konsynki，Ashley A. Bush），2017］。有的学者将网络平台的治理划分为外部管理机制、内部治理机制和自我治理机制［沈尊环 & 龙建成（Shen Zunhuan，Long Jiancheng），2017］[1]，还有的学者研究网络平台治理的合法性基础问题，并主张平台数据的透明化［尼古拉斯·苏若（Nicolas Suzor），2017］。[2]

基于政治学和法学角度的研究更为关注平台有关的基本权利问题和社会公平问题。如牛津大学政治学者罗伯特·高瓦（Robert Gorwa，2019）通过对平台自我治理、外部治理和协同治理的详细分析（self-governance，external governance，and co-governance）回答了到底什么是平台治理。他认为考虑到平台生态系统的快速发展以及相关平台公司的动态特性，平台可能需要开发新的数字治理模式。对"平台政治"感兴趣的学者可能是第一个关注通过平台的治理和权力关系的。正如诺人、范高普（Nooren、Van Gorp，2018）所言，在平台方面，需要更具有规范 / 功能性的方法，而不是静态市场常见的过于详细的监管，可能有必要从"基于规则的监管"转向"基于原则的监管"。因此，平台治理方法不仅应寻求在当今的平台社会［纳什等（Nash etc）. 2017］中理解复杂的治理关系和公共政策挑战，而且还应追求这些关系如何对大众而不是少数人更有利，从而进一步引入更公平、更负责任、更公正的平台治理

［1］Shen Zunhuan，Long Jiancheng. *A Study on the Governance Mechanism of Internet Platform Enterprise.* Journal of Xidian University，2017.

［2］Nicolas Suzor，Tess Van Geelen，Sarah Myers West. *Evaluating the legitimacy of platform governance: a review of research and a shared research agenda.* International Communication Gazette，2017.

形式。[1]

部分学者提出了“平台社会”的概念，即认为人们生活在平台社会中，即在线平台的自由主义逻辑直接将平台商家、消费者、朋友社会关系、政府和公民等联系在一起。然而平台社会也由于社会进程从传统的监管约束中跳了出来而带来了许多新的问题［维多利亚·纳什、乔纳森·布莱特（Victoria Nash、Jonathan Bright），2017］。[2] 有些学者则通过对脸书、YouTube 和推特等知名平台的研究对平台的运营者权力、责任、治理对象等进行了深入的分析［什哈市·凯卡、保罗·阿哈姆、瑞塔·克拉普（Shreeharsh Kelkar，2017；Paul Upham，Rita Klapper，2017）］。[3] 值得注意的是，以中国的淘宝平台为研究对象的文章在 2018 年［刘立志 & 巴瑞·韦格斯特（Lizhi Liu* & Barry R. Weingast），2018］开始出现，文章通过对淘宝平台的实证研究得出平台治理在中国具有中国式“联邦主义”特征的结论。[4]

[1] Robert Gorwa，*What is platform governance*? Informaion，Commnicaion & Sociey，2019，OL. 22，NO.，8—81，https://doi.org/10.1080/19118X.2019.191.Nooren，P.，van Gorp，N.，van Eijk，N.，& Fathaigh，RÓ.（2018）. *Should we regulate digital platforms? A new framework for Evaluating policy options*. Policy & Internet，10（3），264—301. doi：10.1002/poi3.17. Nash，V.，Bright，J.，Margetts，H.，& Lehdonvirta，V.（2017）. *Public policy in the platform society.* Policy & Internet，9（4），368–373. doi：10.1002/poi3.165.

[2] Victoria Nash、Jonathan Bright，etc. *Public Policy in the Platform Society.* Policy and Internet，2017.

[3] Paul Upham，Rita Klapper. *Democratising platform governance in the sharing economy: An analytical framework and initial empirical insights.* Journal of Cleaner Production，2017.

[4] Lizhi Liu* & Barry R. Weingast，T*aobao, Federalism, and the Emergence of Law,* Chinese Style，Minnesota Law Review-2018，1563—1590.

就平台治理的动因而言，有的学者认为平台双边市场的间接网络效应是实施平台治理的根本动因，平台治理的实质就是平台拥有者通过制定合适的治理策略，增强间接网络效应正面影响或者减弱负面影响，或者在其正面和负面影响间取得平衡[1]。平台双边市场区别于单边市场的主要特征是：买卖双方通过平台中介进行交易而获得价值，但任何一方的决策都会影响到另一方的产出结果，这种一边市场群体规模扩大会影响到另一边市场的平台使用价值的现象称为间接网络效应或跨边（跨群、跨市场）网络效应[2]。

## 三、对于平台治理方式的研究

就平台治理的具体方式而言，既有的跨学科研究主要从平台作为主体的私人监管和政府作为主体的公共监管两个角度对平台治理进行研究。在私人监管研究上，较早注意到平台企业具有一定监管作用的是法瑞尔（Farrell）和卡茨（Katz，2000），他们认为“平台企业像是一个维护‘公共利益’的监管者”。罗切和梯若儿也认为平台企业具有对市场的准入权力，类似一个政府的牌照机构。此外，斯帕波（Spulber，2008）、丘奇（Church，2008）等学者也从平台企业可以协调参与者的行为的角度，讨论了平台企业具有监管

[1] Evans D. S. *Governing bad behavior by users of multi-sided platforms*. Berkeley Technology Law Journal, 2012（2）: 1201—1250.

[2] Parker G. G., Alstyne M. W. V. *Two-sided network effects: a theory of information product design*. Management Science, 2005（10）: 1494—1504. Mantena R, Sankaranarayanan R., Viswanathan S. *Platform-based information goods: the economics of exclusivity*. Decision Support Systems, 2010（1）: 79—92 Armstrong M, Wright J. *Two-sided markets, competitive bottlenecks and exclusive contracts*. Economic Theory, 2007（2）: 353—280.

的作用。哈丘（Hagiu，2009）认为，平台企业事实上已经成为了在政府监管体系中的另一个监管者。

在对平台的公共监管上，学者们对政府公共监管的动机和手段的有效性认识不同，从而使得政府对要不要加强监管这一问题在很长一段时间里争议不断。比如著名的经济学家皮古（Pigou，1920）在《福利经济学》中提出，当私人成本与社会成本不一致时就会造成市场失灵，此时需要政府通过征税或补贴的手段来对市场进行矫正。亚当斯（Adams，1887）持同样观点，其认为只有政府的干预才既能保证企业的大规模生产，又能避免企业滥用垄断地位损害公众。但是，芝加哥经济学派的学者们并不认为政府应该加强监管，他们从主观和客观两方面对这一思想进行批评，即主观上政府监管并非为了追求最大社会利益，客观上政府的监管会受到一些利益集团的影响，甚至是由利益集团主导为利益集团而服务，持这种主张的学者有斯蒂格勒、波斯纳、佩茨曼、贝克（Stigler，Posner，Peltzman，Becker）等。科斯则指出了基于政府监管的局限性，政府不能精确地、无成本地实施监管，而且，政策并非都是最优的解决问题的方式，政策通常在改进一方面问题时，会恶化另一方面的问题。但是，也有一些学者认为，虽然政府监管存在缺陷，但依旧需要政府监管。萨缪尔森（Samuelson，1948）、斯蒂格里茨（Stiglitz，1989）等人指出既要承认市场的作用，也要承认政府的作用，两者是一种相互补充的关系。随着研究的深入，学者们认为公共监管的主要问题不是要不要加强监管，而是针对特定的问题，应该如何进行有效监管。对于这一问题，劳勃和玛格特（Loeb，Magat，1979）最先将监管的过程视为委托—代理问题，借助委托—代理理论来研究如何进行有效监管。随后，巴仁、梅尔森、贝三科（Baron &

Myerson，1982；Baron & Besanko，1984）不断完善、发展了这一委托—代理模型，提出了最优激励机制以克服逆向选择。

中国学者在平台私人监管和公共监管并存的基础上提出了调和折中的改进方案，认为政府监管一方面应该减少相应的监管职责，另一方面要在私人监管不到位之处加强监管，创新监管模式。例如，程贵孙、陈宏民和孙武军（2006）提出平台企业具有双边市场的特征，不能简单套用现有政策进行监管。曲振涛等（2010）基于双边市场理论，讨论了具有网络外部性的电子商务平台的监管问题。王勇和朱雨辰（2013）基于平台经济视角，分析了政府在园区经济发展中监管作用的改变。张康之和向玉琼（2015）提到，网络具有去中心化功能，这打破了中心—边缘的社会监管结构，因此需要在政策建构中考虑网络空间的特性。李凌（2015）认为，平台经济对传统的政府监管模式带来了挑战，政府应加快推进监管模式的变革，重塑鼓励创新与有效监管并重的新型政府与平台市场互动关系。王勇（2017）认为，平台监管形成了私人监管和公共监管并存的双重监管体系，在这个双重监管体系中，平台内部应以私人监管为主，平台之间应以公共监管为主，但总体而言在这个双重监管体系当中仍然应该以私人监管为主，并应更加注重发挥平台的主体作用。[1] 方兴东（2019）认为应该建立平台治理的多级管理机制，其核心层是政府，属于法治层面，是政府主导的基于公权力的传统治理体系，主要通过立法执法、设立框架、制定标准等完善治理制度；中间层是企业、第三方等多个利益主体，属于共治层面，主

[1] 王勇、冯骅：《平台经济的双重监管：私人监管与公共监管》，载《经济学家》2017 年第 11 期。

要在政府设定的标准之内增强透明度与监督；最外层是个体，属于自治层面，即平台用户通过赋权而争取自己的权利、监督平台的权力[1]。有的学者从权力的角度研究平台，将网络平台权力视为国家治理变迁和互联网技术赋权背景下的权力现象，应将其纳入法治轨道，实现网络平台权力治理的法治转型（郭建强等，2019）。

## 第二节　网络平台治理的法学研究

### 一、文献概览

相对于网络平台治理的跨学科研究而言，法学界对于平台治理的研究起步总体较晚，于 2015 年之后才有专门讨论，文献数量和讨论主题以 2019 年《电子商务法》的出台适用为界出现了转折，以 2021 年的平台反垄断为临界点，法学界开始出现对于平台治理的宏观研究。

对于网络平台治理的法律研究，2019 年之前学术界主要沿着电子商务法律制定与修改的研究路径，相关论题主要集中于网络平台企业或者平台的法律性质、权利义务、法律责任，特别是其独立的法律地位、合理精神的注意义务、电商平台的自我监管等方面，如有学者认为，一国对网络属性的不同定位会导致不同的思维模式，中国的网络治理应该与网络社会的存在机制相契合并且嵌入到社会治理体系中去、融入中国法治的整体进程（何明升，2016）。某些学者将网络平台服务提供者的权力视为准立法权（规则制定）、

[1] 方兴东、严峰：《网络平台“超级权力”的形成与治理》，载《人民论坛》2019 年第 8 期。

准行政权（内部管理）和准司法权（纠纷裁决）(解志勇、修青华，2017)。有的学者提出了网络治理现代化的路径在于准确判断网络社会治理的阶段性，在对社会物质生活条件准确判断的基础上加快构建网络治理的法治理论体系、学术体系、话语体系和人才培养模式，并且优化网络治理结构和法治实施体系（徐汉明，2018)。部分学者则针对网络餐饮平台和共享租车平台进行平台法律监管和责任方面的探讨（程信和，2017；刘金瑞，2017；赵鹏，2017)。除此之外，多数学者从法教义学角度在某个部门法范围内研究平台治理的法律定位与责任问题，如民法学者或对网络交易平台提供商的民事法律责任的研究，或对平台服务提供商的法律地位进行分析（刘晓纯等，2011)，或基于平台作为交易主体和交易组织者的划分对平台责任进行界定，认为其应根据不同情由分别承担替代责任、按份责任、连带责任或者无过错责任（丁宇翔，2019)；还有部分学者对平台的知识产权保护提出了自己关于如何完善平台规则的见解（姚志伟，2017；李永，2018；杜颖，2017)。也有部分学者从行政法上的第三方义务（高秦伟，2014）和私权力的建立以及公共空间权力再分配的视角去研究平台（周辉，2016)，从而为平台治理研究开拓了新的视角。

在2019年之后，学界则围绕《电子商务法》出台之后与各类部门法律的衔接、适用等问题作出更为详尽细致的讨论。其议题主要集中在以下几个方面：一是网络平台数据信息和算法有关问题，如数据产权归属、数据报送义务、算法解释和公示义务等；二是网络平台经营者的责任义务，含平台经营者的安全保障义务、人工智能法律责任、著作权侵权责任、算法责任、避风港规则的探讨等；三是网络平台的法律规制，含区块链、电子支付、食品药品安全、网络游戏、网络直播、网约车、共享单车、传播内容等具体领域的规制；四是网络平台的权力问题，含对平台治理权力、私权力、算法权力的探讨；五是网络平台的不正当竞争与反垄断问题。

部分部门法的学者重点关注与电子商务有关的某个领域的问题，尤其是与电商主体有关的监管责任问题。如有的学者关注药品网络交易的治理困境和出路，认为解决制度困境的出路在于制度价值位阶的选择，并分别从立法、执法、司法层面提出改进（刘琳等，2019）。有的学者研究网约车监管的包容审慎监管问题，从而提出了网约车领域的反垄断问题，认为在网络领域仍然要注意营造市场的公平竞争环境。有的学者认为网约车监管的核心价值是政府主导下的公共交通安全和秩序的公共政策而非市场化的竞争政策，应该构建一种网约车类共享经济线上线下合作协调的公共治理模式（董成惠，2019）。有的学者认为电子商务时代的平台扩张趋势下应该施加给平台安全保障义务，该义务是平台的民事义务、行政义务和社会责任的结合体（周樨平，2019），有的学者则主张针对违反安全保障义务的侵权责任，应该区分平台内经营者是故意还是过失侵权，分别适用不同的法律规定（陈晓敏，2019）。有的学者对平台用工的合同定性和法律适用做出解释，认为应区分不同合同的义务属性以适用不同的法律规则（王天玉，2019）。刘权（2019）在对网络平台数据报送义务的论述中认为平台应当积极履行数据报送义务，并遵循比例原则和正当程序原则，明确清晰的数据权利归属和责任约束[1]。

在平台治理方面，有的学者开始建议对平台的治理应该以平台

[1] 刘权：《论网络平台的数据报送义务》，载《当代法学》2019 年第 5 期。

自治为常态以合作共治为例外，充分发挥平台的自治优势是因为平台自身承担了大量管理职能并且在网络空间具有公共权力和属性（王坤等，2021）[1]。有的学者聚焦于政府与平台直接的关系认为平台和政府间存在三种治理关系，分别是政府作为管理主体的管理型、政府主导的协助型和政府平台共治的合作型[2]（周辉，2020）。有的学者认为，平台自治是监管失灵倒逼所致，平台自治是介于科层制和市场化之间的中间型法治体系，其运作有赖于平台的各项实体和程序规则，并借助新技术实现。司法机构应该充分尊重该自治权力，在平台不存在非法事由的情况下肯定其效力，对于其是否合理则在所不问（姚辉等，2020）。

## 二、对平台治理中重要法律问题的既有观点

### （一）网络平台规则的属性

法学界部分学者对于平台的规则属性进行了探讨，既有观点主要可概括为六种[3]，分别是管理制度或管理规则说、交易习惯说、授权说、格式条款说、章程说、自治规则说[4]。

1. 管理制度 / 规则说

该学说认为，网络交易规则涵盖了网络交易中所有的管理规则，内容涉及准入规则、交易规则、营销规则和处罚规则，其法律属性应为管理制度或管理规则。该学说认为，网络交易规则的效力

[1] 王坤、周鲁耀：《平台企业的自治与共治》，载《浙江学刊》2021 年第 1 期。

[2] 周辉：《网络平台治理的理想类型与善治——以政府与平台企业间关系为视角》，载《法学杂志》2020 年第 9 期。

[3] 郗立军：《平台自治规则之法律地位与合法性研究》，载《上海法学研究》（集刊）2019 年第 13 卷。

[4] 杨立新：《网络交易规则研究》，载《甘肃社会科学》2016 年第 4 期。

范围应限于网络交易平台内，超出该权限范围，则构成越权，平台经营者对权限范围外事项无权管理。

2. 交易习惯说

该学说认为，网络交易平台规则的法律属性应界定为交易习惯，属于习惯法的范畴。平台规则符合交易习惯的四个基本特征，即网络交易适用的行为是交易行为，适用的领域为“互联网+交易”的特定行业和特定领域，平台规则的内容是网络交易的通常做法，平台规则确定的标准是对方知道或者应当知道并且为交易双方必须遵守和适用的规则。种种迹象均表明，平台规则仅仅是一种新的交易习惯。

3. 授权说

网络平台规则法律属性的授权说认为，网络交易平台服务合同的当事人为网络平台经营者、平台内的经营者和消费者，各方约定由网络交易平台经营者来制定交易规则，平台经营者根据授权履行约定，网络交易规则被认为是网络交易平台服务合同的组成部分[1]。

4. 格式条款说

该说认为平台服务协议与交易规则即平台规则属于民法上的格式条款范畴，因为这些规则是由平台经营者单方面制定的[2]，用户如果要使用网络服务提供者的服务就必须接受其事先拟定好的格式条款，双方据此形成合同关系，即为“使用即同意”规则[3]。

[1] 杨立新：《网络交易规则研究》，载《甘肃社会科学》2016 年第 4 期。

[2]《中华人民共和国电子商务法条文释义》，法律出版社 2018 年版，第 107 页。

[3] 彭玉勇：《论网络服务提供者的权利和义务》，载《暨南学报》2014 年第 12 期。

5. 章程说

章程说[1]认为交易平台的交易规则尽管在单方性和不可协商的属性上类似于格式条款，但是鉴于网络平台的特征以及第三方交易平台与其用户之间的关系的复杂程度，其并不等同于普通的合同关系。因此，不能将平台规则简单等同于合同法中的格式条款。此外，这些规则存在着由交易平台提供商根据市场情况和管理需要随时更新以适应管理的空间，交易平台在修改规则过程中通常仅公布交易规则修改、更新程序，而无需用户确认或者同意。如果用户继续使用平台服务，则其被自动推定为同意修改或更新后的规则。据此将平台交易规则体系的实质视为平台的“章程”。

6. 自治规则说

自治规则说[2]认为，网络使用者与网络创建者之间的关系，在形式上属于合同关系，但由于网络创建者在技术和实力上处于绝对优势，属于公共网络服务当时提供者，服务使用者一般不能对抗和拒绝网络创建者单方面所提供和制定的网络交易规则，这种在网络自治状态下网络服务提供者所提供的规则应界定为自治规则。

（二）网络平台规则制定权的权属来源

有关平台规则的法律属性争议背后透露的是对规则制定者权属的争议，即平台规则是由谁制定的，以此决定其法律属性[3]。学界对于平台规则制定权属的讨论主要有三种意见[4]，即行政管理部门

[1] 薛虹：《论电子商务第三方交易平台——权力、责任和问责三重奏》，载《上海师范大学学报》2014 年第 9 期。

[2] 薛虹：《论电子商务第三方交易平台》，载《上海师范大学学报》2014 年第 5 期。

[3] 郑立军：《平台自治规则之法律地位与合法性研究》，载《上海法学研究》集刊 2019 年第 13 卷。

[4] 杨立新：《网络交易规则研究》，载《甘肃社会科学》2016 年第 4 期。

授权说、合同说和管理职责说。

行政管理部门授权说认为，网络平台规则的制定权的依据源于国家行政主管部门的行政规章。该授权源于2010年国家工商行政管理总局出台的《网络商品交易及有关服务行为管理暂行办法》（已于2014年3月15日废止）第22条第1款的规定："提供网络交易平台服务的经营者应当建立网络交易平台管理规章制度，包括：交易规则、交易安全保障、消费者权益保护、不良信息处理等规章制度。各项规章制度应当在其网站显示，并从技术上保证用户能够便利、完整地阅览和保存。"2014年国家工商行政管理总局《网络交易管理办法》第25条规定，"第三方交易平台经营者应当建立平台内交易规则、交易安全保障、消费者权益保护、不良信息处理等管理制度。各项管理制度应当在其网站显示，并从技术上保证用户能够便利、完整地阅览和保存"，从而进一步明确了网络平台经营者制定交易规则的权利。2021年国家市场监督管理总局的《网络交易监督管理办法》对于平台规则的制定给予默认，只是对于其修改和公示流程进行了细部的规定，即在第28条规定了"网络交易平台经营者修改平台服务协议和交易规则的，应当完整保存修改后的版本生效之日前三年的全部历史版本，并保证经营者和消费者能够便利、完整地阅览和下载"。

合同说认为，网络平台经营者制定规则的权利源于网络交易平台与平台内经营者（销售者）和消费者之间的网络交易平台服务合同，三方在该服务合同中约定接受网络交易平台经营者制定的平台规则，同意该规则为网络交易服务合同的组成部分并服从其管理，因而网络平台经营者制定的网络交易规则的授权依据是网络交易平台服务合同，平台经营者制定网络平台交易规则的行为就是履行合同的行为。网络平台经营者通过协议分配各自的权利义务和责任，通过协议的约定来解决其之间可能出现的纠纷[1]。

管理职责说认为，网络平台经营者制定网络平台规则的权力既源于各方当事人合同的授权，也源于国家行政管理部门的授权和作为第三方的管理职能，因而网络平台经营者对网络交易享有管理权力或者职能，其在进行管理职责时所制定的网络平台规则应视为管理制度，并在公布后为所有的网络交易当事人所遵守。

（三）网络平台的法律地位和责任义务

网络交易平台的法律地位问题已日益成为网络交易中的核心问题，它直接关系到网络交易活动的顺利开展。有的学者认为网络交易的主体匿名性、空间的虚拟性、完成的非及时性，使现有法律体系在网络空间的适用上受到了极大的冲击，因此，不同于集贸市场、大卖场等传统主体，应该为电子商务平台创设新的法律定位。集贸市场、大卖场、展销会等虽然与电商平台有一定相似之处，但后者由于交易量大、跨区域、可不间断经营等特点已经与传统市场不可同日而语。再大的市场和展销会都有物理边界，而电商平台理论上则是只要数据存储空间足够即可无限量地容纳任意数量的商家从事经营。此外，电商平台提供的仅仅是撮合交易的信息网络技术平台服务，其集成了商品和店铺展示、搜索、广告、支付、物流等功能，但并不直接销售商品，并非买卖合同的相对人，因此不应对销售行为承担直接法律后果。当然，当电子商务平台以卖家身份直接销售商品时，其法律性质与平台上的其他卖家相同，此时就应认定为销售商，其承担的权利义务与传统的线下销售商也不再有

[1] 参见曹阳：《互联网平台提供商的民事侵权责任分析》，载《东方法学》2017年第3期。

差别[1]。

关于电商平台自我规制的权利与责任，根据2018年《电子商务法》和2021年发布的《网络交易监督管理办法》的有关规定，可以概括出电商平台的责任包括：（1）合理制订、修改用户协议；（2）维持电商平台正常经营秩序，包括信息公示、审核查验、便利登记；（3）建立并实施有效的知识产权及其他民事权益保护机制；（4）数据信息安全保障；（5）纠纷处理；（6）配合执法与司法；（7）维护公平竞争。

（四）网络平台的自我监管

对电商平台的自我监管，有的学者认为应当倡导网络自治[2]，在法律并无规定的情况下，中国和美国的主要电商平台企业均通过契约自由方式确立商业规则，比较顺利地解决了绝大部分问题，充分说明了网络自治自律的生命力。而对于电商的外部行政监管，有的学者建议监管方案应借鉴高速公路交警管理做法，即在全国设立

[1] 梳理总结现有《产品质量法》等法律规定，传统销售商的主要责任有：（1）查验供货商的身份或者主体资格证明文件和经营商品所涉及的行政许可等专门证明文件，如食品卫生许可证，化妆品经营许可证等；（2）查验产品是否符合行业性的相关规定，如食品安全的确保可追溯的相关记录要求，确保安全运营的安全保障义务等；（3）查验经营产品涉及的知识产权文件，如商标专利文件等；（4）个人信息、隐私的保护责任；（5）其他法律法规规定的义务。传统销售商的功能与责任集成了信息中介、物流、销售、售后（维修、退换）、知识产权保护的责任。随着社会的进一步分工，物流、维修等功能逐步从销售商分离，而有关知识产权、食品安全等责任会逐步加大。

[2] 参见郬立军：《平台自治规则之法律地位与合法性研究》，载《上海法学研究》（集刊）2019年第13卷。彭丽：《信息时代互联网平台的“自治”之路——以“字节跳动平台责任研究中心”为例》载《传媒》2019年第10期。李明发、胡安琪：《论互联网社会自治在规则层面的实现》，载《电子政务》2018年第3期。马辉：《自治规则在民事司法裁判中的作用》，载《法制与社会发展》2012年第5期。

统一的网络市场监管平台。

（五）网络平台的纠纷处理

对于内部纠纷处理，现状是电商平台已经通过客服系统处理了绝大部分纠纷，但最后仍然存在一定量的难以通过客服调解，又难以通过传统诉讼仲裁解决的事项。对此，有的学者建议允许通过在线仲裁方式解决，以缓解大量的司法纠纷涌入法院。关于售后纠纷处理的具体方法，有的学者认为要把握的原则是根据风险承担的适度原则，既不能以电商平台仅仅提供信息服务为由完全免责，又不能让电商平台为销售商甚至生产商的违法、违约行为过度承担责任。

## 三、文献评述

从已有文献来看，既有研究平台治理的法律文献视野相对局限于某个领域，尤其以民商事法律学者从民事责任角度论证平台法律责任的文献较多，尽管这种讨论对于处理平台有关的执法和司法实务殊为必要，但并无助于我们从理论的高度更为深入而全局性地去认识和治理平台。因此，对于互联网背景下平台治理的治理模式、治理理路、治理依据、治理边界等重要研究问题目前均无法在法学领域给出坚实有力的回答。当前和今后值得进一步研究的平台治理法律问题还有平台治理中规则来源的合法性的问题、平台对平台内企业经营行为的监管责任问题、平台内部自治发生纠纷时的救济和争议解决途径问题、平台自治与政府规制的关系和界限问题、平台自治的法理依据问题等。本书将运用社会系统论的相关原理对以上问题分别予以解释探讨。

## 第三节　理论框架的选择：自创生系统论

### 一、平台自治的兴起

从内部视角来看，在平台内部规则的运行上，我们可以看到平台治理规则与措施的数量已经远远大于政府监管措施数量，平台内部治理所发挥的作用也已远远大于外部的政府监管。无论是出于营利抑或社会责任的动机，平台运营者自身都更加具有自治的动力和能力：第一，平台治理属于市场调节范畴，平台和卖家之间首先是一种民事契约关系，作为市场主体的平台可以自行解决诸多事项。更为准确地说，鉴于平台经营者的优势地位，平台经营者与其平台商家之间是一种基于自愿的支配性契约关系，这是平台取得治理地位的基础性法律关系。第二，平台直接面对诸多平台商家，可以掌握大量一手信息，对卖家管理更有效。第三，平台治理更易推出创新性的手段，“尤其在实名制、信用制度、交易安全保障、欺诈防范、纠纷调解、消费者保护等围绕交易的环节，是创新最集中的领域”。这些实务中的管理是如此深入而广泛，以至于我们认为平台与其商家之间已经形成了某种事实上的“私行政管理关系”[1]。

从外部视角来看，平台治理（一度在学术讨论中被称为“平台监管”“电子商务监管”，为了讨论的方便，接下来将在文中陆续出现这样的表述，特指在“治理”研究兴起之前的政府管理方式）经历了一个由宽到严、由“软”到“硬”的过程[2]。这与电子商务自

[1] 参见周辉：《变革与选择：私权力视角下的网络治理》，北京大学出版社 2016 年版。

[2] 沈岿：《电子商务监管导论》，法律出版社 2015 年版，第 61 页。

身的发展历程不无联系，即 2004 年以前的法律规制基本处于空白状态。现阶段的平台治理倾向欧盟模式，即以政府主导的立法规制模式为主，其主要表现：一是电子商务监管主要以法律和规范性文件的制定 / 修订为形式加以落实；二是监管主体以政府为主导，由政府认可的行业协会等监管主体官方色彩较浓，相关监管行为均由政府机构主导完成，平台经营者的辅助监管地位并未得到政府的认可。此外，现有平台监管商事法源的构建呈现出立法中心主义的特征，其并未将商事合同、交易惯例、司法判例、学说理论等资源充分应用到商事规范中去，从而使得商事立法及规制每每难以应付实践的需求，在立法的真空地带形成诸多社会矛盾与难题[1]。

在监管部门与权力主体上，根据国务院正式批准商务部新“三定”方案[2]中描述的职能，由国家发改委、工信部、商务部、国家工商总局、公安部等对电商行业实行综合监管以后，由国家工商总局等部门重组的国家市场监督管理总局被期待发挥更大的监管作用。然而，在电子商务的行政监管体系内部，既存在不同部门之间的监管权分配问题，也存在地域管辖和级别管辖上的冲突，这是一个需要在横向和纵向上进行梳理的权力体系[3]。因此，由该权力体系制定的规则体系也存在混乱无序的状态，这种杂乱的监管体系根本无法应对复杂的电子商务平台生态系统——该系统呈现出一种复

[1] 如互联网金融领域在 2016 年左右甚嚣尘上的非法集资现象，令无数家庭血本无归，但无论是政府监管还是立法依据都对此现象没有拿出可行的令公众信服的解决方案，虽然最终诉诸司法渠道，但仍然对于问题的解决遥遥无期。参见彭冰：《非法集资活动规制研究》，载《中国法学》2008 年第 4 期。

[2] 参见中华人民共和国中央人民政府网，http://www.gov.cn/gzdt/2008-08/23/content_1077586.htm。

[3] 沈岿：《电子商务监管导论》，法律出版社 2015 年版，第 115 页。

杂、动态的互动式治理，其运行至少包含核心层、扩展层、相关层和社会层等多个层面，在这样一个多层级的庞然大物面前，传统的监管方式显得落后而无能为力。

无论基于哪一种观察视角，我们都可以清晰地得出结论：平台的高速、海量与个性化对治理模式提出快速响应、低成本、多样化和生态化等一系列需求。平台治理并非简单地由平台实施治理，而是一种治理理念和思维，即以一种适用于平台交易的形式落实治理[1]。此外，这种治理还需在发展和规范之间加以权衡。事实上，只有直接从事商事交易的商事主体自身才更加理解创新的理论难点和实务焦点，并有充分的动力去设计各种自治规则来防范风险和维护自身的合法权益。

平台自治规则和历史上的商人法一样，有的经过长期的发展和确认成为交易的规则和惯例，并进而经过司法判例的确认或者学说理论的阐释成为调整商事交易的“活法”[2]。这些自治规则一方面可以将过于原则、框架的立法进行具体而实质的阐释，另一方面还可以对不完善的立法进行漏洞填补，从源头上进一步去完善成文立法，从而对商事法体系进行结构上的更新完善，使之适应时代的发展，促进商事交易的安全。

对此，已经有学者基于法律多元主义视角提出在平台治理领域，要将政府主导的立法中心主义的监管模式转变为法律多元主义的模式，并充分尊重商事主体的自治规则。尽管这只是一种简易的逻辑推理，但是法律多元主义的思想萌芽已经显现。他们的论据

[1] 沈岿：《电子商务监管导论》，法律出版社 2015 年版，第 61 页。

[2] [德] 贡塔·托依布纳：《法律：一个自创生系统》，张骐译，北京大学出版社 2004 年版。

是：在实践中，围绕平台经营者责任通常具有双重博弈，一是规范层面的内部博弈，二是规范层面和事实层面的博弈。当规范层面未作出明确规定时，在事实层面，平台经营者往往作为公共管理的主体出现。与之相应，在规范层面当然也应当对于平台这种事实上的公共管理主体地位予以充分尊重。

此外，平台经济的本质是一种资源配置的全新机制，从而完全不同于古典的市场配置模式。网络平台是一种主导性的商业模式和生产方式，因此传统法学框架中对于第三方责任探究的方法已经难以有效而融贯地处理复杂的平台责任议题。对平台的任何法律责任的分析必须以平台的结构性定位入手，从一种融贯的视角来统一理解平台兴起引发的合同法、侵权法、竞争法、劳动法问题，从而构想具有整体性的平台规制[1]（戴昕，2019）。运用一种一般性的理论视角将技术因素抽象为一般性的变量并置于宏观社会制度的分析框架之中，从而获得科技等因素与法律互动的原理和机制理解[2]。因此，需要回到关于治理研究的一般理论中寻求参考，法社会学的相关理论正是我们所要寻找的理论源泉。

## 二、有关网络平台治理的理论

### （一）规范的视角

#### 1. 规范的多元性与非正式性

美国法学界有关“法与社会规范”（law and social norms）的交叉学科研究是较早对于法律在社会中角色变革的思考，并持续引领

[1] 戴昕：《“守法作为借口”：通过社会规范的法律干预》，载《法制与社会发展》2017 年第 6 期。

[2] 戴昕：《重新发现社会规范：中国网络法的经济社会学视角》，载《学术月刊》2019 年第 2 期。

该领域的研究。“法与社会规范”研究的兴起体现了当代法律交叉学科研究理论高度整合的趋势。社会规范的核心内涵是指在社会群体内，基于人际互动而产生、存续的，并由社群成员以自发和分散的社会制裁去执行的，对社群成员行为构成约束的非正式规范。相比于传统法律经济学反对干预和规制的旨趣，一些法与社会规范学者倾向认为，发现规范失灵的确是考虑法律介入的契机，正由于市场、规范与物质架构等规制因素的存在，法律反而可能以更加微妙而有效的方式实现行为干预。

与法和社会规范研究类似的是法律多元主义[1]的相关概念和理论。法律多元这一理论范畴最早出现于20世纪70年代的人类学研究，人类学家们通过对殖民、后殖民社会的秩序考察发现，将欧洲法律强加于殖民地并未生成殖民者们津津乐道的所谓“文明”，在很大程度上，殖民社会原有的秩序形式仍然存在并与欧洲的法律体系两相抗衡从而形成了一张多元法律并存的格局[2]。据此，他们认为在一定意义上，任何一个社会在法律上都是多元的[3]。法律多元主义对法律本身抱持开放性、对社会生活抱持“现实主义”的态度，认为法律仅仅是社会控制工具中的一种，法律与其他社会规范存在互动关系，并在时机成熟时会相互转化。法律多元主义主张在

[1] 参见张德淼：《法律多元主义及其中国语境：规范多元化》，载《政法论丛》2013年第5期。

[2] See Sally Engle Merry，Legal Pluralism，Law & Society Review 22（1988），p. 869.

[3] See Sally Engle Merry，Legal Pluralism，Law & Society Review 22（1988），p. 873. 台湾学者在对台湾数百年的法律发展史梳理中也认为在台湾这样的原住民、外来人口始终并存，明清、民国、日本、荷兰、西班牙等统治者带来的法律体系不断演化的社会中，法律多元现象始终存在，参见林端：《台湾的法律与社会》，载《清华法治论衡》2005年第1期。

法律规则之外尊重其他社会行为规范，尤其是具有自创生或者地方性的一系列社会规范，如民间法、商人法等。

在 1978 年的著作《转变中的法律与社会——迈向回应型法》中，加州伯克利大学的学者诺内特、塞尔兹尼克反对单一性地理解法律，认为法律是“多维的”，可以回应社会的可变性。他们认为根据法律与政治、道德的关系、法律规范的地位、裁量权的多少、公民参与和合法性等因素与变量，历史上曾经形成了三种法律模式：压制型法、自治型法与回应型法。回应型法具有法律多元主义的特征，强调法律渊源的多样性和分散性，并把法律看成是更加广泛的制度。其目的并非以个案的审判来追究政府责任，而是发现制度的缺陷，从而实现实质正义。在回应型法中国家的法律更多地起到补充、辅助性的作用，为其他社会组织参与政策制定提供制度保障，其他主体的规则受到高度重视，国家为其他主体的制度安排提供权威性支持，如认可社会组织制定的标准和对认证机构活动提供支持。回应型法在强调法律多元性、法律局限性、法律与其他社会系统的互动等层面与以下论述的反身法理论具有相似性。

软法在我国是由北京大学罗豪才[1]等学者在公共治理兴起和“国家—控制”法范式不再一元独大的背景下提出的一个富有解释力的概念，其定义为“通过广泛的民主协商和公共参与形成的，体现公共意志，具有柔性、可接受性等特征的良软法”[2]，即软法主要反映的是公共自治组织的共同体意志而不仅仅反映共同体意志，规范性上侧重为法主体的行为选择提供导向而非强制服从。软法的

[1] 罗豪才主编：《软法的理论与实践》，北京大学出版社 2010 年版。

[2] 罗豪才、宋功德：《软法亦法：公共治理呼唤软法之治》，法律出版社 2009 年版，第 9 页。

表现形式有社会组织制定的规范、团体章程、乡规民约等。美国人类学家保罗·鲍哈那（Paul Bohannan）认为法是习惯的再制度化。一切法律最早都起源于某种行为方式，所有的正式国家法律均来源于非正式的软法规范，二者之间存在内在血缘。因此，国家法不是对实际生活中发挥作用的非正式软法规范的否定，而是对各种非正式社会规范的梳理、归纳和规范化。美国学者博登海默认为，“在早期习惯法的实施过程中，大众的观点，惯例和实践同官方解释者的活动，始终是相互影响的。对早期社会生活中的基本法律模式，甚至连权力极大的统治者都不可能加以干涉”。[1] 软法为法律机制内生的不完备性提供了一种自我解决的方案。这些问题仅依靠国家强制实施的法律很难根治，而主张对国家强制实施的法律进行反思和超越，在非正式的社会规范中寻找解决这些缺陷的有效方法。

2. 理论评述

无论是法与社会规范研究，还是法律多元主义、软法、回应型法，都呈现出几个共同特征：其一，源自人类学、社会学等交叉学科研究，从其他学科学者的研究中获得灵感或直接的研究结论，这体现了西方法社会学研究和法社会学者们的思路始终存在的跨学科属性；其二，强调法律的多元属性，在社会的视野中看待法律，将法律视作规范或者规制工具的一种，并认为法律本就与习惯等社会规范一脉相承；其三，以互动的视角看待法律，认为法律的运行总是与社会生活、社会系统相呼应。无论是通过自我规制来改善衔接，还是为全社会提供普遍的价值指引，法律系统对社会终究是开放的，并总是借助种种机制将其他规范最终纳入法律的麾下。

[1] 毕雁英：《法律社会化视角下的软法责任》，载《行政法学研究》2018 年第 4 期。

（二）规制的视角

如果说平台规则的属性可以从法律多元主义等相关理论进行合法性探源，那么，平台治理则与行政法的自我规制等理论息息相关，平台治理的属性决定其在很大程度上是依靠自身来进行自我管理的，基于其“准行政管理”的特性和类似于政府的权力与功能，行政法上对政府规制工具的探讨同样可以为平台治理提供思想渊源。近年来颇为风行的行政法的规制理论彻底打开了行政活动原本密闭的过程，直接讨论行政活动的必要性和工具选择问题，其一开始便与立法、行政机关的设置和权限等法律议题密切关联。与之类似，平台治理目前最需要解决的问题也是平台主体的权限和权能等议题，且具有自我规制的特性，与此同时，政府的角色和权力安置问题在其中也是一个颇为引人关注和感兴趣的议题。

1. 社会自我规制和助推机制

社会自我规制隶属于规制理论的一种。社会自我规制可以看成是反思传统政府规制，特别是命令与控制型规制的产物，其理论认为我们不应该高估国家的作用，按照反身法理论的解释，国家不过是在分化的、高度复杂的社会体系当中发挥作用的次级系统之一，为了应对现代社会的冲突多元复杂性，西方国家的法治从形式理性、实质理性发展到了反身理性。与社会自我规制相应，政府则退而成为某种致力于助推的角色。对政府的助推机制研究较为知名的是美国学者桑斯坦，他认为助推是指一种不构成行为强制的选择框架，政府通过行为预测介入人们的行为选择，且人们可以很容易地对该介入进行规避。[1]所谓“助推型”规制，即政府不应该全盘

[1]［美］理查德·泰勒、卡斯·桑斯坦：《助推》，刘宁译，中信出版社2018年版。

规制，又不能放任市场自由发展，而是通过促进和激励的政策来影响市场主体作出合理选择以实现自我规制。[1]

2. 多元规制理论

多元规制理论在21世纪以来影响力较大的是莱斯格在其著作《代码2.0：网络空间中的法律》中提出的相关理论，并以“代码即法律”等命题而脍炙人口。该书主张对规制的作用机理进行宏观理解，即将政府、社群规范、市场等作为整体考虑，而非局限在政府威胁自由的思维方式[2]。

莱斯格的多元规制理论认为，针对自由的威胁存在四种规制方式，分别为法律、社群规范、市场和架构。在莱斯格看来，四种约束相互区别、相互依赖，也可互相成就或颠覆。以网络空间为例，法律通过版权法、名誉权法等进行规制，社群规范则通常表现为讨论组里面的群内规制，市场则为广告费和链接费等费用，而架构则通常是代码，表现为与网络有关的软件、架构、协议等，其通常起到身份验证、行为踪迹追寻、加密文件等作用。因此，网民所处的环境即是法律、社群规范、市场、架构相互作用的结果。莱斯格认为四种规制方法在特定环境下可以相互转换、交替、扶持，规制者根据不同的成本、效率、目标要求综合选择不同的规制方法与策略，比如在网络空间里代码往往比法律更为有效、成本更低，而技术架构则不用法律的严惩和高成本即可实现许多有效规制，而社会规范借助的声誉机制同样较之法律规制成本会低很多。在特定情形

[1] Richard Thaler & Cass Sunstein, Nudge: Improving Decisions About Health, Wealth and Happiness, New Heaven: Yale University Press, 2008, pp. 5—6.

[2] [美] 劳伦斯·赖斯格:《代码2.0：网络空间中的法律》，李旭等译，清华大学出版社2018年版。

下，还可以通过间接规制实现直接规制的目标，如政府通过对代码的间接规制来实现对网络空间的规制目标。在网络空间的规制中可以通过不同价值体系的追求来保持四种规制手段的平衡。

与莱斯格的规制理论类似的还有美国学者施瓦茨关于规制网络空间的四要素理论，即法律规制、社会习俗规制、市场规制以及基础环境规制。此外，风险规制理论也可以视为多元规制理论的延伸。如我国学者季卫东在其对风险社会的研究中提出了风险沟通具有四种决策机制[1]，分别是技术、法律、政治和道德。具体到实践中，技术对策是指对风险的量化处理和预警，比如录像监控、舆情研判、互联网、大数据等技术手段，类似互联网中的架构；而道德对策包括八项规定、党风廉政举措、中国共产党的问责条例等；法律对策包括责任伦理，对后果问责的责任制度，保险、举证责任分配、损失补偿等；政治对策则包括民主参与、组织化沟通等。

（三）理论评述

以上两种视角无论从规则即规范，还是规制即治理的角度均给予了某一方面的研究思路，但缺乏完整看待平台这一新兴事物的解释能力，其理论背景通常是第三次工业革命的产物，应对以人工智能、大数据为特征的第四次工业革命下的规则及其治理已经显得单一而力不从心。

此外，以规制为视角的治理很容易强调政府对于平台组织的自上而下的管控，从而导致忽略了平台组织自身的独立性、行动逻辑、价值追求与能力建设。鉴于本书的问题意识集中在基于规则的平台治理，其所涉规则和内外治理主体与策略前所未有的复杂，平

[1] 季卫东：《风险社会如何进行决策与法律沟通——由“雷洋”事件和“万科”事件谈开去》，载《探索与争鸣》2016年第10期。

台自身自我创生和自组织的能动性前所未有的强大，传统的理论框架显然已经无法解释智能社会的高度复杂性，因此还需回到更为基础的社会理论中寻找养料。社会系统论以整体和多元的功能分化的视角看待社会，是适合互联网时代平台治理研究的理论范式。

## 三、治理理论的系统学派

早期社会系统论应用于管理的研究主要见于企业界，企业管理中的系统理论学派亦称系统学派[1]，是指将企业作为一个有机整体，把各项管理业务看成相互联系的网络的一种管理学派。该学派重视对组织结构和模式的分析，应用系统理论的范畴、原理，全面分析和研究企业和其他组织的管理活动和管理过程，并建立起系统模型以便于分析。这一理论是华盛顿大学教授弗理蒙特·卡斯特（F. E. Kast）、罗森茨威克（J. E. Rosenzing）和约翰逊（R. A. Johnson）等美国管理学家在一般系统论的基础上建立起来的。其理论思想详细体现于1963年三人合写的《系统理论和管理》以及1970年卡斯特与罗森茨威克合写的《组织与管理——一种系统学说》中。

20世纪90年代出现的公共治理理论在世界范围内曾掀起一轮治理替代统治和管理的研究高潮，并深刻影响了各国的治理实践。随着世界各国对于政府治理变革的关注，对系统论的应用转到了政府治理与社会治理领域。西方治理研究的主要理论基础之一正是社会系统论，其研究大多集中在欧洲，可称为治理研究的社会系统学

[1] 涂明君、张志明：《西方治理理论的社会系统学派》，载《中国社会科学报》2019年8月14日；涂明君：《社会治理是系统治理》，载《中国社会科学报》2016年5月18日。

派，其主要关注治理的制度、程序和机制问题。与统治不同，治理是一种由共同目标支持的活动，这些管理活动的主体未必是政府，也无须依靠国家强制力来实现。有别于传统行政管理的“命令—服从”式，治理理论的系统学派从系统视角看待治理，认为现代社会的发展要求实现包括公共秩序在内的公共服务的多元化供给，政府机构、私人机构和公民各方应该合作、协商管理公共事务，因此，其权力结构和决策的运行机制均是多元和柔性的。公共治理包括三个内容：多元治理主体，治理工具上法律、软法或二者的混合，治理结构上网络状、平行的协商模式，而不是垂直的“命令—服从”结构，也即多元治理、软法之治、公众参与。

库伊曼（Jan Kooiman）在1993年主编的《现代治理》（Modern Governance）是治理理论的早期代表。他在该书中阐述了治理的基本属性是系统的三个特征：多元性、复杂性和动态性。从系统论关于治理的理论脉络来看，治理的根本任务就是卢曼所说的“所有社会系统的基本问题在于降低复杂性”。在1973年与卢曼合作的梅茨（Rudolf Traub-Merz）是治理调控研究的权威，其在对机制的研究中认为机制所研究的是连接理论，是对产生某一结果的重复发生过程及其内在关系的一种因果解释，虽然人们有很多集体行为机制的解释模型，但缺乏对制度和结构性配置起关键作用的生成机制的“系统化论述”。

梅茨的治理研究主要是基于社会系统论的“行动者—机制—模式”分析框架，然而，要想向其所述的机制的“系统化论述”的理想迈进一步，则要通过机制的分析更清晰地洞察治理的本质，还要从卢曼偏重于自我分化的社会系统论中跳出来，以一种新的互补系统治理的视角重新审查从帕森斯到卢曼再到梅茨的机制概念中所隐含的实然与应然关系，建立“机制—程序”互动的基本原则[1]。这需要法学者与政治学者的共同努力，将“程序—机制”互动的原则置于互补的系统治理的视角中，从而得出新的治理创见。

## 四、自创生系统论的理论脉络

放置于社会学的理论大厦，社会系统论的思想在法律社会学的创始人之一涂尔干的著作里即初见端倪。涂尔干对于社会分工的思想是社会功能分化思想的雏形。在其著作《社会分工论》中，涂尔干这样阐释：“有了分工，个人才会摆脱孤立状态，形成相互间的联系；有了分工，人们才会同舟共济，而非一意孤行。总之，只有分工才能使得人们牢固地结合起来形成一种联系。”[2] 在较为低级的社会中，人们之间的相似性大于差异性，向心力大于离心力，社会集体意识膨胀形成了社会的机械团结，个体的人格被集体意识埋没，并形成了以“维护社会凝聚力”为目标的压制型法[3]，其以刑法为代表。而在较为发达的高等社会，也就是社会分工较为充分的社会，个体差异增大，个体意识觉醒，集体意识相对衰落，形成了有机团结，以契约法为代表的恢复型法不再调整个人与整个社会的关系，而是专注于“特定的社会要素之间的关系”，即平等主体之间的关系。通过社会分工，个体意识相对于集体意识的发达、个体

[1] 涂明君、张志明：《西方治理理论的社会系统学派》，载《中国社会科学报》2019 年 8 月 14 日；涂明君：《社会治理是系统治理》，载《中国社会科学报》2016 年 5 月 18 日。

[2] [法] 涂尔干：《社会分工论》，生活·读书·新知三联书店 2000 年版，第 24 页。

[3] 诺内特与塞尔兹尼克有关压制型法的观点即发端涂尔干，参见 [美] 诺内特、塞尔兹尼克：《转变中的法律与社会》，张志铭译，中国政法大学出版社 1994 年版，第 35、52 页。

意识对集体意识的控制权力羁绊的摆脱使得协作性法律越来越发达，而刑法却相对衰落。[1] 基于此，涂尔干将生活看做是一个由若干相互依赖的子系统构成的有机体，这些子系统对于社会这个整体的生存发挥着重要功能。[2]

帕森斯的结构—功能主义是社会系统论脉络的重要一环，其以具有自主意志的人作为出发点，将行动有机体与规范、价值观、信仰和其他有关观念构成的文化系统相联系。帕森斯特别提出了“边界维持系统”概念，即任何系统为了生存就要同周围环境之间维持某种边界，这种边界靠系统自身的各单位之间的互动过程得以维持。在帕森斯看来，任何系统均有边界，这些边界的维持保持了系统性，为了维持系统的生存运作，系统须借助“四项功能性次系统”的运作，实现“目标达成”（goal attainment）、“适应”（adaptation）、“整合”（integration）与“潜在模式维持”（latent pattern-maintenance）四项功能，即通称的 AGIL 模式。其中的整合意味着系统中任何一个成员的行动必须尽可能相互协调而避免冲突，而“潜在模式维持”则指涉系统中每个成员的精神态度同维持系统所必需的规范的协同关系；它意味着系统的存在要求其中每个成员都保持着同贯穿于其中的规范和价值相一致的心态[3]。在不同次系统之间的互动和产品交换是成对的“次系统”所参与的“边界交换过程”，这种边界交换通常是通过一系列象征性流通媒介作为中介的，其重要形式有“货币”“权力”和“影响”等。只有通过

[1] 参见［法］涂尔干：《刑罚演化的两个规律》，转引自涂尔干《职业伦理与公民道德》，上海人民出版社 2001 年版，第 425—426 页。

[2]［美］B · Z · 塔玛纳哈：《一般法理学：以法律与社会的关系为视角》，郑海平译，中国政法大学出版社 2012 年版，第 188 页。

[3] 高宣扬：《当代社会理论（下册）》，中国人民大学出版社 2017 年版，第 560 页。

社会次系统之间的边界交换，每个次系统才能完成运作。

在对组织的分析上，帕森斯通过研究组织与环境的关系将其一般性的“文化—制度”观点用于对具体组织的分析中，将制度视为界定组织间关系和合法性的规范系统。组织通常垂直分化为三种独特层次，即关注生产活动的技术组织，关注控制与协调的管理组织，关注组织与社群、社会规范和习俗之间联系的制度性组织。每个组织都是某个更大社会系统的一个子系统，该更大的社会系统是组织的“意义”与合法性的根源，是使得组织目标的执行得到更高层次的支持根源[1]。

卢曼在帕森斯的基础上将行动理论升华为沟通理论，某种程度上其理论是一种功能—结构主义，即系统首先通过与环境的区分实现功能自足，进而基于功能自身和原初状态，通过类程序的结构性过程从偶然和无序中逐步建立必然的、稳定的动态结构，即自成为系统。卢曼的自创生系统论主要源自一般系统论和生物学的自创生理论，其宗旨是社会理论中一脉相承的对“复杂社会秩序何以可能”的解释追求。卢曼认为，“现代社会的法律是一个自我参照、自我生产和再生产的，在规范上封闭、在认知上开放的系统，也就是说是一个自创生的系统。法律是一个在规范上封闭而在认知上开放的系统”。[2]其中，规范封闭意味着法律的所有元素兼有差异性和同一性，其各个组成部分分享相同的交流媒介和术语进行信息自我生产，只有法律才能改变法律。认知开放则意味着法律系统

[1][美]斯科特：《制度与组织——思想观念与物质利益》，姚伟、王黎芳译，中国人民大学出版社 2010 年版，第 30—31 页。

[2][德]尼克拉斯·鲁曼：《社会中的法》，李君韬译，台湾五南图书出版有限公司 2009 年版。

要适应环境就需从环境获取信息，并按照环境需求来解释自身、调整自身。卢曼的系统论法学认为现代法的自创生过程是逐步演化而来的，其先后经历了自我观察、自我描述、自我组织、自我调整到自我再生产的演化过程，从而一步步走向自创生，其背后反映了法律系统自治程度的发展。这一社会系统自创生过程最重要的功能就是对于环境的“降噪”，即降低环境的复杂性、维护系统与环境的边界，其尤其强调行为功能及子系统的独立地位，由此直接引出了系统的自创生理论。尽管各个分立的系统表面上自律运行，但这种自组织过程是高度不确定和充满风险的。在卢曼对社会的观察里，他认为社会是所有一切相互间有可能沟通的行动所组成的综合的系统，社会的边界是一切可能有意义的沟通的边界[1]，特别是那些有可能被行动者把握和了解的沟通的边界。卢曼认为，沟通是使得任何行动者所造成的社会互动发展成为社会系统的最重要条件，即只有当互动与沟通联结并使得沟通成为一种普遍的可能时，社会方可形成与巩固。

针对卢曼系统论缺少对机制的深入关注的情形，梅茨建立了“行动者—机制—模式”的分析框架，着重分析社会机制，并作出了机制重复性和机制恒常性的论断，这种机制恒常性是人的自然本真机制和具有随机性的意志分立的关键，然而其缺点是并没有解释机制为什么具有恒常性，也未能区分行动者认知中的主观和客观因素。

系统论在托依布纳这里得到了真正的升华，托依布纳在评论卢曼的自创生理论时就曾认为，“自创生理论为许多重大的社会理

[1] 高宣扬:《当代社会理论（下册）》，中国人民大学出版社2017年版，第664页。

论问题提出了新的洞察力。其中最大的问题就是社会是怎样改变的——和它的未来可能怎样改变——以及我们如何理解当下正在发生的事情。这是社会学的中心问题之一”。[1]托依布纳进而提出了自己的法律自创生理论（Legal Theory of Autopoiesis），一般还被称为反身法理论。其社会学的理论溯源包括卢曼的系统理论、帕森斯的结构功能主义理论以及再早期的涂尔干的功能主义，这些社会学的理论大师们无不致力于追求对现代高度复杂社会的深刻“自我描述”[2]。本书则将主要源于卢曼和托依布纳的有关规则自创生的社会系统理论称为自创生系统论。

托依布纳的反身法理论很大程度上是在对近代商人法的研究中得以提出的，他在研究商人法中发现，跨国或者全球商人法的有效性不是来自国家或国际权威，而是来自商人的合同，即商人法源于商事合同，而合同的效力又源于由合同创制的法律，因此形成了一种奇特的悖论式循环，且新商人法还借助合同约定了纠纷解决机制，用仲裁机制代替了诉讼机制，因此有人将这种超越国家法律体制的纠纷解决机制称为“私人化司法”，将这种商人法所体现的法律文化称为超越民族和国家法律文化的“第三种法律文化”。鉴于这种新商人法的效力及其纠纷解决机制均来自当事人的合同，托依布纳将这种通过合同构建的法律称为“反身性法律”，其在来源和权威上均有别于国际法和国家法，具有“自我合法化”“自我繁衍”和“自我发展”的特征，被称为“自创生”的法律制度。

[1][德]贡塔·托依布纳：《法律：一个自创生系统》，张骐译，北京大学出版社2004年版，第1页。

[2]宾凯：《法律如何可能：通过“二阶观察”的系统建构——进入卢曼法律社会学的核心》，载《北大法律评论》2006年第2辑。

托依布纳将法律的演进分为三个类型：形式法、实质法与反身法，以阐释法律与社会之间的互动关系。法律的形式理性在于强调个人主义与自主性的完善，以及私人活动领域的确立，以分析的概念体系、严密的演绎和规则取向的论证来建构法律。但随着福利国家的成长与政府规制的兴起，法律开始强调国家“目的性”“目标取向”干预的实质理性，着重于通过实质性的规则和标准来实现预设目标。然而随着社会结构日益复杂，实质理性也无法满足功能分化的社会的需求，体现为国家不断通过颁布更多的法规范干预社会，但是由于法律仅仅是一个社会的次级体系，无法整合社会其他的所有次级体系，无法处理所有的社会问题。为此，反身法采取了介于形式法与实质法之间的中间立场，一方面让个人自主决定自己的事项，另一方面反身法透过建立引导个人行为的程序机制来干预社会运作过程。反身法的主要功能在于运用有效的内部控制结构，取代外在的干涉控制。也就是说，在功能分化的社会中，法律体系只是一个自我指涉、自我复制的社会次级体系，它并不是倾向直接介入其他的次级体系，而是通过提供程序上、组织上以及权限上的规范，促成其他社会体系实现民主的自我组织和自我规制。在解决社会问题的同时，避免破坏社会生活原有价值的模式。

进而，托依布纳提出了法律的自创生系统论[1]，他认为法律系统是一种自组织系统，是自组织系统中的自创生系统，在系统演化过程中，由于内部子系统之间的相互作用，在没有样本或母体的条

[1][德]贡塔·托依布纳：《法律：一个自创生系统》，张骐译，北京大学出版社2004年版，第11页。泮伟江：《双重偶联性问题与法律系统的生成：卢曼法社会学的问题结构及其启示》，载《中外法学》2014年第2期。王宏选：《作为一个自创生系统的法律——卢曼和托依布纳的法律概念》，载《黑龙江社会科学》2006年第5期。

件下，一种全新的结构、功能、模式、形态从无到有地自我产生出来，此时法律系统就成为自反身的（self-reflexive）[1]。自创生系统理论主张社会由一系列规范上封闭的子系统组成，这也导致了各子系统之间的交流障碍，此种障碍构成了法律对社会调整的局限性。同时，系统在认知上又是开放的，规范上封闭的系统是通过“结构耦合”来实现认知上的开放。因此，社会秩序的维系和发展不但要保持各个系统的独立性，同时要创造在各个系统之间的结构耦合。考虑到结构耦合对维系社会秩序的重要作用，托依布纳提出法律对社会的调控应该通过反身法来实现，这是因为一个系统很难受到外界的直接影响。

在反身法的社会应用上，托依布纳强调自我规制。首先，反身法的内在理性既非建构在经确定规范与法律概念的系统之上，也不是实质法律程序的目的手段逻辑之上，而在于抽象的程序、组织结构规制的后设层次、权利与决定权限的分配界定，特别是程序主义的适用之上。其次，反身法的规范理性呈现出新自由主义法律概念的特征，因为反身法倡导自我规制、强调市场机制。不过反身法并不全然反对看得见的手，反身法强调的是受规制的自我规制，目的在于促进社会系统积极地自我规制与学习。最后，反身法类型的系统理性回应了高度分化社会的核心问题，一方面反身法对次级系统提供程序与组织上的整合机构，另一方面规制外部协商系统的规划与构成。

总体而言，反身法理论强调自创生闭合的、内在化的进化与共

[1]［德］贡塔·托依布纳：《法律：一个自创生系统》，张骐译，北京大学出版社2004年版。

同进化相辅相成、共生发展，强调法律与社会结合、整体与部分结合、社会进化与社会结构结合、自治与规制结合、经验分析与规范研究结合，意图改善法制与社会的结构性衔接方式，提倡公法、私法结合，强调有效利用私法自治实现有控制的自治管理。法律系统的主要功能是对全社会提供具有普遍性的指引规范，解决其他系统内部无法解决的纠纷，但是普遍性规范可能无法形成或者无法解决所有的纠纷，为此法律需要借助对自身的调整来解决这些矛盾。准确地讲，就是法律多数是以通过自身的调控来改善法律与其他社会系统的衔接问题，将对其他社会系统直接的干预转变成了间接的方式，通过影响组织机构、能力和程序来促使其他社会系统建立起一套更为民主化的自我管制机制。

## 五、本书的理论框架：自创生系统论

既有的研究观点虽然有助于我们从各个视角去认识和管理平台，但未能展现出平台治理的系统丰富性，从而对于这一挑战社会秩序的新生事物并无改善的有力建议。当我们将视角投向更为宽广的领域，就会发现系统理论对于理解“平台是什么”以及“如何观察和理解平台”的基本概念层面具有优势，有助于我们从社会学的视角更深入而丰富地来认识平台，达成一种“平台的社会学启蒙”。系统理论是系统论、信息论、控制论、生物学、社会学等交叉学科的综合，其借助于系统/环境、区分、观察与二阶观察、运作封闭与认知开放、自我指涉、结构耦合、激扰等理论概念和工具为研究平台治理提供了新的理路，而平台治理则为该理论的发展提供了最新的时代例证。

本书将运用社会系统论的自创生理论来对平台规则体系进行

解释，并从中引申出平台治理的具体机制和模式。自创生是自组织[1]的特殊种类，英文自创生“autopoietic”一词的本意是指在没有特定外力的干预下，系统从无到有地自我创造、自我生产和自我形成。严格意义上讲是指在系统演化过程中，由于内部子系统之间的相互作用，在没有样本或母体的条件下，一种全新的结构、功能、模式、形态从无到有地自我生产出来。[2]自创生的法律是指法律相对独立于整体的社会，有自己存在的空间，外在的因素经常在其范围外形成，而结构耦合则提供了动力使非法律环境与法律环境相互影响。[3]

尽管系统论法学的解释主要针对的是法律规则体系，但鉴于“系统是一切事物的存在方式之一”，[4]而平台规则作为一种“软法”规则体系一方面诞生于平台这个庞大的独立系统内，另一方面依托于互联网大数据等 Web3.0 后时代的新兴技术，其所处的系统内外部环境前所未有的复杂，可以说，平台规则从诞生之初就身负化解平台系统与环境复杂性与矛盾性的艰巨使命，且规则的发展并无任何外部借鉴，几乎全部凭借平台一己之力主导创生，以政府为代表的外部力量无力干涉或者扶持。因此，平台规则具有系统内自创生的特征。

[1] 自组织是复杂系统演化时出现的一种现象，指系统形成的各种组织结构的直接原因在于系统内部，与外界环境无关。系统科学认为自组织是系统存在的一种最好形式，因为其在一定环境下最容易存在、最稳定。参见许国志主编：《系统科学》，上海科技教育出版社 2000 年版，第 175—176 页。

[2] [德]贡塔·托依布纳：《法律：一个自创生系统》，张骐译，北京大学出版社 2004 年版，第 11 页。

[3] 许志国：《系统科学》，上海科技教育出版社 2000 年版，第 198—199 页。

[4] [德]贡塔·托依布纳：《法律：一个自创生系统》，张骐译，北京大学出版社 2004 年版，第 11 页。

从整体社会中分化出来的秩序常常出现不稳定的趋势，主要表现为政治决定的不确定性、权力过于集中、权力的泛化和滥用、政治支持的不断波动等[1]。在社会系统论看来，社会是从等同社会、分层社会逐步迈入功能分化的社会[2]，经济、政治、法律、教育、宗教、科学诸个系统因而逐步成为独立的系统，各个系统之间多元分立，并通过结构耦合的方式共存。卢曼的系统首先是功能自足的，其通过类程序的结构性过程使得自身区分于环境，从而使系统自成为系统。卢曼的功能—结构主义的系统理论非常强调各个功能及子系统的独立地位，因此孕育出了治理理论的自组织观点，在自组织的逻辑下，社会不断分化、多元化和复杂化，因此也形成了卢曼多质的、多中心的、无数系统交错形成的“乱世”。为了进一步维护这种社会分化，防止功能分化的社会出现“去界分化”的危险[3]，系统需要通过不断的自组织、自我生产等提升自身的复杂性以降解外部环境的复杂性。这种动态的社会观察方式，是本书描述平台规则体系的起点。

[1] [德] 贡塔·托依布纳：《宪法的碎片：全球社会宪治》，陆宇峰译，中央编译出版社 2016 年版。

[2] 等同社会即原始社会中相对无差别的社会，分层社会即封建社会中以阶级出身等划分的等级社会，功能分化社会即现代社会中以政治、经济、文化系统区分的社会。参见 [德] 尼克拉斯·鲁曼：《社会中的法》，李君韬译，五南图书 2009 年版。

[3] “去界分化”的结果是系统之间不再分离依赖，社会将屈从于单一的标准，还会出现更多的暴力乃至极权。“去界分化”的危险主要来自政治系统，即整个沟通制度政治化的危险。参见李忠夏：《宪法学的系统论基础：是否以及如何可能》，载《华东政法大学学报》2019 年第 5 期。

# 第二章

# 网络平台规则系统的自创生：规则全景

经过近二十年的发展，我国业已形成了以阿里巴巴、腾讯为代表的数个超级网络平台为主体，以其他信息发布与共享平台、社交媒体平台为两翼，以各类操作系统和技术平台、共享经济平台为支撑的平台体系[1]。平台对社会治理结构的挑战与改变也已引起从立法者、管理者到学者的共同瞩目，比如平台与政府在社会管理事项上的关系格局，平台运营自身的合法性合理性，平台决策的多元化、平台自身的责任权力赋予与分配等问题被热议。与此同时，以平台规则为切入点对平台治理进行的研究却难得一见，尽管该问题对于法学者深入厘清平台治理相关理路而言十分重要。由于平台运营者身负管理者、商家、规则制定者和社会结构重塑者等多重角色，且已经在各个社会功能领域发挥了主导性的影响，堪称政府之外的“第三部门”，这在传统的国家社会二元逻辑框架下很难得到恰当的解释。鉴于我国网络平台体系的发展无论在规模还是效能的发展上均处于世界前列，其面临的诸多困境与挑战也并无可靠的他

[1] 超级网络平台按照应用属性可以分为五大类型，其与人们的生活生产工作交流息息相关。其分别是：1. 操作系统和应用商店平台，如苹果、谷歌、微软等，主要提供网络应用基础设施；2. 信息发布和共享平台，如大众点评、去哪儿、携程等，主要解决“食住”等问题；3. 社交媒体平台，如脸书和腾讯（微信、QQ），主要解决“交往”的问题；4. 电子商务和互联网金融平台，如亚马逊、阿里巴巴、京东，主要解决“衣”等问题；5. 共享经济平台，如优步、滴滴、摩拜等，主要解决“行”的问题。

国经验参考，因此，对平台规则的研究需要重回超越个体选择与政治国家框架的社会理论中去寻求新的解读视角。

运用系统论法学的自创生理论来对平台规则体系进行解释，正是基于以上问题而展开的崭新尝试。[1] 系统论法学的自创生理论源自一般系统论和生物学的自创生理论，其代表观点来自卢曼和托依布纳二人的研究，其宗旨是追求对“复杂社会秩序何以可能”的解释。如卢曼认为，“现代社会的法律是一个自我参照的、自我生产和再生产的，在规范上封闭、在认知上开放的系统，也就是说是一个自创生的系统[2]。”其中，规范封闭意味着法律的所有元素兼有差异性和同一性，其各个组成部分分享相同的交流媒介和术语进行信息自我生产，只有法律才能改变法律。认知开放则意味着法律系统要适应环境就需从环境获取信息，并按照环境需求来解释自身、调整自身。系统论法学的自创生是自组织[3]的特殊种类，英文自创生“autopoietic”一词的本意是指在没有特定外力干预下，系统

[1] 中文文献中法学界的学者更多是从网络平台治理主体的权利、责任等方面进行了较为具体细致的探讨，如某些学者将网络平台服务提供者的权力视为准立法权（规则制定）、准行政权（内部管理）和准司法权（纠纷裁决）(解志勇、修青华，2017)。部分学者则针对网络餐饮平台和共享租车平台进行平台法律监管和责任方面的探讨（程信和，2017；刘金瑞，2017；赵鹏，2017），还有部分学者则对平台的知识产权保护提出了自己关于如何完善平台规则的见解（姚志伟，2017；李永，2018；杜颖，2017）。

[2] 泮伟江：《双重偶联性问题与法律系统的生成：卢曼法社会学的问题结构及其启示》，载《中外法学》2014 年第 2 期。王宏选：《作为一个自创生系统的法律——卢曼和托依布纳的法律概念》，载《黑龙江社会科学》2006 年第 5 期。

[3] 自组织是复杂系统演化时出现的一种现象，指系统形成的各种组织结构的直接原因在于系统内部，与外界环境无关。系统科学认为自组织是系统存在的一种最好形式，因为其在一定环境下最容易存在、最稳定。参见许国志主编：《系统科学》，上海科技教育出版社 2000 年版，第 175—176 页。

从无到有地自我创造、自我生产和自我形成。严格意义上讲是指在系统演化过程中，由于内部子系统之间的相互作用，在没有样本或母体的条件下，一种全新的结构、功能、模式、形态从无到有地自我生产出来。[1] 自创生的法律是指法律相对独立于整体的社会，有自己存在的空间，外在的因素经常在其范围外形成，而结构耦合则提供了动力使非法律环境与法律环境相互影响。[2]

尽管系统论法学的解释主要针对的是法律规则体系，但鉴于“系统是一切事物的存在方式之一”，[3] 而超级网络平台是社会运作的产物，平台规则作为一种“软法”规则体系诞生于平台这个庞大的独立系统内，依托于互联网大数据等 Web3.0 后时代的新兴技术，其所处的系统内外部环境前所未有的复杂。可以说，平台规则从诞生之初就身负化解平台系统与环境复杂性与矛盾性的艰巨使命，其规则的创生发展几乎凭借平台一己之力主导创生，外部力量在此过程中表现得无力或者无意干涉或扶持。因此，系统自创生理论对平台规则及其衍生的平台治理富有解释力。

## 第一节　网络平台的规则体系与结构

系统论法学认为现代法的自创生过程是逐步演化而来的，其先后经历了自我观察、自我描述、自我组织、自我调整到自我再生产

[1] [德] 贡塔·托依布纳：《法律：一个自创生系统》，张骐译，北京大学出版社 2004 年版，第 11 页。

[2] 许志国：《系统科学》，上海科技教育出版社 2000 年版，第 198—199 页。

[3] [德] 贡塔·托依布纳：《法律：一个自创生系统》，张骐译，北京大学出版社 2004 年版，第 11 页。

的演化过程，从而一步步走向自创生，其背后反映了法律系统自治程度的发展。这一社会系统自创生过程最重要的功能就是对于环境的“降噪”，即降低环境的复杂性、维护系统与环境的边界。系统理论认为社会系统的复杂性来自事件的复杂性，而事件的复杂性则包括时间、物质和符号三个维度，[1]系统也基于这三个维度对环境的复杂性进行化约。其中，符号维度即明确指导系统行动的各种规则，其借助各种沟通代码展开。作为一个独立创生的系统，平台化约其复杂性并不断创生秩序同样依据规则的符号维度进行。正是借助规则，平台系统实现了自我指涉的三个基本面向：自律、自我生产和沟通。

平台经济是作为政府监管的法外之地产生的，有的学者将其称为“互联网的非法兴起”。[2]但鉴于平台自身需要发展壮大，其管理对象众多，平台在发展过程中产生了自己的一整套规则，其在不断整合调适的过程中发展出对规则的制定能力和执行能力。平台规则根据创制主体、制定程序、规则执行与规则遵守的内外部差异可以划分为内生规则与外生规则。内生规则的创制主体是平台自身，制定程序往往借助平台内部的规则公告、征求意见、规则众议院审议、发布通过，其规则主要由平台内部创生、制定、修改、编纂，规则遵守者主要是平台及其入驻商家和消费者。外生规则主要是政府机关或者权力部门作为创制主体针对平台运营过程制定的各种法律法规，其遵循正式的立法及相关程序，并由政府部门通常是工商

[1] 焦瑶光、吕寿伟：《复杂性与社会分化——卢曼社会系统理论研究》，载《自然辩证法》2007年第12期。

[2] 胡凌：《“非法兴起”：理解中国互联网演进的一个视角》，载《文化纵横》2016年第5期。

局或商务部等进行执法。外生规则的遵守主体往往是平台自身，间有涉及平台商家和消费者。

以阿里巴巴的淘宝平台为例，该平台在2018年已经形成了一套包括内生规则、外生规则，由规范、协议、公告等形式组成的较为完整的“立法”规则体系。其中，内生规则主要包括准入、交易、营销、处罚等规则，外生规则主要包括国家立法和监管部门制定的涉及网络交易、电子支付、物流配送、司法诉讼等事项的各类法律、行政法规、司法解释、部委规章或政策性文件等。

自创生的主要形式有自我观察、自我调整、自我描述、自我构成和自我再生产。自我观察不仅仅包括“看”，也包括“做”，是系统通过一种特定方法传达其未来发展方式的形式来重构自身的运行，法律的自我描述既包括法律教义学的理论学说，也包括有关法律识别的次要规则。对此，淘宝虽然如同大多数平台一样经历了一个经由资本和创业雄心最初推动的生长过程，缺乏足够的理论支撑，其规则也主要是在实践中逐步摸索出来，对其自身的规则予以识别的次要规则主要依托于传统的法律规则体系之下，以“不言自明”的方式指导运行。有关平台规则和治理的理论探究正是对于平台规则二阶观察的尝试。

自我调整是指法律不仅发展了用以识别法律的次要规则，还有用以改变法律的规范和程序，有关法律的制定、修改和补充的法律规范担负着法律自我调整的功能。[1] 自我构成是把自我描述实际用于法律沟通的调整及决定制作过程，如果自我调整和自我描述结

[1] [德] 贡塔·托依布纳：《法律：一个自创生系统》，张骐译，北京大学出版社2004年版，第16页。

合，自我构成的法律一致性被用来作为法律结构改变的标准，法律系统就是自反身的。平台在其运行中同样通过制定、修改、补充自身的规则始终将该规则体系处于自我调整的过程之中。在短短十几年的发展历程中，淘宝平台的规则生长呈现出不同的阶段，2009年之前主要以问答形式存在（主要借助淘宝“小二”的人工管理），其结构是临时而松散的。2009年，淘宝规则发展出现了“拐点”，淘宝正式进入“依规管理”阶段，将其之前七十多项分散的规则整合汇编成为《淘宝网用户行为管理规则（非商城）》。2011年，淘宝扩展了其单行规范，并形成以《淘宝规则》为基础的上下位规范关系，推出了解决争议的《淘宝争议处理规范》，并在2013年以后进一步形成假货防控、商品管理等机制。2019年，《电子商务法》的正式实施使得平台规则的发展进入新的阶段，平台以此为契机全面整顿了自身的规则体系，形成了以《淘宝平台规则总则》领衔的九大类规则体系，[1] 将违规争议处理与特色市场和内容市场的管理规范提升至显著的位置。

法律沟通的自我观察、自我描述、自我调整和自我再生产是通过自我关联来达成的，即按照法律的范畴来思考、描述自身的组成部分，为自己的运行、结构、过程、边界和环境确立规范，使用自我描述来构成自己的组成部分。即法律的组成部分由其组成部分生产——作为法律行为和法律规范相互生产的要素和结构的超循环连接似乎是现代法律的标志。淘宝的规则由其“小二”等人员的行为获得效力，而“小二”等人员裁决行为的效力只有关联其相关规则才能获得效力。当平台规则发展到一定体系时，平台只有依靠规则

［1］参见淘宝规则频道 https://rule.taobao.com/，最后访问日期：2020年2月12日。

来产生规则。

表 2-1 淘宝网平台规则发展阶段[1]

| 阶　段 | 时　间 | 特　点 |
| --- | --- | --- |
| 自由生长期 | 2003—2009 年 | 规则零散，应需而制定，主要以问答形式存在 |
| 初步建成期 | 2009—2010 年 | 制定《淘宝网用户管理规则》《淘宝规则》《大淘宝宣言》，推出“处罚节点制”和“处罚双轨制”，整合原有的 70 多种规则 |
| 结构调整期 | 2010—2012 年 | 形成以《淘宝规则》为基础，各个单行规范共同组成的规则上下位关系，推出《淘宝争议处理规范》 |
| 纵深发展期 | 2013—2018 年 | 建立假货防控、炒作打击和商品管理机制 |
| 全面规范期 | 2019 年至今 | 建立以《淘宝平台规则总则》领衔的九大类规则体系 |

资料来源：作者自制。

淘宝网创立于 2003 年，经过 16 年的发展，其形成了以《大淘宝宣言》《淘宝平台服务协议》《天猫服务协议》为根本规则，其他基础规则、行业规则、特色规则和营销规则（见表 2-1）为主体的规则体系，它们是完全由淘宝作为平台运营者自行制定的规则。对照国家法律规范体系不难发现，淘宝的规则体系业已形成了和法律体系

[1] 如有学者从五个方面论证了淘宝规则属于一种软法。第一，淘宝规则是没有强制力干预、自发形成的制度规则、是平台的三方主体多方利益博弈的结果；第二，淘宝规则的依靠平台经营者、平台商家和消费者三方的相互约束和利益机制发生作用的，不依靠国家强制力的保障；第三，淘宝规则的法源是第三方交易平台的自治规则，而非国家正式法律；第四，淘宝规则既是一种静态法规范，又是一种动态的公共治理方式；第五，在兼顾形式正义的同时，淘宝规则还需考量三方关系的特殊性，兼顾实质正义。参见沈岿、付宇程、刘权等：《电子商务监管导论》，法律出版社 2015 年版。参见孟凡新：《共享经济模式下的网络交易市场治理：淘宝平台例证》，载《改革》2015 年第 12 期。

相对应的类似的金字塔结构体系[1]。具体来说，与国家正式立法体系相类似，淘宝平台治理的根本规则《大淘宝宣言》《淘宝平台服务协议》《天猫服务协议》在其规则体系中的地位类似国家治理的根本大法——宪法；而以《淘宝规则》为代表的基础规则类似管控各个领域的基本法，《淘宝规则》类似调整平台基本交易行为的民法，《淘宝平台争议处理规则》类似调整争议处理程序的诉讼法，以《阿里创作平台规则》为代表的行业市场规则类似于调整行业市场和营销活动的经济法，而调整消费者保障的规则直接对应于消费者权益保护法等法律，《淘宝价格发布规范》等则起到行政法的规制地位，一些调整各种营销活动的规范和临时公告则属于操作规则、相当于政府的政策规定，更接近于法律体系中的各项行政法规。通过规则的生成，淘宝赋予了自身基于单方意志来支配和管理平台商家的权力，使得淘宝与其平台商家之间形成了基于自愿的支配性契约关系。[2]

2019 年以《电子商务法》的出台为标志，平台规则的进程进入了拐点。电子商务领域的重要法律《电子商务法》对于平台的责任义务进行了较为详尽的规定，对此，淘宝平台规则的最显著回应就是制定了《淘宝平台规则总则》，并在其第二条“规则基础”下第一项明确规定了规则的“法律基础”，即《中华人民共和国电子商务法》《中华人民共和国网络安全法》《中华人民共和国消费者权益保护法》《网络交易管理办法》等国家法律法规及相关规范性文

[1] 另一平台巨头腾讯公司下属的微信尽管没有淘宝较为完整的规则体系，但也通过协议、公告来管理平台，如协议规定了微信平台中行为的一般规则，构成规则体系的基础和渊源。公告随治理活动发布，主要针对微信平台中的具体行为，是对协议的解释和补充，构成规则体系中的实施细则。类似淘宝平台的内生规则正在各个平台内部滋生，尽管其并未达到一定的规模。

[2] 沈岿、付宇程、刘权等：《电子商务监管导论》，法律出版社 2015 年版，第 105 页。

件规定了淘宝平台生态体系各方的法定权利义务，是淘宝平台规则制定、修订的法律基础。[1] 尽管如此，淘宝在《淘宝平台规则总则》第二条第二项仍然将之自身创立的一整套规则体系视为“规范基础”，“淘宝平台相关协议作为淘宝与其会员明确权利义务的法律文件，是淘宝平台规则的规范基础”。[2] 在具体应用层面指导着平台的系列活动。

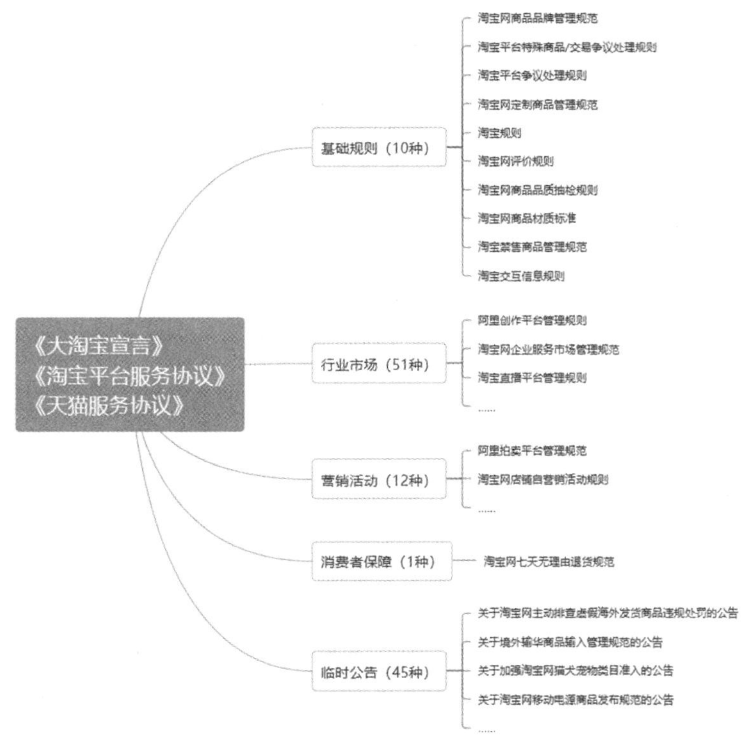


图 2-1　2018 年的淘宝规则体系

资料来源：作者自制。[3]

[1][2] 参见淘宝规则频道：https://rule.taobao.com/detail-10000210.htm?spm=a2177.7231193.0.0.703d17eaQAnIoo&tag=self，2020 年 2 月 12 日访问。

[3] 参见淘宝规则频道 https://rule.taobao.com，最后访问日期：2020 年 2 月 2 日。

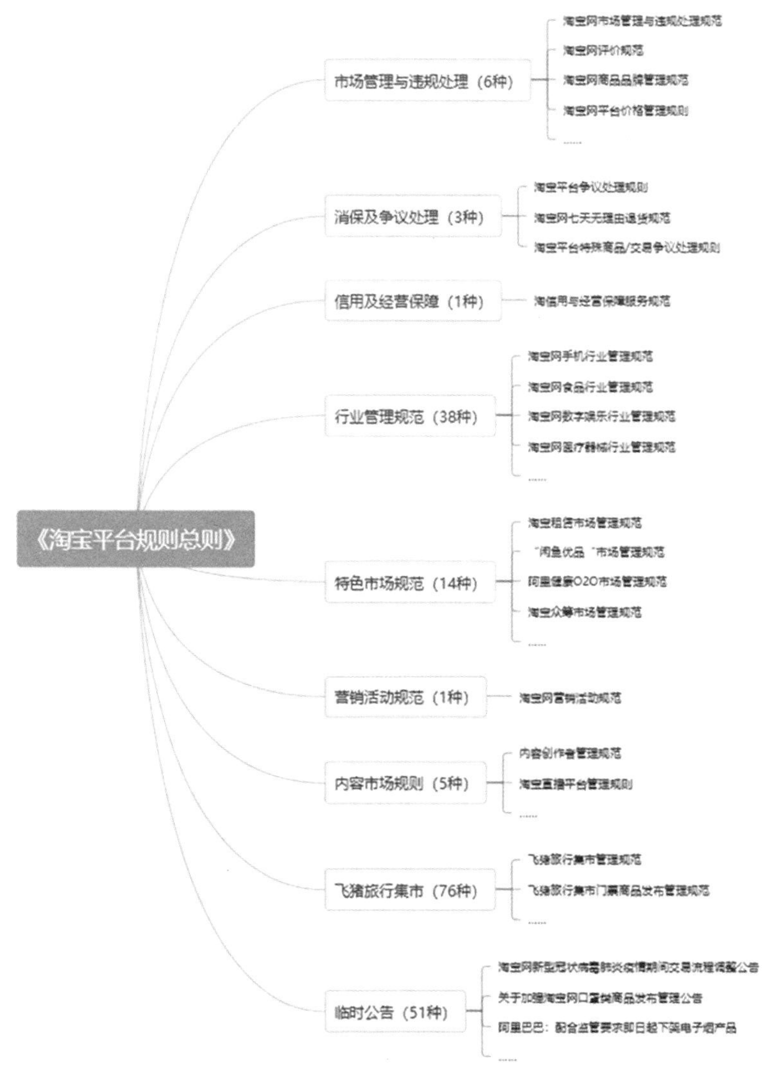


图 2-2　2020 年的淘宝规则体系

资料来源：作者自制。[1]

[1] 参见淘宝规则频道 https://rule.taobao.com，2019 年 12 月 31 日访问。

## 第二节　网络平台规则系统的涨落

涨落原理是在耗散结构理论基础上建立的自组织原理的一部分，涨落作为统计物理发现的一个现象是指状态量对于平均值的偏离，具有随机发生、没有准确时间、或大或小的特点，其对自组织的过程极为重要。正是借助涨落，系统才发现旧结构的失衡从而探寻新的结构。正是涨落才导致了有序。[1] 正如具体法律事件可以被视为法律系统的涨落一样，其具有随机性、偶然性，并推动了法律系统的进化，平台规则的流动即为其涨落的表现。系统自我再生产的特点是通过从事件的“流动”中吸取和组成新要素来再生产自己，然后通过从中有选择地连接它们加以使用。平台规则的自我再生产便是通过各种事件的流动与涨落来不断重构新的要素来达到自身的再生产。

托依布纳认为通过法律的社会调整是由两种多样化的机制即信息与干涉的结合来达成的，它们把法律的运行封闭和对环境的认知开放结合了起来，这种调整的特点即为“通过自我调整来调整他者”，[2] 也就是通过反身法的调整。通过平台规则的平台治理同样具有这样的特征。

[1] 许志国：《系统科学》，上海科技教育出版社 2000 年版，第 191 页；苗东升：《系统科学精要》，中国人民大学出版社 1998 年版，第 142 页。转引自［德］贡塔·托依布纳：《法律：一个自创生系统》，张骐译，北京大学出版社 2004 年版，第 22 页。

[2] 参见 Gunther Teubner, Law as an Autopoietic System, Blackwell Publishes, 1993, p. 65。转引自［德］贡塔·托依布纳：《法律：一个自创生系统》，张骐译，北京大学出版社 2004 年版，第 27 页。

平台规则从诞生之日起就具有流动性和反身性的特征，这与其所依托的信息技术背景息息相关，正是互联网、大数据、人工智能技术的日新月异进展导致平台的技术能力和信息数据体量不断更新，平台在此基础上反思调整自身的规则，不断降低环境的复杂性。与此同时，平台用户的数目以每年亿万级别的规模在大幅增长，并呈现出遍及社会各个阶层的特征，乃至如淘宝这样的超级平台已经将建设“淘宝村”等进入农村战略作为其集团发展战略首要。在Web3.0后时代，平台必须不断更新其规则体系的内容、制定程序、类型，才能获得足够的合法性和权威性。

平台规则的流动性与反身性主要体现在平台自身的规则“整顿”（通常为主动进行，即平台作为观察者对于自身规则的“二阶观察”和自我指涉）、通过诉讼纠纷和现场冲突等正面冲突事件的规则修改与更新（通常为被动进行，即与司法系统和经济系统的结构耦合），以及在实践中积累出的内外规则相互转化。这种规则的流动不是来自国家或政府层面的强加，而是平台主导生成的沟通协议架构，具有自创生的反身性，是一种有控制的自治管理。[1]平台系统通过这些事件的流动不断吸取和组成新的要素来再生产壮大自己，并有选择地连接各种要素予以使用，实现了系统的再生产。

## 一、网络平台自身的规则整顿

以淘宝平台规则体系为代表的平台规则在辅助电子商务的发展中起到了巨大的作用，然而，作为一种行业规定的“软法”，其如

[1] 参见季卫东：《社会变革的法律模式（代译序）》，载［美］诺内特、赛尔兹尼克著，张志铭译：《转变中的法律与社会》，中国政法大学出版社1994年版，第8—9页。

何获得合法性和权威性并在操作层面获得遵从，这主要依靠平台自身作为主体发挥规则制定主动性。即使在规则制定出台后，平台依然要针对现实的发展不断进行适应性治理，将其规则定期进行“整顿”，这种整顿完全依靠平台自身借助信息与技术、人才优势不断创新摸索。实践中，平台具有对自身进行“二阶观察”的一整套机制。

第一，作为规定的制定者、软法及相关制度的供给方，平台拥有特殊的技术权力和市场权力，[1]从而在发展过程中顺理成章地获得了“技术赋权”与“关系赋权”，权力在平台治理过程中形成了自下而上的螺旋上升趋势。这使得其由于拥有人工智能、大数据、互联网等技术相对优势而获得行业垄断地位，成为占有买卖双方数据信息最为全面的主体。其设立的准入、评分、搜索排名、退货、纠纷处理等程序规则成为商家在接受“没有难做的生意”优惠之前必须接受的前提。其占有的客户数据信息和海量客户资源与商家资源极大地缩短了信息、物流、时间等交易成本，从而使得用户进入这个平台就“很难离开它”。

第二，在制定和修改规则的动态程序中，平台由于多方的合作和互动产生了认知合法性，[2]即符合了公众潜意识的、被视为

[1] 孟凡新、涂圣伟：《技术赋权、平台主导与网上交易市场协同治理新模式》，载《经济社会体制比较》2017 年第 5 期。

[2] 新组织制度学派对合法性研究影响最大的是斯科特（Scott）和萨奇曼（Suchman），正是斯科特将组织的合法性分为管制合法性、规范合法性和认知合法性。萨奇曼将组织合法性则划分为实效合法性、道德合法性和认知合法性，他对合法性的定义是“合法性是指在由规范、价值观、信念和定义建构的社会体系内，一个实体的行为被认为是可取的、恰当的或合适的一般性感知或假设；合法性是普遍性的评价，而非对具体事务的评价。”现代组织制度学者普遍认为合法性是利益相关者对组织行为的感知和评价，以及对组织行为的可接受状况，其要素分别（转下页）

理所当然接受的一整套程序与效果期待，获得了公众基于参与互动和广泛认知而产生的承认与接受，从而树立了规则权威。通观规则的产生路径，其经过了一个从实践、最佳实践到一般性规范的螺旋式上升过程，且其规则的制定与传统线下市场的本质不同之处在于并非依靠规则制定的封闭来强化自身权威、反而依托互联网技术将规则的制定过程从内部封闭走向逐步开放。如 2011 年淘宝网在出台其新淘规则之前举行了为期三个月的大范围调研和规则宣传，调研以问卷调查、论坛专题讨论等形式开展，调研对象遍及平台商家及消费者，在此基础上，规则得以顺利出台并得到了良好实施。[1] 2012 年开始淘宝将其网上交易市场的交易纠纷案件裁决权力逐步开放给会员，并独创“大众评审团”的裁决模式，即由固定数目的会员（通常是买家会员 15 人、卖家会员 15 人等组成 31 人的大陪审团）组成“大众评审团”对会员违规行为和交易纠纷进行网上集体判定，其中超过 16 人支持的一方诉求即为胜出。大众评审团不仅承担交易维权、处罚申诉、恶评鉴定等职能，还参与规则众评的环节，即将评审意见纳入行业规则和社会政策的讨论之中。大众评审员来自平台商家和消费者，有近 150 万的

（接上页）是规章制度、道德信念、价值观、规则、认可和接受性等。认知合法性强调制度的认知要素，认为该要素为规范要素和管制要素提供了框架。认知合法性是通过遵守共同的情境界定和参照体系，或者被广泛认同的角色模板而获得的合法性。具体来说，其以社会公众的视角来看待组织的合法性，认为社会中已经形成了一些规则，这些规则暗含着社会需要怎样的参与者、角色或者“演员”，以及他们需要体现出怎样的结构特征、行为模式。这种合法性依赖于公众潜意识的、被视为理所当然接受的各种理解和认知框架，是最为深层次的合法性。参见李怡然：《从“融于一体”到“脱胎新生”——基于认知合法性的法官形象研究》，2017 年未刊稿。

[1] 沈岿、付宇程、刘权等：《电子商务监管导论》，法律出版社 2015 年版，第 105 页。

庞大规模，是位于“一线”的使用人员，对规则的众评包括向平台质疑并推进规则的优化改进的权力，淘宝将根据大众评审案例的分析总结也会主动校验和改进自身的纠纷处理规则。截至2015年，大众评审员已经帮助淘宝校验和改正了150条左右的交易规则。[1]

此外，2015年淘宝还设立了“规则众议院”，买家和卖家均可成为“议员”，对淘宝新规投票并发表意见，该众议院成为了淘宝规则发布前对外公开征集意见的场所，发挥在规则执行上引入社会参与的职能。作为拥有数几亿会员的大平台，淘宝可以设计和动员其海量的会员参与制度的生成和纠纷解决的过程，使得建立大众评审制等成为可能，并借助互联网技术建立了前所未有的程序追踪和透明反馈机制，使得所有人得以通过网络实现同时在场感，从而突破时空的限制去解决交易中发生的任何难题，并从公共事务的处理中获得前所未有的对于“公共领域”的参与感和获得感。这种为个人利益争取的公共领域在我国社会功能分化的各个领域并不多见，尽管其通常仅仅涉及经济利益、契约信赖保护等消费者利益，但不失为社会公众参与机制供给及行动付出等方面的巨大进步。因此，淘宝借助其尖端的技术与庞大的会员群体实现了平台层面的民主协商，这种议论式的、具有某种陪审团色彩的、创立规则和审判规则的过程也赋予了其规则某种认知合法性。

[1] 大众评审制度创立于2012年，其评审业务涵盖交易维权、规则众评、处罚申诉、商品净化、恶评鉴定六项内容，截至2018年8月，其具有431万注册评审员，成功处理1600万笔业务。参见淘宝大众评审频道 http://pan.taobao.com/，最后访问日期：2018年8月23日。http://www.ebrun.com/20150722/141683.shtml，最后访问日期：2018年7月26日。

第三，淘宝努力在规则体系的静态结构上建构一种上下位的关系，下位法由于遵从上位法而获得了合法性。以淘宝在2016年制定的长达78条的《淘宝规则》[1]为例，该规则第一条明确规定，“为促进开放、透明、分享、责任的新商业文明，保障淘宝用户合法权益，维护淘宝正常经营秩序，根据《大淘宝宣言》及《淘宝平台服务协议》《天猫服务协议》，制定本规则”。因此，《淘宝规则》等淘宝基本规则的依据或者在平台内部的合法性来源是《大淘宝宣言》与《淘宝平台服务协议》两份“纲领性”文件，笔者进一步追根溯源，找到了这两份文件的介绍，在对其进一步的规则解读[2]中：《大淘宝宣言》是淘宝网引领“开放、透明、分享、责任”的新商业文明纲领性文件，《淘宝网服务协议》是淘宝网与用户共同缔结的、具有合同效力的文件。《大淘宝宣言》明确了《淘宝规则》的核心思想和基础原则，并确定了大淘宝参与各方的基本权利与义务，是《淘宝规则》的思想灵魂；《淘宝网服务协议》是淘宝网与会员明确服务关系的文件，所有淘宝网的会员在注册时均需认可，具有合同效力，受法律保护。这两份文件均是明确淘宝网与会员权利义务关系的基本书件，因而，它们共同构成了淘宝规则的基础。当笔者再进一步查找相关文件时，发现《大淘宝宣言》是以淘宝规则部名义发布的一篇数千字的纲领式宣告，其中主要段落均以“我们认为”起始。而《淘宝网服务协议》则是一份协议合同式的文件，在每个会员注册时均需认可的格式合同，淘宝并没有单独公

[1] 参见淘宝规则频道，https://rule.taobao.com/detail-14.htm?tag=self，最后访问日期：2018年7月26日。

[2] 孟凡新：《共享经济模式下的网络交易市场治理：淘宝平台例证》，载《改革》2015年第12期。

布内容。《淘宝平台服务协议》是从《淘宝网服务协议》更名而来，在其规则频道的协议公示部分公布了2015年4月24日、2016年4月1日、2016年10月8日、2017年8月21日四个版本。

因此，淘宝的规则体系是基于《大淘宝宣言》而产生的一整套规则系统，其合法性来源于内部技术与关系赋权、一套制度流程及其产生的认知合法性以及规则结构自身的完整性和上下位服从关系。为此，淘宝还建立了制定规则的规则，如2015年的《网络零售第三方平台交易规则制定程序规定（试行）》规定："网络零售第三方平台经营者制定、修改、实施的下列交易规则应按照本规定公示并备案，包括基本规则、责任及风险分担规则、知识产权保护规则、信用评价规则、信息披露规则、防范和制止违法信息规则、交易纠纷解决规则、交易规则适用的规定、交易规则的修改规定、其他必要的交易规则或与规则相关的措施。"

法律自创生理论认为，法律的自我调整是指法律不仅发展了用以识别法律的次要规则，还有用以改变法律的规范和程序。正是规则众议院、大众评审团等程序性装置的设定和《规则制定程序》等规范的出台，使得平台具有了自我调整的功能。

## 二、规则的流动性及其互动改进

### （一）通过诉讼纠纷的修改与创生

淘宝的纠纷主要集中在交易纠纷尤其是退换货纠纷、知识产权纠纷等，前者主要是平台商家和消费者的纠纷，后者主要是平台商家之间的纠纷。鉴于其体量巨大、用户众多，交易过程十分短暂、交易金额普遍不高，全部进入诉讼流程不仅成本巨大且时效缓慢，还会给已经陷入"人少案多"的司法流程带来不堪讼累。因此，针对前一种情形，淘宝通过“小二”的居间裁判机制以及一些其他的在线消费纠纷解决（ODR）机制自行解决了大量纠纷。

鉴于知识产权纠纷的标的额通常巨大，涉事的通常都是各个大中小商家，相对而言具有发起诉讼的人力与财力，且遭受侵权的后果影响广泛，因此，淘宝进入司法诉讼流程的纠纷主要集中在知识产权，尤其是商标侵权即假货纠纷上，其争议焦点在于平台承担何种审查义务、承担义务的边界在哪里以及由此衍生而出的侵权责任认定与承担方式问题。为此，淘宝平台时常作为“连带责任”被告被列入某些具有“试水”性质的知识产权诉讼中，作为被侵权人的原告往往主张淘宝作为交易平台应当承担对平台商家所售物品的合法性审查义务，其在平台假货上存在主观过错，应当与侵权的平台卖家承担连带责任。但是，到目前为止，这些主张并未获得法院的支持。[1] 法院一般赞同平台运营者只应承担事前对卖家的主体身份审查和事后的补救措施等义务，但是对于每一件商品的合法性审查义务对于拥有海量数据信息和主要做中间业务的平台来说显然过重。对这一责任的争议也体现在《电子商务法（草案二次审议稿）》的第三十九条之中。[2]

因此，司法判决对于平台的规则往往起到的是“定海神针”似的最终评判作用，法院仍然是平台规则的最终评判者，终局性和中立性在此仍然成立。正如有的学者指出的，成熟的商事法律制度往

[1] 典型案例如衣念（上海）时装贸易有限公司诉杜某、浙江淘宝网络有限公司侵犯注册商标专用权纠纷案等。

[2]《中华人民共和国电子商务法（草案二次审议稿）》第三十九条规定：电子商务平台经营者知道或者应当知道平台内经营者侵犯知识产权的，应当采取删除、屏蔽、断开链接、终止交易和服务等必要措施；未采取必要措施的，与侵权人承担连带责任。

往源于市场的自组织而最终确立的符合经济规律的规则和秩序，司法的职责就在于当这种自然秩序最大限度地被社会公众认可或否定时才给予相应的恰当的司法评判。[1]尽管对于淘宝来说这样的评判只是少数标的额较大的纠纷，但其司法判断却关系到整个交易规则的走向和交易模式的变革，在纠纷累积到一定规模时，平台规则需要这样的诉讼裁判从外力上予以引导支援。

### （二）通过现场冲突的修改与创生：淘宝结构化处理交易纠纷

一方面，淘宝利用其内生规则直接对淘宝平台内部的市场予以调配，规则的出现或者更新往往对于商家尤其是中小卖家的利益乃至生死存亡产生影响，并引发卖家针对平台的一系列抗争事件。这些抗议事件直接引发了规则的更改、失效，并引发淘宝平台与内外部利益相关者关系结构的变化。如 2010 年淘宝中小卖家因“7.8 新规”搜索排名显示规则改变引发了数百卖家围攻淘宝总部事件之后，淘宝将该规则推迟生效，且进行了类型化处理[2]。另一方面，淘宝在其发展过程中曾一度面临规则失灵的问题，其典型表现之一就是出于利润最大化动机而产生的内部腐败，如淘宝“小二”等内部工作人员利用其技术优势和信息管理优势与平台商家串通“刷评分”“刷信用”，或者通过自卖自买等方式获得平台的一些特殊优惠，因此而损害了商家和消费者的利益。此外，2016 年“3·15”晚会曝光了淘宝商家有刷单欺骗消费者的行为[3]，对此淘宝声称针

[1] 潘云波：《论司法应对金融创新所应扮演的角色及其理性》，http://www.shezfy.com/view.html?id=11450。（最后访问日期：2018 年 8 月 23 日）。

[2] 马长山：《互联网时代的软法之治》，载《现代法学》2016 年第 5 期。

[3] 参见 http://www.lawtime.cn/info/xiaofeizhe/xiaofeiqinquan/wanggouqinquan/20160317/3330976.html，最后访问日期：2018 年 8 月 23 日。

对刷单者通过QQ群、QT语音群、微信群、空包网、YY语音聊天室、黑快递形成隐蔽而庞大的刷单产业链，由于自己没有执法权而很难监控并采取措施。可见，内部腐败与外来的攻击均会产生大量的平台自身监管漏洞，从而需要在平台治理规则中不断进行针对性的改革完善。

以上问题只是暴露出淘宝等超级网络平台多年来的角色困境，即一方面在一个拥有数百万家商家、上千亿元交易额的市场中，鉴于政府监管具有大量的空白地带和失灵领域，需要它扮演一个维护市场公平竞争秩序的维护者和管理者的角色；另一方面淘宝及其阿里网络平台又是一家以盈利为目标的企业组织，它也需要不断探寻维持生存所必需的盈利模式，在此过程中其广告规则和准入规则、利益规则等的首要目的仍然是维护平台生存、发展和盈利的重要手段。这种角色困境使得其所制定的规则天然便面临某种合法性和正当性的质疑，仍然需要在面临冲突和风险时借助有权部门的干预和评判。如2011年数千小卖家因不满淘宝收费规则围攻淘宝“十大”的过程中，最终还是在商务部发布声明的外力帮助下平息了此次风波。[1] 对于淘宝这个不断变大的网络王国的管理难题，淘宝网内部管理人士说[2]：“我们一直是坚持大淘宝小规则的原则，是小规则弱治理，尽量不去干预。但即使是小干预，面临如此庞大的网络平台，也是极其头疼的问题。”

[1] 商务部电子商务和信息化司负责人在此事件中表示，希望淘宝商城充分听取各方意见，采取积极行动回应相关商户特别是中小商户合理要求，并强调相关企业和个人必须遵循合法途径表达诉求。贾中山：《数千小卖家围攻淘宝“十大”》，载《北京晚报》2013年12月7日。

[2] 淘宝网规则部负责人缪翔的发言，参见年谢鹏、周楚、庞桐：《淘宝VS卖家：网络王国的管理难题》，载《中国品牌》2010年第11期。

事实上，面对抗议事件和内部腐败带来的规则失灵，淘宝进行了相应的结构化处理，即在紧急事件中积极配合执法、修改规则，通过规则的推迟生效、分类规制等手段缓和矛盾、平息怨气；[1] 在长久之计上，则不断修改规则制定和监督流程，并成立“规则众议院”等内部制度，从而引入更多利益主体参与制定规则。

（三）内外规则的转化生成

平台作为监管者的准公共性质与作为运营企业的商业性质之间始终具有深刻的矛盾，并因此而衍生出商业利益与成本、开放性与安全性、创新性与规范性之间的矛盾。这决定了平台的规则在这个矛盾过程中始终是动态发展衍变的。

在平台内生规则体系中，平台规则的生长是由实践—再实践—规则的螺旋上升递进的动态过程。每一样规则在不同法治阶段可能会完全隶属于不同层级的规则体系，下位规则会逐步纳入到上位规则，而上位规则会通过下位规则辅助而得以具体实现。这种规则的良性生长状态通常与市场的良性发展过程是相伴相生的，如市场在初期发展中往往由私人组织、非正式组织或者行业自身来探索规则并制定规则，经过长期的实践验证和完善，部分规则会提升为法律或者部门规章等正式法律法规体系的组成部分。

在平台与其利益相关者——政府、平台商家互动的过程中，平台内生秩序受到外生秩序、用户和集体行动的影响，平台深度介入

[1] 如2014年在阿里巴巴与工商局的多轮博弈中，阿里巴巴和国家多部门联合发起“打击假冒伪劣、保护知识产权、共创电子商务健康环境”的行动，最终，公安部启用了阿里经济案件协作平台，由阿里巴巴定期整理并上报的售假卖家线索并交由查办，质检总局与阿里巴巴在杭州设立了“互联网电子商务产品质量风险监测中心”，知识产权局、新闻出版广电总局等也都与阿里巴巴建立了有关打假维权联动机制。

各个交易环节，与其服务者是互利共生的生态关系。不仅平台自身会制定规则，平台商家也会由于行业或地区商盟等非正式组织的结盟而形成一些自组织秩序，并借助规则抗议或谈判而获得一定的话语权，从而形成或改变平台规则；当平台规则逐步成熟并成为广为接受的规范时，其也可以通过规则转型升级成为外生秩序与规范，甚至直接上升为立法，其中最为典型的例子就是“七天无理由退货”规则，最后上升为2013年修改后的《消费者权益保护法》的正式条款。[1]

## 第三节　网络平台规则制度的自我供给

传统规则的产生通常是由统治权威将社会习惯或惯例通过特定程序上升为正式规则，这些规则的诞生大多呈现出一个清晰的由官方主导、自上而下推行传达的过程，且人类自身的智慧在其中发挥了主导作用，甚至可以说传统规则是“人脑的产物”。以平台为主导的规则体系与以往规制社会秩序的法律与道德规范不同：一是在制定主体上，首次由民间组织主导制定，而以往的法律或道德体系

[1] 2013年《全国人民代表大会常务委员会关于修改〈中华人民共和国消费者权益保护法〉的决定》规定“经营者采用网络、电视、电话、邮购等方式销售商品，消费者有权自收到商品之日起七日内退货，且无需说明理由（特例商品除外），消费者退货的商品应当完好。”“消费者通过网络交易平台购买商品或者接受服务，其合法权益受到损害的，可以向销售者或者服务者要求赔偿。网络交易平台提供者不能提供销售者或者服务者的真实名称、地址和有效联系方式的，消费者也可以向网络交易平台提供者要求赔偿；网络交易平台提供者作出更有利于消费者的承诺的，应当履行承诺。网络交易平台提供者赔偿后，有权向销售者或者服务者追偿。网络交易平台提供者明知或者应知销售者或者服务者利用其平台侵害消费者合法权益，未采取必要措施的，依法与该销售者或者服务者承担连带责任。”

均来自当权统治者的制定；二是经过自下而上的权力运行体系得以运转，其中技术赋权、关系赋权代替了传统型权威甚至法理型权威，权威首次由于技术运营过程本身赋予；三是高度依赖技术与算法，甚至算法本身就构成某种规则，并构成了某种程度上的算法歧视。某种程度上可以说，平台规则是“人与机器的共生物”。

从某种程度上来说，以淘宝规则为代表的一套网络平台运行秩序类似一种“自生自发的秩序，从很多方面来看都具有不同于人造秩序所具有的属性”。[1] 然而，需要特别指出的是，正是网络平台企业决策组织属性，使得平台自创生的规则与哈耶克意义上的自生自发秩序区分开来。哈耶克的自由主义理论体系中的自发秩序（spontaneous order）有别于“组织”以及“人造的秩序”，前者是指一种完全自我生成的，不具有人为意图、人为设计等人工痕迹，不具有特定目的，且这种力量“无论受到多大限制，通常仍能表明其强大无比，足以抵抗国家所具有的那种有组织的强制性措施”。[2] 而人造的秩序是一种源于外部的秩序或者安排，也可称为一个组织，其具有组织的有序性，通常是一致行动或者集中指导的结果，其内部通常暗含某种命令—服从的等级关系[3]。如果说平台规则与法律规则的主要区别在于到底是自上而下的推进还是自下而上的创生，那么平台规则与自发秩序的区别就是组织的人为创造还是社会的自发生成，用哈耶克的话来说，前者是一种自发秩序规则，后者是一种组织规则，前者完全抽象和独立于个人目的，而后

[1][3][英]哈耶克：《法律、立法与自由》（第1卷），邓正来译，中国大百科全书出版社2000年版，第55页。

[2][英]哈耶克：《自由秩序原理》，邓正来译，生活·读书·新知三联书店1997年版，第40页。

者则是运作一个组织或者外部秩序的必要工具，服务于特定的个人或者组织[1]。

平台规则之所以具有这样的特性是因为环境中已经不具有合适的制度供给，因此位于产业界一线的人基于实用主义角度去寻找和创造这些能够解决平台所面临的各类紧急或者不紧急但重要的问题与挑战，即制度的生成方式来自平台基于解决自身困境而“被迫”进行的自我制度创新和供给。[2]

因此，平台规则的诞生是一个完全由平台运营者自身主导并与经济政治环境不断互动影响的过程。平台的每一步衍变又与社会历史进程尤其是现代科技革命的进程息息相关，并随着技术更新而发展演化，这与法律的自创生过程同样具有某种规范封闭而认知开放的特征。也就是说，平台规则在其发展衍变的过程中是相对独立于整体的社会的，有自己存在的空间，且在与环境结构耦合的过程中获取动力使得非规则环境与规则环境相互影响。这种规则的产生是一个自创生的过程，其规则是自我观察、自我描述、自我调整、自我参照、自我生产和再生产的。[3]平台规则与以往的任何一种治理中的规则创生相比都具有独特性，尽管这种自我描述和调整的规范或理论体系运作还极为不成熟并处于不断改进探索的过程之中。

[1][英]哈耶克：《法律、立法与自由》(第1卷)，邓正来译，中国大百科全书出版社2000年版，第52—85页。

[2]俞思瑛、季卫东、程金华、郑戈、侯利阳：《对话：技术创新、市场结构变化与法律发展》，载《交大法学》2018年第3期。

[3][德]贡塔·托依布纳：《法律：一个自创生系统》，张骐译，北京大学出版社2004年版，第22页。

# 小　结

作为一家具有行业龙头地位的民营企业制定的规则体系，有学者将由淘宝制定的这套规则视为“民间”软法，[1]进而主张鼓励这种以自主自律为特征的“软法之治”，并适时进行政府主导的对软法规则的合法性矫正。但与普通的民间软法相比，本书经过分析认为平台规则是一个自创生的系统，在平台规则的发展演变过程中政府的制度供给时常处于缺位状态，对于平台规则应该采取一种崭新的适应性治理的思路。这一思路要求在平台规则的自创生过程中进一步发挥平台的主导作用，而不是依赖于传统的政府主导的规制模式。只有平台经营者自身的决策定位准确，方能厘清与各个利益相关者的管理界限，进一步释放平台的技术和管理内驱力并且自创生出结构更为合理、逻辑更为严密的软法规则体系。这一运转良好的规则体系对于始终处于动态发展并面临多方挑战的平台来说至关重要。

[1] 马长山：《互联网时代的软法之治》，载《现代法学》2016年第5期。

# 第三章

## 网络平台规则系统的自创生：芝麻信用规则

阿里巴巴平台的芝麻信用分自2015年诞生以来已经积累了数以千万的用户，相比传统征信平台无论在空间还是信息整合力度上都大大提高，其发展依托平台呈现出了勃勃生机。芝麻信用规则是阿里巴巴下属的蚂蚁金服平台在个人征信收集评分过程中根据国家的上位法和平台发展需要自我创建的有关规则。芝麻信用评分，简称芝麻分，是在用户授权的情况下，依据用户各维度数据（涵盖金融借贷、转账支付、投资、购物、出行、住宿、生活、公益等场景），运用云计算及机器学习等技术，通过逻辑回归、决策树、随机森林等模型算法，对各维度数据进行综合处理和评估，在用户信用历史、行为偏好、履约能力、身份特质、人脉关系五个维度客观呈现个人信用状况的综合评分。芝麻分的分值范围为350分至950分，分值越高代表信用越好，相应违约率相对较低，较高的芝麻分可以帮助用户获得更高效、更优质的服务。[1] 作为一家个人征信领域的试验田，芝麻信用在运行两年后由于种种原因并未得到央行发布的正式牌照，并最终在2018年以参股形式加入由中国互联网金融协会牵头的百行征信，因此也进入了一个发展瓶颈期。[2] 在

[1] 参见芝麻信用官网 http://www.xin.xin/#/detail/1-2，最后访问日期：2018年11月23日访问。

[2] 许多奇：《互联网金融风险的社会特性与监管创新》，载《法学研究》2018年第9期。

此情形下，个人征信规则自身也面临如何再造重整以适应网络平台治理和社会信用治理双重需求的难题。

尽管芝麻信用自身仍然依托其先进技术不断进行各种应用场景的创新，但作为阿里巴巴平台基础服务的一个重要组成部分，我们还是要进一步追问信用规则与平台规则有什么样的关系？其规则的运行又与平台治理有着怎样的关联？其规则命运的更迭又将对平台产生怎样的影响？无论是其内在算法构成的实际影响，还是规则本身的动态进程，抑或信用评分外部环境对其运作机制的改变，芝麻信用评分都是我们观察和研究平台规则的一个重要切入点，以上问题也是我们在研究平台治理过程中需要回答的。

鉴于我国国家层面的社会信用立法尚未开始，对信用规则的研究主要出现在行政法的研究领域。比如，有的学者关注个人征信立法机制的设计和信用制度的构建方面[1]，认为我国在制定社会信用法时应该对失信行为的构成要件、惩戒措施和程序、信用修复机制等进行法律规制[2]。有的学者关注商事信用权利界定和信用制度构建的研究，认为我国需要创建一种包括商事信用权、商事信用信息公示、商事信用信息征集、商事信用评价以及商事信用的守信激励与失信惩戒的制度体系。[3]从既有文献来看，将信用规则放置于平台视野下的研究在法学界尚未出现[4]，这体现了无论对于平台还

[1] 如以《上海市信用条例》的制定为代表的一系列信用法规制定带动了学界的一系列讨论。参见罗培新：《社会信用法：原理·规则·案例》，北京大学出版社2017年版。

[2] 王伟：《失信惩戒的类型化规制研究——兼论社会信用法的规则设计》，载《中州学刊》2019年第5期。

[3] 赵旭东：《商事信用的界定与制度构成》，载《浙江工商大学学报》2019年第5期。

[4] 除了少数学者对征信法律规则本身的规范研究之外，多数学者只是在谈及声誉机制、互联网金融规制等方面的研究时间及征信方面的研究。事实上，我国以网络征信为主题的法律研究才刚刚兴起。

是信用规则本身的研究与了解均不够深入。运用系统论法学对照分析发现，平台不仅仅是社会功能分化的产物，其自身也成了一个独立运行规制的系统，芝麻信用规则正是这个独立系统中功能再分化的产物。从某种意义上说，平台的运行体系已经形成了与社会各个系统相对应的“独立王国”，其同样面临一个社会诞生之初的种种治理阵痛与难题。本章即为揭开这一王国面纱一角的尝试，试图清晰描述平台治理视野下芝麻信用规则的运行机理，并为该信用规则如何突破发展瓶颈提出一些设想。

## 第一节　芝麻信用规则的内在运作机制

### 一、以可信 / 不可信为二元符码的区分

信任本属于社会道德领域的问题，其水平高低取决于人们的价值共识。但基于社会复杂性的增长，传统的信任秩序出现了极大的分歧并以此引起了剧烈的社会冲突和失范，因此，有必要以一种对分歧差别具有较高容忍度的简化的秩序来规制该领域[1]，与法律规则的结合正是遵循这一进路。法治是建立在价值多元基础上的摆脱了单一人身依附关系的规范，对于分歧的容忍度较高[2]，也不需要人们具有某种信仰或意识层面的共识，从而得以适应陌生人社会的种种需求。信任与规则的两相结合正是从失范走向有序的有效尝试。在互联网这样一个复杂性不断增长的虚实相间的空间，更是需要借助信任规则来化解复杂与失范。

[1] 卢曼：《社会中的法》，台湾“国立”编译馆、李君韬译，台湾五南出版社2009年版，第279页。

[2] 鲁楠：《科技革命与法律演化的两个面相》，载《当代美国评论》2019年第1期。

从系统理论的认识论来看，知识只有通过区分、运作和二阶观察才能得到充分的认识。正是互联网技术和平台的信息整合力量加深了社会进行二阶观察的程度，通过平台人们能够轻易去了解他人的一些面向，并在对他人的事件的描述和理解基础上形成对他人的看法。二阶观察需要解决如何储存信息的问题，诸如以文字为载体的储存。卢曼认为，在社会系统中存在系统组织记忆的问题，记忆需要通过对经验进行归类形成意义的一致性结构，记忆的保留是未来经验与之比较的基础。先前的信息得以保存，系统对社会意义的再生产通过不断指涉先前的观察才成为可能。

平台沟通系统中便是以信用值和信用评价为基本元素作为系统组织记忆，从而保存了参与者的信息，为再生产社会意义、指涉先前的观察提供基础资料。运用系统理论来解释就是，平台为参与信用评分提供了较低的准入门槛，其二阶观察的成本很低，程序也非常便捷，其中的社会沟通呈现出双向机制，参与者们的交互性发展到了极致，通过便捷的评分和互评，消费者、商家、平台三方得以交互沟通了解，且传导至其他相关领域与行业，如金融、旅游等。正是网络平台使得社会沟通完全超越了地域的限制，其创造的信任分完全打破了传统陌生人社会基于面对面交流和口耳相传得出的信任。芝麻信用分[1]正是这样一种简化众人进行二阶观察的机制。

[1] 芝麻信用评分，简称芝麻分，是在用户授权的情况下，依据用户各维度数据（涵盖金融借贷、转账支付、投资、购物、出行、住宿、生活、公益等场景），运用云计算及机器学习等技术，通过逻辑回归、决策树、随机森林等模型算法，对各维度数据进行综合处理和评估，在用户信用历史、行为偏好、履约能力、身份特质、人脉关系五个维度客观呈现个人信用状况的综合评分。芝麻分的分值范围为 350 分至 950 分，分值越高代表信用越好，相应违约率相对较低，较高的芝麻分可以帮助用户获得更高效、更优质的服务。参见芝麻信用官网 http://www.xin.xin/#/detail/1-2，最后访问日期：2018 年 11 月 23 日。

这种系统内部的二阶观察是通过二元符码形成的，借助信用分值所创造的可信 / 不可信的二元符码，众人可以轻易地了解他人在事件中的表现，从而大大简化了沟通中的博弈。沟通是系统理论所认为的构建社会和观察社会的基本单元，也是社会交往的基本单元，个体在社会中的选择和行动受制于系统沟通，系统的沟通是社会系统自我演化的产物，是系统通过内部运作不断产生系统 / 环境区分的结果[1]。社会系统对自身沟通的维持和更新保证了“社会的可能”与社会秩序的建立。系统理论强调社会治理任务的多系统功能分化和共同参与，通过区分社会得以被观察为一个个功能分化的独立系统，以此来辨别系统和环境。简言之，沟通需要借助特有的二元符码的区分来完成，区分使得环境中的事物成为可以被系统观察的事件，运作内化了这种区分，沟通是二者的整合。每一个社会子系统都根据自身特有的二元符码来进行运作，二元符码是所有系统二阶观察和沟通的基本要素。如果说，法律系统的二元符码是合法 / 非法，政治系统的符码是有权 / 无权，经济系统的符码是支付 / 未支付，平台规则系统的符码是合规 / 违规，那么，信用系统的二元符码就是可信 / 不可信。

## 二、与平台治理及其规则的内在关联

### （一）与平台规则的互动关联

芝麻信用分诞生于 2015 年，其发展至今却有着不平凡且并不顺畅的经历。以芝麻信用为代表的操作系统以可信 / 不可信，或者有信用 / 无信用的二元符码实现了系统内外的区分，以降低平台运

[1] 刘涛：《自我指涉与结构耦合：系统理论下刑法与社会关系论纲》，南京师范大学 2017 年博士学位论文，第 41 页。

行的复杂性，然而，规则自身的不周延性和因过于依赖技术而面临的一系列难题因此带来了更多的复杂性。在其自身的复杂性简化中，其迫切需要借助内外部规则，如果外部规则具有较大的漏洞，那么其自身就要想办法填补。因此，这种基于规则的简化机制本身也需要系统内外的合作。

表 3-1　芝麻信用的管理规则

| | |
|---|---|
| 数据传播 | 《芝麻信用数据安全及隐私权保护政策》 |
| 数据采集 | 《芝麻信用信息采集管理规定》《芝麻信用商户数据反馈管理规定》 |
| 数据利用 | 《不良信息应用及发布管理规定》《芝麻信用信息使用者管理规定》《芝麻信用数据需求处理及使用管理规定》 |
| 异议及纠纷处理 | 《芝麻信用客户异议处理制度》 |
| 数据加工技术 | 《芝麻信用数据测试及产品演示管理规定》 |

资料来源：作者根据芝麻信用官网发布整理。

从表 3-1 中可见，在内容上，信用规则隶属于平台规则体系的组成部分，其具有更为重视数据技术的专业属性，因此，数据隐私、信息技术等对其进展意义至关重大。信用规则与平台规则交叉的部分仅仅只有异议和纠纷处理，尽管该部分在其实际应用中也并未见诸实效。相比阿里巴巴平台的其他规则——如淘宝交易规则，信用规则的明显不足在于缺少反思和自我指涉的机制。比如，淘宝会借助规则众议院、大众评审机制等对自己的规则形成协商的公共领域，在此基础上对规则进行制定、修改、公布和征求意见，从而获得更多的认知合法性[1]。然而，芝麻信用规则的诞生几乎是信用

[1] 参见 Scott，W. Richard. Institution and organizations：Ideas，interests，and identities. Sage Publications，2013。

平台单方面的操作，公众仅仅只能根据其单方面公布的规则行事，而并未参与过程。

当然，如果从利益相关者分析视角来看，淘宝平台的交易规则因其受众极为广泛而具有利益关涉到每一个交易主体的特殊性，其规范所指通常专业性较低而实用性较强，加之交易平台的用户体量又特别巨大动辄以数亿计，因此，在规则的自我指涉和公共参与上均作出了较大突破。与之相比，信用规则具有较高的专业技术性和较低的积极参与性，加之开通芝麻信用评分的个体为数不多[1]，私人征信本就是一个等待开拓的极为新兴的领域，利益相关者较少导致了其完全依托平台自身主导发展，因此也就缺少了对一般行为期待的生产和不断再造过程，信用规则对系统外个体的规范期待是缺乏回应的。

以上的规则到 2019 年 5 月 8 日又出现了重大的变化，在芝麻信用的官网上仅在首页显著位置公布了《芝麻信用数据安全及隐私权保护政策》《芝麻服务协议》两项与规则有关的内容，并专门设置了“个人权益保障”的页面，其中就知情权、选择权、信息更正权、投诉权、隐私及信息安全权等作了专门规定[2]。而其他有关的规范则均处于阙如状态。如果说法律规则通过自身复杂性的增长来应对外界复杂性增长带来的治理困境，因而不断发展出化约复杂性的机制，那么，芝麻信用的规则复杂性机制并未得到有效的建立，从而冗余信息不足，自身缺乏灵活的变异空间。

[1] 相比较淘宝 5.52 亿的活跃用户和 8.7 亿的支付宝用户（数据来源：《阿里巴巴 2018 财年 Q4 财报》），芝麻信用的用户不超过 5000 万。

[2] 参见芝麻信用官网的个人信用频道 http://www.xin.xin/#/detail/1-1，最后访问日期：2019 年 12 月 24 日。

### （二）与平台治理的互动关联

系统论视野下的法律实际上可以被描述为这样一种事物：它以制度化的程序作为预期的整合途径，以纲要作为一般化预期的表达方式，以制裁作为预期的保障机制。这种制度化主要体现在程序概念的书面化、理性化的纠纷解决开始出现等。[1] 对照这一法律规则的系统分析不难发现，芝麻信用规则作为平台规则的子体系，其外在的显著符号即为芝麻信用分，其拥有得出信用分值的一整套算法机制，这是由平台自身在并未借助任何外力的情况下的自我创新。因此，其具有特定的程序作为信用分值得出的预期。

对于这一信用分值的应用，平台将其推广至与阿里建立合作关系的商业体系，以及其他官方系统（主要包括行政执法和司法执行领域），体现了国家与社会、市场的合作关联。这种合作的背后是声誉机制和奖惩机制的建立，如对于信用分值高的群体，平台开发了一些特别的合作商家或组织予以奖励和鼓励消费，如对他国目的地的免签、信用卡的超额授信、商户的免押入住或使用等，反之则关闭这些优惠通道以作为惩罚。这些应用场景尽管十分有限，但业已形成一定的制裁规范预期。平台也试图对于信用分值的争议提供一些理性的解决机制，然而囿于信用分值的受众有限、信用分的应用能力有限，这些由平台单方面推动建立的机制在实践中的应用都还非常有限。

从系统内部来看，对于阿里巴巴超级平台这一庞然大物而言，信用治理只是其多元治理环节中的一环。[2] 从平台最初的诞生必

[1] 刘涛：《文字与法律演化：卢曼系统理论的视角》，载《社会学评论》2016年第5期。

[2] 如阿里巴巴于2015年组建的平台治理部，就负责电商平台规则、知识产权保护、打假、信用炒作等管理事宜。

须解决最基本的物流和支付问题而创造出的支付宝，到解决商家与买家信任问题的互为信用评价机制，再到基于每个消费者多次购买行为积累之后而产生的信用评分，无不显示平台规则在缺乏外部供应前提下自我供给的特性。这一自我供给一方面基于平台自身的技术供给，一方面基于平台信息数据的积累，只有前者充分的铺垫，才有信用评分的诞生。只是，与平台的其他规则机制相比，芝麻信用规则的运行还明显具有单元驱动的特性，即单纯依靠平台自身的创新和在特殊时期政府的自上而下监管，而缺少其他主体的参与。

## 第二节　芝麻信用规则的内外困境

### 一、个人征信法律体系结构的不健全

如果将征信法律法规视为一个系统，我国这个体系的结构是极不健全的。首先，我国《宪法》作为根本大法并没有专门条款对社会信用问题作出规定。其次，基本法律供应不足，大量部门规章的生成并无基本法律的指引，法律体系生成存在障碍，信用法律效力较弱。[1] 最后，这些规范性文件多数由作为行业监管部门的央行主导发布，缺少更高层级的规范对于隐私保护、信用保护、信息采集等具体而重要的争议难题予以规定。因此，这个规范体系缺少基本法律层面的法律生存依据和效力支持，因此从总体来说，处于一个结构虚空、依据不足的状态。法律法规严重不足的局面从 2013 年《征信业管理条例》出台后才有所改变，这一年堪称个人征信规

[1] 李晓安：《我国社会信用法律体系结构缺陷及演进路径》，载《法学》2012 年第 3 期。

则的拐点，在此之后，以深圳、上海牵头，各地才纷纷以地方性法规政府规章的形式出台相关社会信用条例。这些法律法规构成了芝麻信用规则运行的外部法律环境。

与信息、数据有关的既有法律规则有《民法典》《统计法》《档案法》《中国人民银行法》《商业银行法》《公司法》《证券法》《担保法》《票据法》《破产法》《企业国有资产法》《贷款通则》以及新近出台的《网络安全法》等，这些规范从不同角度对于信用信息和数据的采集、共享进行了规定。

尽管《环境保护法》《食品安全法》等调整行政监管领域的单行法律间接规定了与信用有关的监管信用档案制度，然而与个人征信直接相关的法律规则还是主要集中在个人信贷这一细分领域，如1993年中国人民银行颁布了《关于开展个人消费信贷指导意见》，这是我国关于个人征信的首个规范性文件。在个人信用领域，1999年至今先后又出台了一系列规范个人信用的行政规章制度等，如《个人贷款管理暂行办法》等，这些规定多数是针对某个信用业务的具体操作机制的阐述。此后，在相对发达地区先后出台了一些个人信用评级的办法文件，如2002年的《深圳市个人信用征信及信用评级管理办法》、2004年的《上海市个人信用征信管理试行办法》、2007年的《江苏省个人信用征信管理暂行办法》等。

2013年通过的《征信业管理条例》是目前为止效力层级最高的个人征信法规，尽管这部法律历经十多年的讨论方才出台，解决了征信行业无法可依的局面，且力图将以往分散的征信概念和监管方式、机构予以统一，然而依然存在诸多不足。如在信用信息共享机制的设立上并无作为，对于信用信息数据由各个传统部门垄断的局面并未提出任何对策，不利于打破传统行政机构和征信企业垄断征信数据的局面。又如，对征信评级机构的定位不清，令其享有权利过多而承担的责任较少，尤其是对消费者信息采集的界限和不利信息的提前告知问题均未给出明确的权利要求。再如，对消费者的信息安全和隐私保护不足，缺少对于征信机构非法获取个人信息、利益个人信息牟利并侵犯个人信息安全和隐私的制裁措施。对于网络时代兴起的以大数据信息为基础的征信业务，该行政法规更是缺乏专章予以规定。

在国家规范层面，除了以上正式发布的行政法规、单行条例等，国务院、国家发改委更多是通过规划纲要、指导意见、行政规定等政策文件的方式来对征信行业进行总体性治理，从而构建了信用治理的基本制度框架。比如，党的十八届三中全会提出了“建立健全社会征信体系，褒扬诚信、惩戒失信”的总体要求。《社会信用体系建设规划纲要（2014—2020年）》全面阐述了构建“守信激励和失信惩戒机制”。《国务院关于建立完善守信联合激励和失信联合惩戒制度　加快推进社会诚信建设的指导意见》详细列举了“信用联合激励和惩戒措施”。此外，国家发改委联合中国人民银行、国家工商总局等数十家单位先后发布了十四部联合惩戒备忘录，除一部调整由最高人民法院公布的失信被执行人外，其余十三部均聚焦于行政机关联合实施信用惩戒措施，涉及环境保护、纳税信用、食药安全等诸多领域。2018年，中共中央办公厅、国务院办公厅发布的《关于加快推进失信被执行人信用监督、警示和惩戒机制建设的意见》，对失信被执行人（老赖）的联合惩戒措施多达11类37项，将对于失信被执行人的惩戒严厉程度提升到前所未有的高度。2018年由全国信息安全标准化技术委员会制定的《信息安全技术个人信息安全规范》开始实施，尽管该标准对于信息的安全保护作出了极为大胆领先的规定，但层级和效力的局限性使得其影响力比较有限。

从域外视角来看，我国的征信专门立法相比其他发达国家落后较多。例如，个人征信最为发达的美国早在1970年就制定了世界上第一部专门针对个人信用报告业务的法律——《公平信用报告法》(The Fair Credit Report Act)。该法系统地规定了个人信息主体、信用信息提供者、征信机构等在征信活动中的权利义务关系，并从保护消费者隐私和信用报告准确性的角度出发，规定了信用报告的合法用途、负面信用信息的保存期限、信息主体获取和要求更正本人信息的权利、征信机构对信用报告准确性的法律责任等内容。该法颁布40年来历经十七次修订和三次重大修改，始终在实践中发挥作用。除《公平信用报告法》外，美国的征信法律制度还包括《公平债务催收法》《金融服务现代化法》《银行保密法》《信息自由法》《金融隐私权法》《平等信用机会法》《诚实借贷法》《公平信用账单法》《信用卡发行法》《公平信用和借记卡披露法》《房屋抵押披露法》等近20部法律，从而形成了较全面的征信法律体系。此外，英国、韩国、日本等国家也先后出台了个人征信方面的法律，如英国于1974年就发布了《消费信用法》、1998年颁布了《数据保护法》，韩国于1995年发布了《信用信息使用与保护法》及其实施细则，日本也于2003年出台了《个人信息保护法》。

法律制度往往是对于规制对象发展到一定程度时的及时回应，在互联网征信领域该特征更为明显。任何超前的立法都有可能阻碍其发展，而过于滞后的立法则可能带来很大的风险。从这一点来说，由于长期缺乏诚信文化和制度建设，当前的立法不是过于超前，而是相比大数据、互联网等技术的发展较为滞后。其表现为：

对于征信机构的责任义务规定不够明确，对于信息主体的权利保护尤其是隐私权和知情权的保护力度不足，对征信业务规则的规定不清晰，信用分析模型和算法不够透明，在数据保护和数据利用之间的态度极为暧昧和模糊。鉴于征信机构等第三方机构的欠缺或者发展极为初步，信用市场尚且处于初建时期，市场竞争格局远远没有形成，政府主导下的信用相关法律远远不能实现保证社会公平和维持竞争秩序的立法目的。

## 二、芝麻信用规则的漏洞

在与征信法律规则结构耦合的过程之中，政府有关人士认为芝麻信用规则为代表的八家征信企业“对征信的基本理念和基本规则了解不够，而且也不太遵守”[1]。可见，芝麻信用在发展初期无论是在自身规则的制定运行还是对法律规则的理解遵守上均未得到官方的认可，而政府对这一新兴领域则采取了发放牌照的准入监管模式。然而，我们细究芝麻信用规则所要遵循的征信规则，就会发现其同样存在诸多内容漏洞。正如上文所分析的，征信规则本身的不健全意味着芝麻信用规则的前提就已经存在问题。以之为依据来进一步引申到征信这一细分领域，存在根基不稳则支脉不健的问题，在这种情况下，平台自身的制度自我供给具体到征信领域也存在势单力薄的现象。

### （一）芝麻信用对个体信息、隐私权利的保护机制孱弱

芝麻信用的官网上仅在首页显著位置公布了《芝麻信用数据

[1] 万存知：《为什么八家机构两年多还没拿到个人征信牌照？》，载《新金融评论》2017年5月31日。

安全及隐私权保护政策》《芝麻服务协议》两项与规则有关的内容，并专门设置了“个人权益保障”的页面，其中就知情权、选择权、信息更正权、投诉权、隐私及信息安全权等做了专门规定[1]。其规则内容不成体系，虽然充分体现了信用规则的“柔软性”特征，即以价值和原则的规定来代替结构与规则的完整，并将个体权益这一部分单独放置以体现平台对个体权益的尊重，但是相对忽略了结构的系统性与完整性，如对于信息采集的知情权、同意权和采集范围、运算方式、共享与应用限制、信息安全保障等重要问题，现有规则缺乏明确规定。

最新版本的《芝麻服务协议》规定：“您授权我们从合法存有您个人信息的信息提供者处收集信息并进行处理。我们收集信息的范围可能包括个人身份信息、交易信息、履约信息、设备信息及其他能够评估反映您信用或风险状况的信息等。”对信息的采集采取了“默示同意”的方式，对信息采集范围进行了简单列举式的规定，这对于个体的选择和知情权利行使均是不利的。即使与《征信业管理条例》第十三条对于同意权的规定“采集个人信息应当经信息主体本人同意，未经本人同意不得采集”相比，也保护力度不足。在芝麻信用初期推广阶段发生的因默示同意导致的公共抵制事件即为例证。[2]

个体隐私权问题堪称征信规则应对数据智能社会复杂性增长的第一难题。个体的行为痕迹、消费数据目前均被视为征信大数据的

[1] 参见芝麻信用官网的个人信用频道 http://www.xin.xin/#/detail/1-1，最后访问日期：2019 年 12 月 24 日。

[2] 参见崔鹏：《支付宝年度账单泄露用户隐私？芝麻信用回应称“错了”》，http://www.sohu.com/a/214491628_115565，2019 年 12 月 24 日访问。

来源，包括个体的社交信息也被芝麻信用作为评分数据模型的指标之一，然而，对于这些数据如何被获取、如何被利用，消费者均几乎处于一无所知的状态，现有的芝麻信用规则仅仅通过《芝麻服务协议》在自身的官网上予以公布对于公众而言显然力度不足。与此相应，个体的信息泄漏与随后经历的信息泛滥、信息骚扰、电话诈骗、狂轰滥炸式推销等问题往往会给个体的生活安宁与秩序带来极大的破坏[1]，并且越来越成为信息社会的顽疾，这对于个人的生活权利也形成了侵犯与破坏[2]。因此，个体的隐私权问题作为保护信息的第一道屏障应该得到在规范层面明确的保障。

尽管也有学者对信息权利能否构成一种权利表示质疑，并表示一旦信息权利成为一种受保护的人格权将带来社会管理秩序的极大混乱，然而在数据信息为王的时代，忽略对信息权利的讨论与规制都不是明智的行为。正是由于个体隐私保护信息本身的对象不明和措施不清，导致了芝麻信用在隐私保护的规则上同样态度含糊，并未比传统规则走得更远。比如在芝麻信用的《数据安全与隐私权保护政策》中，其以排除法规定了“我们不会收集您的宗教信仰、基因、指纹、血型、疾病和病史信息，也不会收集您的聊天、通话内容及您在社交媒体上的言论”。这样的排除对于用户在实际使用中

[1] 中国互联网协会发布的《中国网民权益保护调查报告 2016》显示，当时近一年时间国内 6.88 亿网民因垃圾短信、诈骗信息、个人信息泄露等造成的经济损失估算达 915 亿元。此外，据 360 互联网安全中心发布的《2017 年中国手机安全状况报告》显示，仅 2017 年 360 手机卫士便为用户标记各类骚扰电话约 2.42 亿个，拦截骚扰电话 380.9 亿次。《2018 年上半年信息泄露十大事件，Facebook 仅第 5》，http://www.sohu.com/a/240351422_499199，最后访问日期：2018 年 12 月 17 日。

[2] 中国青年政治学院互联网法治研究中心与封面智库：2016 年《中国个人信息安全和隐私保护报告》。

留下的大量信息痕迹而言，保护范围与力度都是不足的[1]。在平台社会，个人的信息和隐私已经不再局限于个人的视角，仅仅具有个人价值，而是具有重要的社会性和社会价值[2]，尤其当某一类信息成为大样本或数据库的时候，比如群体的健康、医疗、基因、户籍、车辆、房产、子女教育等，其中的信息关联分析将产生巨大的商业价值。对信息权保护力度机制的过于孱弱不仅会使个人权利受损，还会带来很大的社会问题。

（二）芝麻信用的底层价值厘定不够清晰

1. 信用数据内容和算法模型缺乏正当性

芝麻信用规则内容上也很难经得起推敲，如从信息来源上来看，尽管其实现了数据来源的个性化和广泛化，然而这些数据仍然存在高度依赖平台自身信息即内部数据的问题。但是我们知道征信数据来源远不止于此，一般个体的征信信息还有借助其他金融机构、网络平台、私下贸易借贷而产生的诸多信息，以及部分情况下公权力机关在执行公务过程中产生的一系列信息。从某种程度上说，芝麻信用分值甚至与使用平台与否、使用平台的频率、消费习惯等直接挂钩，但是我们很难就此得出结论：一个不使用支付宝或者网络购物的人，其信用就一定是不好的，又或者一个天天通过淘宝平台购物从而积累大量信用分的人就一定是可信的[3]。因为也许

[1]“超七成参与调研者认为个人信息泄露问题严重；53%的人因网页搜索、浏览后泄漏个人信息，被某类广告持续骚扰；租房、购房、购车、车险、升学等信息泄漏后被营销骚扰或诈骗高达36%。”参见2016年《中国个人信息安全和隐私保护报告》。

[2]翟羽艳：《我国隐私权法律保护体系存在的问题及其完善》，载《学习与探索》2019年第10期。

[3]与芝麻信用相比，央行的个人征信报告主要依据则是个人的信贷记录和还款记录，其信用评估基础完全不同。参见中国人民银行个人信用信息服务平台 https://ipcrs.pbccrc.org.cn，最后访问日期：2019年12月25日。

这个人是一个以网购为业的职业买手，又或者是一个闲暇时间较多的家庭主妇，或者生活工作极其忙碌而高度依赖网购的生意人等，甚至还是一个深谙“刷分”的技巧从而利用芝麻信用的算法漏洞人为提供芝麻信用分值的人。因此，仅仅从单一的平台信息来源而进行信用判断过于草率，也正是这个原因，芝麻信用分仍然是平台自主推行的带有一定盈利性质的封闭结构。目前运用该征信分值的商家多是平台的合作商户，其推广应用体现出高度依赖平台的特征。

目前，芝麻信用根据自身的一套算法模型对信用进行评分，然而，该模型是否能够有效评估出个体的真实信用状况也是存疑的。一来算法的数据来源过度依赖阿里巴巴的网络渠道，这对于渠道外的人员是否会构成某种忽略和偏见，而渠道内的人员完全可以通过故意刷分、提升使用频率等问题操纵信用评分，网络上广为流传的“芝麻信用分刷分攻略”“如何将信用快速提高到 700 分以上”等便是此类明证。[1] 如果算法本身存在漏洞，那么原本促进诚信的制度规则反而助长了“失信”行为。二来缺少反映个体信息的“硬指标”数据，比如个人收入、资产、负债等传统征信信息，尽管后者局限于信贷领域且掌握在央行征信系统内，但在适当的时候考虑网络征信与传统征信的对接也是一个富有前景的话题。三来缺少个体的自我申报信息。出于信息利用的自愿和隐私保护原则，美国的个体征信大多依赖个体的自我申报，尤其是个人月收入、家庭开支、负债等信息[2]，芝麻信用可否在采集个体行为信息的同时与关键信

[1] 余若晰：《芝麻信用刷分屡禁不止　个人重要信息存泄露隐患》，载《证券日报》2017 年 8 月 7 日。

[2] Schwartz P. M. *Property, privacy, and personal data.* Harvard Law Review, 2004, 117 (07): 2128.

息上个体的自我申报相结合？也是可以讨论的问题。[1] 四是存在算法歧视的嫌疑，比如人脉关系作为数据来源是否具有说服力以及是否涉嫌歧视的问题，甚至会带来某种“人生而不平等”的倒退式评估。人脉关系虽是依赖个人积累，但具有更多的血缘、业缘、地缘等传统社会因素。

2. 个人征信场景应用的正义逻辑论证缺失

信用来源的正当性进而引发的是个人信用的公平正义性问题。芝麻信用是以可信/不可信的二元符码对消费人群作出区分，进而为其认为可信的人群提供更加便捷高效的社会服务。然而，芝麻分高就理所当然意味着信用高吗？进而就当然享受更高的社会服务或者进行更高的消费？在一个正在走向普遍扁平化、多元化的社会，基于消费能力对人群、阶层的进一步划分是否会触发新的社会矛盾和断裂？众所周知，某些大型企业或者政府机构的领导人本身就崇尚节约、精简出行、轻消费等价值观，以正风气，而很多政府政策的出行都时常会“慢下来”“等一等”后面的人群。美国 1974 年的《公平信用报告法》在创始之初就致力于信用信息使用的均等化，规定了信用机构不得基于年龄、肤色、种族、国籍、性别或婚姻状况等因素歧视借贷者，并在其后的争议中要求容纳智力水平、犯罪记录等因素。[2] 如果芝麻信用规则对诸如消费能力等因素赋予过多的权重，继而在社会资源的分配上给予倾斜性的支持，是否也有歧视和误导之嫌？

[1] 有关这一点《芝麻信用数据安全及隐私权保护政策》只是在引言中总括说明：“我们欢迎您主动向我们提供与您信用相关的信息。”但并未形成相关制度规定或成熟做法。

[2] Josh Lauer, *Creditworthy: A History of Consumer Surveillance and Financial Identity in America*, Columbia University Press, 2017.

在芝麻信用个人征信规则构建的过程中，缺乏对于底层正义逻辑的论证，而代之以商业逻辑引导规则制定，这是征信规则在正义性和公平性上遭受质疑的根本原因。罗尔斯的一般正义观认为，所有社会价值——自由和机会、收入和财富、自尊的基础——都要平等地分配，除非对其中的一种价值或所有价值的一种不平等合乎每一个人的利益。[1] 征信场景的应用事实上是平台运用自身享有的资源对于社会资源尤其是商业资源的一次再分配，这种分配的依据在此仅仅是个人征信的评分，而这种分配的操作几乎完全是平台经营者私人主体的行为，被征信的个人却几乎处于罗尔斯意义的“无知之幕”之下，对于信息的如何获取、应用和救济无法有效知情或参与，对规则的制定与实施缺乏程序的保障，对规则可能导致的不利后果缺乏有效的救济或者申诉渠道。因此，个人征信规则的制定缺失了利益相关方的有效参与和正式程序的论证、保障，无论对照罗尔斯正义论意义上的第一原则还是第二原则，该资源分配机制在正义价值层面均难以经得起推敲[2]。

## 第三节　平台治理视野下信用规则的困境探源

信任本属于社会道德领域的问题，其水平高低取决于人们的价值共识。但基于社会复杂性的增长，传统的信任秩序出现了极大的

[1] [美] 约翰·罗尔斯:《正义论》，何怀宏，何包钢，廖申白译，中国社会科学出版社 2001 年版，第 62 页。
[2] 参见 [美] 约翰·罗尔斯:《正义论》，何怀宏，何包钢，廖申白译，中国社会科学出版社 2001 年版。

分歧并以此引起了剧烈的社会冲突和失范，因此，有必要以一种对分歧差别具有较高容忍度的简化的秩序来规制该领域[1]，与法律规则的结合正是遵循这一进路。法治是建立在价值多元基础上的摆脱了单一人身依附关系的规范，对于分歧的容忍度较高[2]，也不需要人们具有某种信仰或意识层面的共识，从而得以适应陌生人社会的种种需求。信任与规则的两相结合正是从失范走向有序的有效尝试。在互联网这样一个复杂性不断增长的虚实相间的空间，更是需要借助信任规则来化解复杂与失范。

从社会系统理论的大家卢曼所构建的认识论来看，知识只有通过区分、运作和二阶观察才能得到充分的认识[3]。正是互联网技术和平台的信息整合力量加深了社会二阶观察的深度，借助平台，人们能够轻易去了解他人的一些面向，并在对他人的事件的描述和理解基础上形成对他人的看法。平台沟通系统中便是以信用值和信用评价为基本元素作为系统组织记忆的，从而保存了参与者的信息，为再生产社会意义、指涉先前的观察提供基础资料。简而言之，平台为公众参与信用评分提供了较低的准入门槛，其二阶观察的成本很低，程序也非常便捷，其中的社会沟通呈现出双向机制，参与者们的交互性发展到了极致。通过便捷的评分和互评，消费者、商家、平台三方得以交互沟通了解，且传导至其他相关领域与行业，如金融、旅游等[4]。正是借助网络平台，社会沟通

[1][3] 卢曼：《社会中的法》，台湾“国立”编译馆、李君韬译，台湾五南出版有限公司2009年版，第279页。

[2] 鲁楠：《科技革命与法律演化的两个面相》，载《当代美国评论》2019年第1期。

[4] 参见芝麻信用官网金融合作频道 http://www.xin.xin/#/detail/3-2，最后访问日期：2019年12月13日。

完全超越了地域的限制，其创造的信任分完全打破了传统陌生人社会基于面对面交流和口耳相传得出的信任。芝麻信用分[1]正是这样一种简化众人进行二阶观察的机制。借助信用分值所创造的可信/不可信的二元符码，众人可以轻易了解他人在诸个事件中的表现，从而大大简化沟通中的博弈。芝麻信用规则运作的机理通过系统理论的上述分析已经非常清晰了，其漏洞的根源也就不难发现了。

## 一、个人征信上位法律规则滞后导致规则依据缺失

芝麻信用规则的漏洞与个人征信规则的上位法极为不健全颇为相关。根深方能叶茂，我国的个人信用规则体系本身即存在诸多漏洞。由于长期缺乏诚信文化和制度建设，当前的个人征信规则立法不是过于超前，而是相比大数据、互联网等技术的发展较为滞后。[2]鉴于征信机构等第三方机构的欠缺或者发展极为初步，信

[1] 参见芝麻信用官网 http://www.xin.xin/#/detail/1-2，最后访问日期：2018 年 11 月 23 日。

[2] 与个人信息、数据有关的既有法律规则有《民法典》以及《网络安全法》等，这些规范从不同角度对于信用信息和数据的采集、共享进行了规定。尽管《环境保护法》、《食品安全法》等调整行政监管领域的单行法律间接规定了与信用有关的监管信用档案制度，然而与个人征信直接相关的法律规则还是主要集中在个人信贷这一细分领域，如 1993 年中国人民银行颁布了《关于开展个人消费信贷指导意见》是我国关于个人征信的首个规范性文件。在个人信用领域，1999 年至今先后又出台了一系列规范个人信用的行政规章制度等，如《个人贷款管理暂行办法》等，这些规定多数是针对某个信用业务的具体操作机制的阐述。此后，在相对发达地区先后出台了一些个人信用评级的办法文件，如 2002 年的《深圳市个人信用征信及信用评级管理办法》、2004 年的《上海市个人信用征信管理试行办法》、2007 年的《江苏省个人信用征信管理暂行办法》等。

用市场尚且处于初建时期，市场竞争格局远远没有形成，政府主导下的信用相关法律远远不能实现保证社会公平和维持竞争秩序的立法目的。

2013 年通过的《征信业管理条例》是目前为止效力层级最高的个人征信法规，尽管这部法律历经十多年的讨论方才出台，解决了征信行业无法可依的局面，且力图将以往分散的征信概念和监管方式、机构予以统一，然而依然存在诸多不足。比如，在信用信息共享机制的设立上并无作为，对于信用信息数据由各个传统部门垄断的局面并未提出任何对策，不利于打破传统行政机构和征信企业垄断征信数据的局面。又如，对征信评级机构的定位不清，令其享有权利过多而承担的责任较少，尤其是对消费者信息采集的界限和不利信息的提前告知问题均未给出明确的权利要求。再如，对消费者的信息安全和隐私保护不足，缺少对于征信机构非法获取个人信息、利用个人信息牟利并侵犯个人信息安全和隐私的制裁措施。对于网络时代兴起的以大数据信息为基础的征信业务，该行政法规更是缺乏专章予以规定。

以上是我国个人征信立法在法律法规层面的基本状况，其作为芝麻信用规则的上位法依据直接导致了后者出现的诸多问题，即对于征信机构的责任义务规定不够明确、对于信息主体的权利保护尤其是隐私权和知情权的保护力度不足、对征信业务规则的规定不清晰，信用分析模型和算法不够透明、在数据保护和数据利用之间的态度极为暧昧和模糊。

## 二、芝麻信用规则系统的反思运作机制不健全

一方面，芝麻信用规则的自我指涉是不足的。自创生系统理论

认为任何系统的再生产都依赖于已经存在的系统结构，系统结构本身就是自创生系统的产物，自我指涉即系统的元素以递归方式指向同一个系统的元素[1]。对于芝麻信用规则而言，这种先前的系统结构漏洞导致了其创立至今并未形成完善的自我反思机制，缺少相对成熟的规范、理论、程序作为稳定的“纲要”和“结构”对自身加以改进，缺少成熟的解释机制或修改机制，从而使得其自我观察和自我调整的空间较为有限，因此新的规则未能形成良好的再生产机制，无法形成“规则闭环”。信用规则在诞生之前固然充分吸取了已有规则体系的经验教训，但是，规则从诞生之日起便主要借助外力才得以进行结构性的调整。信用规则从总体上来说仍然是一种国家主导下的自我调整。这一点，芝麻信用规则由于领域的专属性和创生时间较晚与平台规则有较大的区别。

另一方面，芝麻信用与其他系统的互动耦合不足。形成自我指涉封闭运作的系统需要和环境互动，如果一个系统预设了环境的相关特点并在一个持续的基础上结构性地依赖它们，我们就可以将这一结构机制称之为结构耦合。社会系统的结构耦合与自我指涉一般互为前提，形成自我指涉封闭运作的规则会与环境互动形成结构耦合关系[2]。结构耦合意味着不同系统间共同演化，每个系统将其他系统当成自己的环境，将其他系统的输出根据自身的符码和运作规

[1] “卢曼清楚区分了自我指涉的三个层次：基础的自我指涉（元素）、反身性（过程、反身性的机制），以及反省（系统）。所谓基础的自我指涉是指，元素必定会以递归（recursive）的方式指到同一个系统的元素。”Niklas Luhmann：《社会之经济》，汤志杰、鲁显贵译注，台湾联经出版社 2009 年版，第 2 页。

[2] 卢曼：《社会中的法》，台湾“国立”编译馆、李君韬译，台湾五南出版有限公司 2009 年版。

则进行吸收。[1] 芝麻信用参股百行征信意味着其更需借助有效的耦合机制去与法律系统、社会文化系统予以结构上的互补学习，才能于征信业的发展竞争中立于不败之地。而芝麻信用恰恰缺少与其他系统的互动，尤其在其规则制定的过程中与各个利益主体的互动是不足的。

1. 与征信信息提供者——个体意识相对分离

对于芝麻信用平台这一子系统而言，每一个平台消费者的消费行为、生活模式、交往行为等均构成了平台的环境，通过对个体这一环境的系统构建，平台得以汲取有关个体信用的各种信息，从而给出相应的区分。平台的价值是得以超大规模、超快速率的整合有关个体信用的所有信息和事件，增强了系统二阶观察的能力，提升环境因素激扰系统的频率，提升系统沟通的时间维度。[2] 单个个

[1] 卢曼试图通过结构耦合的概念来解释系统与环境之间高度选择的互动状态，从而质疑和批判那种将系统间状态描述为直接的输入—输出过程的理论。See Luhmann, Niklas.Operational closure and structural coupling: the differentiation of the legal system. Cardozo L. Rev. 13（1991）: 1432.

[2] 在信用产品的应用上，传统征信主要运用于信贷领域，而芝麻信用的分数实现了从行业为中心的应用到以人为中心的应用。其主要缘由是囿于技术和信息数据来源的有限性，传统的征信领域只能在行业或组织这一层面之间予以合作，无法细分到个人，除却信贷领域，传统征信既无法在更为宏观的社会领域推广应用，也无法在更为微观的具体细分的层面形成守信的文化氛围。以芝麻信用为代表的现代征信数据借助大数据等信息技术可以直接与每一个体发生联系，因而围绕人的衣食住行等生活场景展开，也随之将应用场景从金融领域扩大到了社会生活的方方面面。正因为现代人的生活场域无限拓宽，芝麻信用也随之拓展到了租房、预订酒店、租车、办签证、求职应聘等各种需要信用的履约场景，个人的衣食住行中也越来越多地借助信用规则的参与。当然，芝麻信用规则的应用场景设置目前尚处于实验阶段，且应用效果还有待于实证观察。可以预见的未来是，当信用规则建立起来并转化成每个个体的信仰与行动，进而建立起基于规则的社会信任氛围之后，这种基于声誉的诚信机制才会得到更多更广的场景应用。

体是平台系统互动的最重要对象，然而，与个体互动的严重缺失恰恰带来了芝麻信用规则最大的漏洞。

个体意识系统与芝麻信用规则系统的相对分离，二者并未借助可信 / 不可信的二元符码和其他具体的结构耦合方式达到共同演化的程度，个体的信息虽然通过信息的采集成为了规则可应用的数据，但个体并未在意识层面了解、认同信用规则或参与规则生成，因此也未给规则系统的演化提供足够的“激扰”来丰富其实证性和规范性。这样的互动状态显然需要改进。

2. 与征信信息使用者——其他社会系统的互动缺少有效合作

一方面，芝麻信用未能与其他征信机构尤其是行业协会实现良好互动，彼此的信息是相对割裂的，商业盈利和数据垄断的初衷使得个人征信机构之间在早期忙于各自“跑马圈地”，但忽略了征信本身却是具有社会意义应遵从正义逻辑的领域。而由于行业发展的试探性和创新性，行业协会也未能在推动行业发展中发挥有益的作用。芝麻信用致力于与经济系统的互动，芝麻信用分目前最重要的运用场景是经济和生活领域，即在个人生活、行为模式市场信用秩序之间搭建桥梁[1]。其作为一家营利性质的机构，初期目标是垄断市场，因此就要开发更多的应用场景和寻求更多的合作商户。经济利益导向和市场规模导向使得其对合作企业纳入规则制定的动力不足。

另一方面，芝麻信用与政府机构、司法机构的互动中十分被动，在这种互动关系中，权威部门发挥了主导作用[2]。无论是联合

[1] 参见芝麻信用官网生活合作频道 http://www.xin.xin/#/detail/3-2，最后访问日期：2019 年 12 月 13 日。

[2] 参见芝麻信用官网政府合作频道 http://www.xin.xin/#/detail/3-1，最后访问日期：2019 年 12 月 13 日。

抵制“老赖”还是将芝麻信用在交通领域的应用，均体现了权威部门以一种主导姿态来对芝麻信用为代表的社会新兴技术领域的整合运用特征。芝麻信用自身的权威性则严重不足，如其对于自身数据信息的保护力度、应用范围和深度、救济力度均不足。比如，与司法部门的互动仅仅体现在失信被执行人惩戒的配合上，却对于个体征信信息的司法救济渠道缺乏有效的建立和衔接，因此这样的互动由于单方主导而利益保护失衡。因此，目前，芝麻信用与政府部门和司法部门之间充其量只是信息的共用、共享合作关系，其为政府和司法机构充当了执法帮手的角色，这种执法帮手是通过项目制的、间歇性的合作模式进行，并无稳定的长效的合作机制。而如果要形成稳定的互动结构，就需要依托于相关稳定的机制，诸如个人芝麻信用报告的前置规定，将之作为行政行为、司法执行行为的稳定参考依据等。

3. 与征信信息监管者——政府部门缺乏有效监管对接与信息共享

在纵向的征信监管层面，芝麻信用本是为了解决政府监管能力不足应运而生的，但在其发展过程中又带来了新的监管难题，即芝麻信用系统试图在简化外界复杂性的同时自身产生了更多的复杂性，而目前来看这复杂性的解决仍然更多依赖外力，即政府部门的监管[1]。以央行为代表的政府部门监管在征信领域与工商部门在网络交易领域的角色类似，另外，面对新的技术变革及其带来的市场

[1] 2003 年，国务院赋予了中国人民银行“管理信贷征信业，推动建立社会信用体系”职责，并批准在中国人民银行成立征信管理局。2008 年国务院进一步赋予中国人民银行“管理征信业，推动建立社会信用体系”的职责。2013 年的《征信业管理条例》在第四条规定“中国人民银行及其派出机构依法对征信业进行监督管理”，从而在法规层面正式赋予央行作为征信业监督管理部门的定位。因此，中国人民银行成为国务院明确授权的征信业监管部门。

结构更新，政府监管在诸多领域都已经显得力不从心。囿于技术能力不足和办事资源（人财物）不足，信用经济的市场化、复杂化已经使得传统的以政府为主体的监管模式无法适应这一新兴领域的需求，政府所能做的只有促进行业发展，培育市场需求，给予优惠政策，推动行会建设，协调数据开放。在多元治理主体并存的时刻，政府的最大优势是其协调能力。因此，在早先的讨论中，有学者认为政府应该主动将更多的治理权力让渡给社会，扶植行业协会和第三方平台的自组织。未来的方向是建立独立的市场化的征信机构、评级机构，建立独立的信息市场化平台，建立以市场自律和法律约束为主的社会信用体系模式。[1]

在与央行征信系统的对接上，芝麻信用评分和其他个人征信基本还是“各自为政”的状态，并无有效的数据信息对接方式，从而并未发挥彼此的技术能力优势，形成优势互补。芝麻信用作为一个营利性的企业行为很难获得社会公信与权威，其必须整合于一个更加具有公信力的国家信用平台，与之形成稳定的结构耦合，才能获取更大的发展可能性。而作为监管部门的央行未能制定个人征信的采集标准、报告格式规范，因此征信系统内部缺乏统筹协调，信息的跨行业区域交流存在巨大壁垒。[2] 在有关个体信用信息安全和整体系统安全的重要领域，监管部门并未采取有力的措施。此外，以央行为代表的监管部门未能在监管与鼓励创新之间取得有效平衡，从而限制了整个个人征信体系的服务质量与发展空间。

[1] 李晓安：《我国社会信用法律体系结构缺陷及演进路径》，载《法学》2012 年第 3 期。

[2] 黄玺：《互联网金融背景下我国征信业发展的思考》，载《征信》2014 年第 5 期。

## 第四节　芝麻信用规则的创生方向

### 一、完善个人征信立法结构

个人征信规则的功能在于可以维持超大规模的陌生人社会中人们对于彼此行为的规范性预期，从而避免少数人不遵从规则对于社会信任的损害。而信任规则及其建立信誉社会的目标则是其他相关法律制度得以有效运行的基础，一个不重视信誉的社会秩序中浸染出来的个人或者企业是不会在乎法律规则的遵守或执行的，无论是立法还是司法、执法活动均无法对其形成有效的威慑，这一经济学者张维迎在 2002 年发出的警告至今仍不过时。[1] 信用规则的未来理想状态是通过自创生有关法律规则实现信任规则内部的自洽，令每一个参与和利用信用规则的个体都在不断的行为重复、刺激、强化中逐步确立对信任的感知，树立规则意识和信用积累意识，从而逐步培育社会的信任文化，实现一种通过规则的信任取代传统的权威信任和熟人信任，并进一步建立起稳定可预期的信任社会。

当社会发展对法律规范结构提出新的变革需求时，个人征信规则在国家立法体系上应该有所回应，如在以下内容上有所突破：第一，将隐私权及其进一步的发展个人信息自决权反映至规范内容之中，个人信息自决权包括三个核心内容，即法律保留（限制信息主体的权利必须经由立法许可）；隐私保护；目的限制（收集和使用信息应该受到严格限制）。与隐私权的被动性、防御性相比，个人信息自决权才是主动的控制性、管理性的与数据时代相符合的个人

[1] 参见张维迎：《法律制度的信誉基础》，载《经济研究》2002 年第 1 期。

权利。[1] 具体到信用规则中，就是要对用户处置信息和征信主体处置信息的一系列行为（信息的收集、处理、共享、使用、流转、披露）均有明确的提示和保护措施，且以相对容易阅读和处理权能的方式令用户作出非常清晰明确的意思表示。第二，应该明确规定侵犯个人信息的处罚、赔偿标准和权利救济程序。当前，2018 年由全国信息安全标准化技术委员会制定的个人信息安全国家标准《个人信息安全规范》已经就相关内容有所回应，全国人大立法规划中的《个人信息保护法》也将从更高立法位阶对个人信息保护作出规定[2]。芝麻信用的非正式规则应该及时吸纳有效规范内容，形成自己的有效规范体系。有关立法必要时对于侵犯个体权利的侵权行为要做出高额的赔偿处罚规定，芝麻信用规则则应该进行配套的执法规定和举措。

## 二、鼓励芝麻信用规则等非正式规则的自我创生

个人征信法律规则的完善首先需要一套常规的创立机制，正如法律发展出的立法机制是为了处理时间分化带来的不协调问题，立法机制的诞生才使得规则创制得以规范和加速[3]，从而适应了变革社会的需求。同理，平台规则的创立也需要一种常规的创立机制，才能应对平台及其技术引发的剧烈变革。

通过上文的分析，笔者认为芝麻信用的规则体系既没有形成良

[1] 周佳念：《信息技术的发展与隐私权的保护》，载《法商研究》2003 年第 1 期。吴旭莉：《大数据时代的个人信用信息保护——以个人征信制度的完善为契机》，载《厦门大学学报》2019 年第 1 期。

[2] 参见：中国人大网《中华人民共和国个人信息保护法（草案）》，最后访问日期 2021 年 6 月 1 日。

[3] 鲁楠：《科技革命与法律演化的两个面相》，载《当代美国评论》2019 年第 1 期。

好的自我指涉，也没有和社会诸系统形成稳定的结构耦合关系。该规则体系背后的国家征信法律规则同样是极为不健全的，这也与我国脆弱的信任文化和秩序不无联系。反之，若要建设全社会良好的信任文化和声誉机制，则须完善该规则体系，将其往完整的具有自我指涉与结构耦合的规则系统方向建设。托依布纳在其论述中认为，是否存在精致的规则体系对于确定法律的属性并不具有决定意义，真正重要的是法律行为和法律结构相互构成的自组织过程。[1]对于芝麻信用规则而言，重要的也并不是形成一个精致的规则体系，而是形成较为完善的内外规则制定行为和结构，无论是内部的规则行为与制定程序，还是外部规则结构的开放或与其他法律规则的耦合，均需进一步完善。

在已有的有关征信的讨论中，很多人谈到了征信立法层级比较低、法律法规之间不够整合、多头监管的问题。然而，从另外一个视角来看，当一个需要法律规制的领域正处于萌芽生长阶段时，用较高层级的立法规制既无必要也无可能。无需法律的秩序[2]本身即为保护创新、提升效率、促进中小企业发展的重要手段，更何况个人征信制度建设本身即试图通过提供信誉基础而建立、维持社会秩序，这种信誉基础在维护秩序方面正是法律制度发展、运行的重要补充。[3]征信领域的法律既缺乏实践的足够积累，也缺乏立法的足够经验，这需要征信领域相关组织的自创生。这样的征信制度

[1]［德］贡塔·托依布纳：《魔阵·剥削·异化——托依布纳法律社会学文集》，泮伟江、高鸿均等译，清华大学出版社2012年版，第43页。

[2]［美］罗伯特·埃里克森：《无需法律的秩序》，苏力译，中国政法大学出版社2016年版。

[3]张维迎：《法律制度的信誉基础》，载《经济研究》2002年第1期。

建设主要依赖规则的自创生及组织的自组织、自管理来补充法律规范的不足。从规则本身的构成来看，人类的规则由正式规则和非正式规则组成，正式规则主要由法律构成，非正式规则主要由道德、风俗、习惯、思维定式组成，非正式规则往往先于规则而形成、存在，并成为后者的萌芽和渊源。当法律因其不周延性无法调整所有的经济关系时，以信用有关规则为代表的非正式规则在生活中将发挥极大的作用。因此，在其初期生长中，非正式规则会早于正式规则得以创生。这种非正式的柔性规则如果制定运行得当，可以有效缓解征信业务创新过程中政府监管与市场行为之间的矛盾。[1]

## 三、注重规则设计的正义逻辑

在个人征信市场准入和业务活动开展中，中国人民银行强调注重把握三方面的原则，即第三方征信的独立性原则、征信活动中的公正性原则、个人信息隐私权益保护原则。在其有限的运作范围内，芝麻信用的系统价值中包含了这些原则，但并未有突出的表现。征信规则作为国家主导的新治理方向，其内部隐含了法治与德治的双重理路，政府一方面要通过正式规则的建构来进一步调整社会秩序，降低决策的成本，另一方面又要通过非正式规范和声誉机制等来实现和扩张国家主义的管控。因此，以芝麻信用规则为代表的个人征信规则既应增强规则自身的系统性与反思性，又要体现声誉价值对社会秩序的调控引导作用，其中在声誉的分配上应体现正义的逻辑，赋予不同资源禀赋的人公平的声誉评价、累积、申诉机

[1] 即监管过多会抑制企业创新能力，监管过少容易损害用户权利、引发信用风险。参见吴旭莉：《大数据时代的个人信用信息保护——以个人征信制度的完善为契机》，载《厦门大学学报》2019 年第 1 期。

会，完善评价模型、评价主体和评价争议解决机制，不可单纯以消费记录与声誉评价挂钩，并赋予因特殊原因导致不良记录的人群以适当的“被遗忘权”。

## 四、构建规则制定的多中心参与机制

个人征信规则困境的根源在于缺乏多个主体间的有效互动参与，从而在法律规则的正义逻辑和权利保护上均存在不足。对此，可以求诸于一种多中心治理的模式，这一模式下的规则合法性来自多中心的参与。这是一种哈贝马斯意义上的交往行动理论指导下的参与，即通过多个主体之间的交往理性和商谈论民主，从程序进路重建规则的有效性，进而缓解法律的事实性和有效性之间的紧张关系，同时又允许并维持两者的张力[1]，从而达成规则制定的正义逻辑。该治理模式中，多个中心将从主体间性的角度，基于交往理性不断商谈、互动、沟通从而最终形成持续的结构耦合关联。具体到个人征信规则系统中，多中心即指芝麻信用平台、个人、行业商家、政府机关这四个方面的主体。

### （一）多中心规则制定主体的确立

由于芝麻信用规则的高度技术专业性和多利益相关性，一方面依托平台，一方面广泛涉及公众利益，与平台的其他规则特征明显不同，单一的治理模式已经难以应对。信用法律关系的主体是平等的多元利益主体，随着互联网经济的崛起，多方主体将在信用法律关系中扮演更为重要的角色，相关资源的分配、机会的赋予和权利义务的均衡均需要多方主体参与的合意均衡，这些不同的主体将打

[1] 哈贝马斯：《交往行动理论》；高鸿钧：《走向交往理性》，载《心寄治邦：法理学论集》，法律出版社 2015 年版。

破既有治理模式下单中心的操作，其运作模式将成为信用领域的主导模式。[1] 在这一模式中，平台自身应发挥主导作用，而其他主体则以相应程序积极参与。

第一，信息的持有和管理者——平台应发挥主导作用。芝麻信用从诞生之初就是隶属于阿里平台旗下的支付宝体系，每一个用户查询自己的信用分均需从支付宝的程序中进入，这给公众形成了其与阿里平台互为表里的印象。然而，在规则层面，信用规则与平台的结合并不够紧密。无论是规则的制定、公示还是修改、执行，信用分的规则都呈现出封闭和自成体系的特征，背后的大平台的程序机制均未发挥实效作用，也就是说信用规则从来不是放到平台“台面”上的体系。若要在未来获取更大发展，规则须借力平台，充分利用平台的各项资源。在芝麻信用规则自身无法发挥主导作用下，平台作为其支撑需发挥更多的作用。

第二，信息的提供者——个体的有效参与不可少。个人征信规则是一种走向个性化治理的规则，在规则形成的过程中更加需要私人参与，打破以往需要借助组织来降低交易成本的方式。借助大数据和算法可以直接实现与私人之间的合作和交易，规则开始转向为私人服务，从而要求个人也参与到规则中来。芝麻信用的优势在于信息来源的精准与广泛，每一个个体的信息通过支付宝等平台的收集异常丰富，而这样的个体来源又超级海量。因此，个体的参与对于规则的形成至关重要，只有每一个个体才能清晰地了解自己的诉求是什么，个体对于信用规则的形成、利用、参与均会形塑他们的行为与认知，从而逐步树立起对规则的信赖与对诚信的信仰。芝麻

[1] 江宇源：《政策轨迹、运营模式与网络经济走向》，载《改革》2015 年第 1 期。

信用在初创期的主要目标是扩张市场，作为一个事业扩张期的组织，其追求对个人信息的大规模采集，并在此基础上形成信息垄断、掌控市场、实现最大程度的营利。但其采集的信息多大程度上得到个人的同意，其信息的运用得到个人多大程度的授权都是存疑的，可以肯定的是，个人信息保护等价值并非其现阶段的主要追求。这与国家主导的个人征信市场建设逻辑并非完全一致，国家在本阶段希望在个人征信业务建设中通过逐步的个人信息共享、共用最终能够建立基于完整信息的个人征信体系，从而完成社会的信用建设，这一个人征信体系的前提当然是对于个人信息的充分保护和尊重。如果征信的主体都不对征信对象讲诚信和保护，那么何来信任文化建设呢?

第三，信用的使用者——各个信用利用机构与商业公司对于规则的形成同样具有重要作用，他们是决定信息安全走向的重要端口。而信用信息的数据持有者——芝麻信用平台作为数据信息库资源的真正拥有者到底是承担信息中介的作用，还是信用中介需要定位清晰、责任清晰，从目前来看，平台自身也经营一些信贷业务，如花呗等，这些业务与其芝麻信用之间到底是何种关系也需要平台进一步厘清。

第四，信息的监管者——权威部门应予以适当监管和行政协调。芝麻信用的与其他政府监管部门之间的联系同样需要借助良好的沟通与整合机制，信用规则的形成离不开监管者与监督者的业务指导与协调。芝麻信用与政府二者之间始终在垄断与共享、营利与公正等价值中保持张力。应该认识到这一张力已经严重阻碍了芝麻信用的发展，令其制定的规则总是有先天不足之嫌。芝麻信用自身是缺少对信用的奖惩规则的，因此其规则多少缺乏权威性和可执行性。若要成为有拘束力的评分必须学会借力，即借助监管部门的权威指导力量，充分设计并开发公私合作的一应机制，使得其成为更加富有应用广度和深度的信用评分。此外，芝麻信用评分始终面临营利性与独立性的利冲难题，这一冲突的解决恐怕还是需要政府监管部门的推动，参股其他征信企业固然是一个解决路径，推动芝麻信用自身的完全独立也许是一条路径，只是这个路径更加依赖于其他主体的参与协商。此外，目前央行征信中心的征信报告在个人征信领域影响力最大，芝麻信用未来应致力于与这个系统的信息共享和对接互补，从而补充国家信息的局限性，以市场和社会之力共同采集运用信息，形成完整的市场信息链，提供有效的征信产品，与国家信任秩序建设互通有无，共同推动信任秩序的形成。

总之，芝麻信用的利益相关者在这样一个新型信用规则机制中均承担着重要角色，需要多元主体的参与才能全面评估决策的风险与成本收益等，形成符合各个主体需求的新型规则。除了对个人信息保护的不足之外，芝麻信用还存在信息共享不足和运作封闭的问题。其数据来源依赖阿里的消费平台，而其占有的数据信息又难以和其他社会系统进行共享，这导致了其应用能力的局限。要知道市场本身的发展会从另一层面调整规则的运行，信用共享会促进市场的发展，并对价格机制、供求机制等发挥调整作用，当信用促使某些产品或服务得到更多的市场需求时，也会创生出更多与之相匹配的规则。因此，芝麻信用未来的走向应该是致力于系统的进一步开放。

### （二）多中心规则制定程序的设置

信用规则与以往的规则最大的不同在于，是技术代码而不是人脑自身发挥了前所未有的价值。从某种视角来说，技术可以间接实现原本由规则调控的目标，技术架构背后的代码也可以成为除却正式规范之外的另一种重要规制工具。[1] 因此，代码编写背后的过程决策也需要引进新的程序。技术架构主要指信用评分的算法模型和评分规则层面需要进一步完善，基于公平性、安全性、隐私性等考量，既有的架构均存在漏洞，而技术与规则存在互补替代的关系。多中心治理模式的程序建设首要即为代码产生过程的程序，多中心的参与首先就是要对技术代码和架构设计的参与。

这一多方参与模式究竟应该如何运行目前仍然处于不明朗状态。有学者根据中国公共政策议程设置的模式中民众参与程度的高低和议程提出主体的不同将其分为六种模式，即关门模式、动员模式、内参模式、借力模式、上书模式和外压模式。[2] 这六种模式的提出者和主导者分别是决策者、智囊团和民间公众或组织，针对的是互联网刚刚兴起和超级平台并未发挥作用的 21 世纪头十年的社会秩序。在以平台为秩序规则主导者的平台时代，这些议程设置模式均已显得过时，平台时代需要的是一种全新的参与程序。鉴于平台自身是技术和数据的主要持有者，其在信息的整合度上甚至具有政府难以匹敌的技术和信息优势，因此平台在多中心治理中发挥主导作用。一种全新的议论模式应该登场，季卫东教授提倡的议论模式可资借鉴。[3] 根据这一模式，从指导思想来说，就是将社会理解为规则运作的场域，把规则理解为社会生活的编码，扬弃规则与

[1] [美] 劳伦斯·莱斯格：《代码 2.0——网络空间中的法律》，李旭、沈伟伟译，清华大学出版社 2018 年版，第 170 页。

[2] 王绍光：《中国公共政策议程设置的模式》，载《中国社会科学》2006 年第 5 期。

[3] 季卫东：《法律议论的社会科学研究新范式》，载《中国法学》2015 年第 6 期。

社会分离的格局，通过程序规则和议论规则防止双重不确定性问题的出现。应明确程序公正的条件，确立规则选择的标准，确立议论的基本框架，合理控制说服力竞争的连锁反应，为达成基本共识准备条件。因此，在这一模式下，所有的议论应属于论证性对话的范畴，而不是情绪化的倾向舆论，参与议论的任何人都必须有被说服后修改或者放弃自己主张的思想准备。[1] 当然，在平台时代，传统的议论模式无论是程序设置还是议论机制设计均有了新的内容和变化，不能再以传统媒介和信息传播的路径进行套用。

具体来说，芝麻信用依托的数据和互联网技术要求未来的个人征信规则应当遵循互联网的运行规律，由芝麻信用自身依托其先进技术为主体制定规则、监管规则的执行，规范规则从制定到执行的一系列流程，主导设计各种对话的“程序竞技场”[2]，并辅之以相应的协商机制、奖惩机制。政府在其中的角色应是辅助监管，而非传统的以准入和牌照管理为特征的主导监管模式。

## 小 结

传统征信的主要功能是为信贷业务提供决策参考，其相关研究文献更多关注的是信贷领域的效率、授信、风险、惩戒等问题，但以芝麻信用为代表的个人征信业务将助力于以个体生活为中心的全领域服务，其更多关注公平、机遇、包容和发展的难题。因此，对信用规则的研究也应从金融系统走向商业交易系统，进而走向全社会系统的全民征信。社会信用系统的建立需要一整套良好的信任规

[1][2] 季卫东：《法律议论的社会科学研究新范式》，载《中国法学》2015 年第 6 期。

则体系，只有逻辑完整而自洽的信任规则得到制定、承认，才能建立基于规则的社会信任，最终建立诚信社会。

以芝麻信用为代表的信用规则的自创生正是为建立这一秩序作出的努力。本书紧紧抓住芝麻信用这一平台时代个人征信规则的功能系统，描述了互联网视野下芝麻信用规则的运行机理，并为个人征信规则的制定如何突破发展瓶颈提出一些设想。笔者认为，芝麻信用规则借助可信/不可信的二元符码将其运作与环境区分开来，在其运作过程中存在正义逻辑缺失、规则制定的参与性和程序性不足的问题。个人征信规则缺失良好的自我反思机制，缺少相对成熟的规范、理论、程序作为稳定的“纲要”和“结构”对自身加以改进，缺少成熟的解释机制或修改机制，从而使得其自我观察和自我调整的空间较为有限。此外，个人征信规则在制定过程中由于缺少重要利益相关者的互动而缺少良好的规则开放性，使得规则的包容性和合法性均存在缺失。这一困境的缓解除了在于提升平台的自我指涉能力和结构耦合互动外，还须建构一种多中心的规则制定模式。

总体而言，我国社会信任的过程是一个从权威信任到规则信任的过程，目前民众正处于正式规则信任与非正式规则信任并存的状态[1]。在未来的智能社会，信用将越来越成为一种个人的声誉信号和识别机制，如同以往的档案、身份证等系统一样发挥功能。可以预见的是，以芝麻信用规则为代表的信用评级还将拓展应用至对企业的第三方信用评级领域，进而运用到整个电子商务体系。继而，网络平台将通过与政治领域的数据共享来实现全社会领域的信任结

[1] 王瑞雪：《政府规制中的信用工具研究》，载《中国法学》2017年第4期。

构变革，最终建立起一种基于规则的声誉机制、信任机制，实现我国国家治理与社会治理的全面升级。有关个人征信的平台自创生规则也将孕育更多正式的国家法律规则，从而最终建立起基于规则的全社会信任秩序，使得规则信任深入民心。这是一种极其令人向往的图景，也有待于学界继续深入跟踪研究。

# 第四章

# 网络平台规则的运作边界

现代社会的网络空间在人们的印象里是一个无边界的领域[1]，其在空间上具有无限的延展性，可以轻易沟通互联全球各地而不受地方性的局促；其在时间上具有脱域性，可以使得诸多不在场的人们同时共享一个场域而不受时间的限制。正因为如此，人们将之视为与实体世界截然不同的虚拟世界，并认为对其的治理有可能遵循与实体世界完全相异的逻辑。平台的出现改变了网络这种纯粹虚拟性的状态，实现了网络虚拟社会和现实实体社会的高度交融，正是通过平台，人们对于网络的认识不再是停留在想象的虚幻领域里，而是将之视为与人们的衣食住行息息相关的领域，并进而通过支付、信任、声誉等机制的建立实现了与现实世界的金融、秩序、价值观等秩序层面的无缝衔接。

当然，平台从诞生之初就打上了网络、信息和大数据等技术的烙印，这使得政府对平台的治理从一开始就进入了两难境地，过多地干预与平台自身的技术性、虚拟性不符，更何况政府本身在技术架构领域也不是万能的；过少的介入则容易导致网络空间的野蛮生长。平台自身的制度供给尽管能解决眼前的难题，但在面临公共

[1] 美国管理学家阿什克纳斯（Ashkenas，1997）在未来组织模式研究中提出网络组织是“无边界组织”。参见［美］罗恩·阿什肯纳斯、戴维·尤里奇、托德·吉克、史蒂夫·克尔：《无边界组织：打破组织结构的锁链》，机械工业出版社2016年版。

领域的诸多问题时也常常失之于种种危机而备受人们的责难与质疑[1]。这给我们提出了这样的难题：当网络没有边界，信息、数据等也没有边界时[2]，对平台的治理有边界吗？用现代组织理论去定义平台组织的边界已经极为困难，现代平台既非以土地、劳动、资本等传统要素为其重要组成部分，也非纯粹依靠技术、品牌、声誉等无形的要素维持生命。对现代平台的认识只有从更为宏阔的社会学视野才能得到清晰的认识。

对平台治理的既有学术讨论始终存在两种视角，外部视角从平台外部寻找治理路径，内部视角则将视野投向平台自身，希冀平台自身为完善平台治理提出改进方案。外部视角存在三种思路，一是侧重政府对平台的垂直监管，将平台纳入原有的治理层级体系，坚持政府监管的底线思维（刘奕等，2016），二是“政府 + 行业协会”的双重监管，以保护平台用户权益和平台市场竞争秩序（Scott，2002），三是建立平台的私人监管为主、公共监管为辅的新治理体系（王勇等，2017）或者“政府法治、企业自治、社会公治”的治理架构（宣博等，2018）。内部视角通常关注平台内部管理模式的创新，在网络平台服务提供者与平台商家之间的契约关系、分工合作和产权互补方面寻找理路，目标是增强平台公司对于其用户的控制能力（汪旭辉等，2016），又或者关注平台交易流程、契约监管和责任分配来对二者的行为博弈测量等予以引导（吴德胜，2017）。

[1] 如滴滴平台的乘客遇害事件，美团等平台的线下餐饮店铺黑暗料理事件，淘宝等平台的假货遭受海外抵制等事件。

[2] 部分经济学者认为在互联网思维的指引下，企业在经营、管理和操作三个层面实现了无边界的发展。参见李海舰、田跃新、李文杰：《互联网思维与中国传统企业再造》，载《中国工业经济》2014 年第 10 期。

虽然这些视角对于平台治理思路的丰富不无贡献，但其共同缺陷是对平台治理的前置性问题，即对平台治理的边界缺乏讨论，以至于平台治理的内容据此均在一种理想模式或者想象的空间里进行。这种理想类型的讨论在传统企业的线性关系语境下固然有其合理性，但鉴于网络平台具有很强的连接性、共享和生态特性，其与社会方方面面的主体均具有紧密的结构耦合关联，因此对其治理边界的划分反而在互联时代至关重要了。[1]

从理论和规范落地的角度，平台治理的有效性前提是对治理的基本问题进行多角度的研究，而平台的治理边界厘清正是发挥有效平台治理的关键性前提，如果边界不清，平台治理的协同效应和治理效果将很难发挥。将平台治理的边界界定后才能以此为径进一步研究平台治理的目标、结构、机制、模式、绩效等问题，也就是说，平台治理边界的分析是平台治理活动的起点和基础工作。反之，如果边界不清，界定混乱，则会引起平台治理逻辑的盲目与无序，引起公众和治理主体的双重困惑，从而引发严重的治理失效。

对于平台治理边界的研究文献在国内尚未出现，回溯学术脉络，企业（市场）与政府之间的边界问题一直是西方经济学关注的焦点问题，而管理学、社会学等则对于企业组织进行了进一步的细分研究，并对组织内部的运行结构进行了较为细致的解构。如对组织边界的研究在西方学界集中于对社会服务组织的研究中，其通常基于三个方面，第一，作为社会主体的独立性要求（泰勒，2005），强调组织与国家的界分以及组织的自由。第二，作为伙伴关系的资

[1] 肖红军、李平：《平台型企业社会责任的生态化治理》，载《管理世界》2019年第4期。

源获取与相互依赖，如国外学者总结出政府与社会服务组织的三种视角[1](1)作为政府的补充;(2)与政府形成伙伴关系;(3)卷入与政府之间的相互责任的一种对立关系中。不同的关系类型导致不同的组织策略和行动结果。第三，作为专业化区分的专业边界。[2]此外，对于企业边界的研究或许也对平台边界的研究有借鉴意义。例如，科斯从交易费用经济学的角度认为企业边界在于“市场成本”与“组织成本”的均衡点。芮鸿程从治理成本与资产专用性的维度对市场、层级与网络三种组织分别比较，从而界定了网络组织的治理边界。吴炯等人在对企业边界的研究中认为，企业存在四重边界并进而得出了公司治理的三重结构，这四重边界由内而外分别是：企业的经营边界、法定边界、治理边界和契约边界，其认为治理边界之内的企业契约参与者是公司内部治理者，治理边界之外的企业契约参与者和市场契约参与者是公司外部治理者，前者“用手投票”，即具有决策经营意见的表决权；后者“用脚投票”，即通过资产、原料、劳动等要素的供应来影响企业经营表现。据此，企业的第一层治理结构是内部治理层，由治理边界内部的利益相关者构成；第二层治理结构是利益相关者的外部治理层，由治理边界和契约边界之间的利益相关者构成；第三层治理结构是市场治理层，由处于契约边界之外的所有与公司具有市场契约关系的个人或者团体组成。[3]劳曼(Laumann)提出了界定组织边界的三种特

[1] Young, Dennis R. 2000, Alternative Models of Government-nonprofit Sector Relations: Theoretical and International Perspectives. Nonprofit and Voluntary Sector Quarterly 1.

[2] 黄晓星、杨杰:《社会服务组织的边界生产》, 载《社会学研究》2015 年第 6 期。

[3] 吴炯、胡培、任志安:《企业边界的多重性与公司治理结构》, 载《经济科学》2002 年第 6 期。

征：行为者（结点）、结点间的关系和它们之间的活动特征。其中，行为者特征强调成员资格标准，关系特征通过互动频率等指标界定特定社会关系中的行为者，从而确定系统边界，活动特征则将个体活动的变化视为系统边界。显然，行为者的视角强调系统的成员资格标准，而关系与活动视角则强调系统边界的行为标准。此外，场理论以网络结点作为分析工具认为各个结点的集群和交互作用形成了场，并对各个结点产生场力，场对于活性结点发挥辐射作用的极限即为网络组织的治理边界[1]。

以上观点固然有助于我们认识组织的边界是什么，但是对于平台这样的崭新组织形式，缺乏有效的解释能力。一方面，平台具有准公共的管理职能，其跨边网络效应使得其兼具市场和公共管理的双重功能，且其管理所涉主体完全突破了既有行政结构的框架限制；另一方面，平台自身仍然以营利为目的，尽管这种营利是通过平台效应的发挥所获得。因此，其与传统的企业法人或者社会组织均展现出完全不同的特征，对其边界的分析需要借助更为宏观的理论视角。

系统论的相关理论着眼于对全社会系统的简化解释，有助于我们深入地认知和解析平台作为一个系统的种种特性。本章将基于系统论的沟通和自创生相关理论对以上问题作一分析，并尝试在此基础上进一步厘清平台治理的边界问题。本章问题的背景预设是平台治理边界的厘清是开展治理活动的起点，治理边界的界定是治理活动的基础工作，对平台治理的结构、机制、模式等的讨论均需在治

[1] 孙国强、李维安：《网络组织治理边界的界定及其功能分析》，载《现代管理科学》2003年第3期。

理边界的基础上展开。从本质上来说，平台系统隶属于社会系统的组成部分，是卢曼意义上的组织系统。而平台的规则隶属于社会规范的一种，在中国的语境下，其更是与法律、国家政策、党的政策以及其他社会规范一起构成了特有的中国规范体系。即使从传统的规范法学的眼光来看，这一规则体系也具有和法律体系完全不同的特征，如制定主体由非国家的私人主体或组织来制定，制定程序是通过内部的渠道，更重要的是，其实施效力通常仅仅只及于组织内部，并且在其内部的权威性和应用频次还远远超过一般的法律规范，正如高校、其他社会组织内部的章程、规范、守则一样。

如果仅仅在这个意义上，似乎讨论平台规则的边界已经没有意义，传统的法律多元主义和软法的有关讨论似乎已经穷尽其词[1]，各类社会组织的规范与法律的边界似乎也已基本厘清，但我们需要注意的是，平台规则之所以值得我们特别的关注是因为其自身的特性，即平台在本质上已经成为一种全新的社会资源配置方式，只有从平台在全社会的结构性定位出发，我们才能融贯地去认识平台及其规则。正因为平台及其依托的互联网、大数据等也已耳熟能详的技术成为全社会主导的商业模式和生产方式，其在人们生产生活当中也已接近水乳交融的渗透率，平台规则才值得我们深入探讨；正因为平台的规则体系已经并继续对我们的生产生活产生极深极广的影响，并与传统的法律体系、政策体系等内容产生交错丛生的效果乃至混淆困惑的可能性，才需要厘清平台规则及其治理的边界。

[1] 参见刘作翔：《当代中国的规范体系：理论与制度结构》，载《中国社会科学》2019 年第 7 期。

## 第一节　网络平台的组织边界

通常意义上的边界指的是指组织和环境的界限，即组织终止之处和环境开始之处[1]，被适当维持的边界有助于组织的理性化行为。在哈丁的“公地悲剧”（1968）概念提出之后，人们很快认识到私人自治和政府规制两种方案的不足，因此以奥斯特罗姆为代表的学者开始关注多中心的治理，即在“清晰划定边界”的基础上推动组织和政府等部门之间的合作。据此，平台治理的边界首先应确定组织边界的界限。

在传统理论所主张的组织和规则边界都难以恰当地描述平台边界的情况下，就需要新的理论工具来重新理解边界的含义，卢曼的自创生系统理论为此提供了一条新的思路。传统理论对平台的描述主要是“结构主义式”的，即根据构成平台的结构性要素来界定平台与外部的边界，与之不同，自创生系统论则以系统的运作为基点、并以建基于其上的内部结构来解释系统与环境的边界。于是，在自创生系统论中，运作和结构的地位就发生了相应的倒转，不再是它的结构决定了系统具体的运作，进而划定出系统与环境的边界，而是由运作的自我再制生产出了系统和环境客观的边界差异[2]，结构则依附于运作为其持续的再生产提供指引。

在对系统理论的阐释过程中，卢曼的理论借鉴了自然科学、人

[1] PFEFFER J，SALANCIK G. The External Control of Organizations：A Resource Dependence Perspective. New York：Harper & Row，1978.

[2] Niklas Luhmann，Introduction of Systems Theory，trans. Peter Gilgen，Cambridge：Polity Press，2013，pp. 52—54.

文社会科学、哲学等领域的诸多理论积淀，据此才得出其具有独特本体论、认识论和方法论的系统理论。其系统理论的独特性是不仅注重系统与环境的区分和关联，也注重对系统内部运作和因素的分析，其对系统与环境的分析是并重的，二者是不可偏废的研究对象，因此，卢曼才提出了其著名的命题“系统的特性是运作封闭而认知开放”，进而在此基础上对系统与环境的边界或者说系统本身的界限进行了说明。在对社会系统如何生存运作的解释中，卢曼始终将沟通放在最为重要的位置，其认为沟通是社会系统得以存在和运作的基本条件，唯有通过沟通社会系统才能够以简单化的原则来化解其与环境的复杂关系，也正是不同的沟通渠道导致了系统的功能分化。社会的自创生（或自我生产）与再生产无不是通过沟通才得以实现，这种沟通是一种复杂的社会自我选择活动，由言语、行动、理解三大因素构成。其认为，作为人类存在和生存条件的社会系统总是从时间、事物、社会三个维度尽可能减少复杂性，并因此维持系统和环境的适当边界，以利于系统相对独立的运作及其与环境之间的适当关系。[1]其背后的理论支撑之一是生物学者马图拉纳的生命系统模式，该模式在把系统看做是其组成要素自我生产所构成的基本单位的同时，强调系统的内在组成要素的循环重复的互动性质，进而强调系统自我生产其边界的可能性，以及系统各个组成要素参与此种系统边界界定的互动活动。

卢曼认为由沟通引起的自我生产是封闭的，即沟通只能在系统内部进行，沟通是系统内部的沟通，社会系统的边界是一切可能有

[1] 高宣扬:《卢曼社会系统理论与现代性》，中国人民大学出版社2016年版，第136页。

意义的沟通的边界，特别是那些有可能被行动者把握和了解的沟通的边界（Luhmann，N. 1982：73）。在沟通的双重偶然性中，卢曼认为由于相遭遇而出现的两个心理系统虽然相互渗透，但仍然保持着各种的边界和自律性，即无论自我的意识层面如何理解、把握其他行动者的期望和计划，其他行动者的系统始终都在自我及其行动系统的边界之外，因而始终都以其独立的运作逻辑而继续发生自我所无法控制的影响力。[1] 此外，卢曼认为具有生命的、自我再制的系统的封闭性与开放性之间有着条件关系，系统与环境之间的交换形式不是由环境而是由自我再制系统的封闭性组织方式来确立的。自我再制系统的封闭性是其组织开放性的前提。[2]

据此，我们认为在卢曼的系统理论中系统是拥有边界的，系统的边界即为其沟通的边界，这种沟通则常常是通过符号体系的、有意义的沟通，通过沟通媒介——通常是象征性一般化的沟通媒介——进行。各种语言、符号、象征作为意义沟通的中介在沟通过程中不断使得意义本身复杂化，从而使得意义自身不断分化并产生新的自我参照系统，也使得人类在面对越来越复杂的沟通系统时得以将其导入由多层次社会所构成的不确定领域之中。除了适用于所有社会的媒介——语言和文明社会出现后适用于所有社会的媒介——文字、电子媒介、印刷术之外，现代社会的特定领域均使用特定的象征性一般化的沟通媒介——“真理”“爱”“金钱”“艺术”“权力”等。这些沟通媒介作为一种象征性的密码促使

[1] 高宣扬：《卢曼社会系统理论与现代性》，中国人民大学出版社2016年版，第157、164页。

[2]［德］克内尔、纳斯海：《卢曼社会系统理论导引》，鲁显贵译，台湾巨流图书公司2000年版，第67页。

了各种象征和符号得以相互连接，其如同符号之间相互连接的准则那样运作，从而使得社会系统内部的沟通成为可能，[1]并进而将象征符号所指称之物与其他领域的界限标示出来，[2]以有效达成沟通目标。

交易平台作为一个自创生的系统，其内部的沟通具有经济系统、信用系统、技术系统内部沟通的相似属性。比如，平台以营利为主要目的，其沟通媒介就是金钱或者支付；平台以信用作为支撑，那么为沟通媒介就是有信用或无信用的社会规范与道德判断；平台以技术架构作为底层运营逻辑，其沟通媒介就是算法或代码；平台以内外部的各种规则作为运行的机制保障，其沟通媒介就是合规或者违规。平台的沟通媒介的边界即为系统的边界。因此，在金钱、信用、算法、合规之外的领域即为平台所无法胜任治理的领域，或者说它们均属于平台的环境，这一环境的构成当然十分复杂，经济系统、政治系统、心理系统均从不同层面对平台系统构成激扰。平台系统通过自我封闭的组织形式来实现其开放的前提，也就是说，平台内部的自组织、自治理是其实现系统开放和外部治理的前提。对此，托依布纳也认为，法律的自治以及该自治与其他社会子系统的关系，是自创生理论贡献的两大主题。[3]

[1] 高宣扬：《卢曼社会系统理论与现代性》，中国人民大学出版社2016年版，第152页。

[2]［德］玛格特·博格豪斯：《鲁曼一点通》，张锦惠译，台湾暖暖书屋文化事业股份有限公司2016年版，第154—159页。

[3]［德］贡托·托依布纳：《法律与社会中的自创生：对勃兰根堡的反驳》，冯健鹏译，《法哲学与法社会学论丛》2007年第1辑。

## 第二节　网络平台的规则边界

在讨论平台治理的边界之前，有必要明晰组织边界与治理边界的区别。网络组织的治理边界是网络组织运作管理的对象和范围，是对构成网络组织诸结点协同运作领域的界定，即结点、职能责任以及治理活动的范围，是网络组织对各个结点产生效应的界限。[1]如果说治理边界是一个动态过程的界限，其关注行动者的活动频率，那么平台组织的边界就是一个静态的界限，其关注的是行动者的活动范围。平台体现了网络虚拟社会和现实实体社会高度交融的特征，其既具有网络社会无边界、“去中心化”、话语权分散的特性，也具有现实社会以人的连接互动为形式、以制度法律等为质料的社会特性，并力求以多元主体的普遍认同谋取正当性和合法性。

传统严格有限的组织边界严格制约着企业适应环境的需求，组织扁平化、去中心和无边界的新组织模式——云组织，是互联网时代快速变化的商业环境的适应策略，并催生了微观的市场组织形态——平台型企业，以提供资源的整合与合理配置。云组织在进行管理的时候就是要去行政化、去中心化，不断的扁平化，将权力不断下放，企业的管理者是资源的分配者、规则的制定者和秩序的维护者，并需要不断作出正确决策。然而，平台组织无边界催生的是一系列治理难题和争议，在网络无边界和信息无边界之外还意味着治理的有边界已经成为一种共识，没有治理，网络同样会成为充满

[1] 孙国强、李维安：《网络组织治理边界的界定及其功能分析》，载《现代管理科学》2003 年第 3 期。

无序、混乱的世界。

## 一、网络平台的规则边界

在对法律系统的分析中，卢曼从社会系统的意义结构及其运作去观察法律系统的特征，其认为作为人为建构的法律系统，必须以共同生活在一起的人们的共识为基础，该共识是在沟通过程中实现的。但是，法律系统一旦建立起来就获得了自律性，即独立于人们的意识进行自我运作的沟通，对内部各个因素加以协调后实现自我生产与自我分化。也就是说，法律系统的沟通边界产生于沟通、形成于沟通，并在实现边界之后进行进一步自我运作的沟通，从而在化解环境复杂性的同时实现自身的丰富性。

由于没有外在制度规则的充分供给，为了应对复杂的周围环境，平台规则不断进行自我调整和分化，在此过程中排除和减少环境因素的干扰，并获得越来越强大的自我生产能力。平台正是通过规则才建构出自身运行的稳定秩序，同时也逐步实现自身运作治理的边界。这一规则体系在内容上主要表现在三个方面：针对卖方——有关交易秩序的规则（店铺准入、展示、假货的控制、货品安全或质量的保障），针对买方——有关信誉保证的规则（评价、奖惩），针对买卖双方——有关纠纷解决的规则，有关协商共治的规则。

平台规则系统的运行是通过内部各个要素之间的沟通进行的。这个要素与凯尔森意义上的法律规则结构三要素——假定、行为模式、法律后果——有着明显的不同，其更多是功能意义上的。比如，规则的制定主体是作为不同角色的个体或者组织形式，规则的制定程序是基于合意和开放的种种程序形式，而规则实施和运作则通过各种惩戒与保障机制得以实现。这些不同的沟通要素在平台这个特定的系统中遵循两种运作逻辑——经济逻辑与公共逻辑，其分别对应平台作为交易主体和交易组织者的双重角色，其运用的象征性一般沟通媒介分别是“金钱”与“责任”，辅之以算法、信用等。对此，《消费者权益保护法》第44条等条款已经有所规定，相关学者将平台内部职能从功能意义上概括为：（1）经营主体审核；（2）制订修改商家协议、网规；（3）维持经营秩序义务；（4）知识产权保护义务；（5）纠纷调解制度；（6）信息存管；（7）配合执法。

## 二、网络平台规则与诸规范的边界

### （一）与法律规范的边界

#### 1. 主体边界

关于平台规则和法律规范的关系，莱赛尔认为其界限在于，到底是通过被法院裁决（制裁）来实现还是仅仅通过社会压力得到保障作为判断标准。凯尔森也认为，法律和其他规则的区别在于法律是一种特殊的技术、一种强制性秩序。[1] 在西方法理学研究视野中，凯尔森较早地将“法律规范”作为构建法理学理论体系的基本范畴进行分析[2]，其将规范与规则分开，认为“规则”更多带有客观性和必然性，如自然规律和科学定理，而“规范”更多表达了人们的主观意志，即“规范表示这样的观念：某件事应当发生，特别是一个人应当在一定方式下行为”，如此，[3] 规范具有了应然上的

[1] 刘作翔：《当代中国的规范体系：理论与制度结构》，载《中国社会科学》2019年第7期。

[2] 陈历幸：《社会视野下的科技法律塑造——以政策与法律的关系为重心》，复旦大学出版社2011年版，第170页。

[3]［奥］汉斯·凯尔森：《法与国家的一般理论》，沈宗灵译，中国大百科全书出版社1996年版，第37、39页。

意义。因此，凯尔森的法律规范与一般规则具有了明确的界限，即“一个规则之所以是一个法律规则是由于它规定了一个制裁”[1]，法律是一种强制秩序，法律规范的主要问题是基本规范以及制裁，前者规定着法律规范的纯粹性，后者保证着法律规范性的实现。[2] 在英国法哲学家哈特看来，凡是以“义务术语”加以表示的行为标准即属于规则之列，法律也是社会中的“规则”之一[3]，社会中存在许多不同于法律的“规则”如习惯、道德、宗教，等等，这些规则与法律规则一样发挥着调整社会秩序的作用，作为一种规则的法律和其他社会规则的区别在于压力的强度不同，“对规则背后社会压力的重要性和严厉性的坚定态度是确定它们是否被确认为引起义务的主要因素”[4]。冯·赖特也认为，法律规范必须具有的要素包括：一是有资格发布规范的权威（如议会）；二是规范所指向的人，即规范主体；三是规范的制定或者发布；四是如不服从将施以有效的制裁或者惩罚威胁。[5]

据此，平台规则与法律规范的规范主体边界在于其组织的权威性、强制性和规范主体（即调整对象）对规范的内在接受程度。第

[1] [奥] 汉斯·凯尔森：《法与国家的一般理论》，沈宗灵译，中国大百科全书出版社 1996 年版，第 30 页。

[2] 在凯尔森的理论中，“制裁”与法律的“效力”（validity）相连，而法律的“实效”（efficacy）则并非法律规范理论所需处理的问题。参见［奥］汉斯·凯尔森：《法与国家的一般理论》，沈宗灵译，中国大百科全书出版社 1996 年版，第 31 页。

[3] 陈历幸：《社会视野下的科技法律塑造——以政策与法律的关系为重心》，复旦大学出版社 2011 年版，第 173 页。

[4] [英] H. L. A. 哈特：《哈特的概念 …… 显等译，中国大百科全书出版社 1996 年版，第 87—88 页。

[5] Georg Henrik Von Wright …… ndon: Routledge & Kegan Paul Ltd, 1963, p. 7. 转引自 …… 构及表达——一种实证的分析理论》，载《法律科 ……

一，从组织权威性来说，平台规则的制定和执行主体主要是平台，而法律的运用主体则是各个权威部门。平台规则体现的主要是平台内多元主体的意志，其中以平台经营者的意志为主，而法律体现的是国家意志和公共意志。这种权威性直接导致其组织运作的二元符码到底是合法 / 非法，还是合规 / 违规。这在平台的纠纷解决机制中表现得尤为突出，平台通过内部投诉渠道和独创的“小二”居中裁断模式、“大众评审”模式来对其内部纠纷进行裁断，然而这种多元纠纷解决渠道之一当然不具有放眼全社会系统的最后权威性，其沟通媒介不可能是权力自身。第二，从适用范围和强制力来看，法律的制定具有普适性，其适用对象是一国之内的所有成员，是一国内大部分社会成员习惯遵守的行为模式，这是其社会学方面。[1]法律依靠政治系统（立法、行政与司法机构，即广义上的政府[2]）的强制力作为保障，并以民事、行政和刑事责任的追究作为制裁手段。而平台规则的适用对象仅仅是平台系统内部的利益相关主体，其主要依靠双方的契约和自觉遵守得以实施，尽管平台可以通过内部规则采取一系列的惩罚措施，如制止、删除、禁入等，但强制力比较孱弱，且缺乏明确的合法依据[3]，用户与商家随时可以通过撤销合作关系而规避惩罚，以至于仍有不少平台纠纷会诉诸法院。第

[1] 哈特将接受规则指引的社会惯习实践称为“社会学——心理学之行为事实”，参见［英］H. L. A. 哈特：《哈特的概念》，张文显等译，中国大百科全书出版社1996年版，第362页。

[2] 陈历幸：《社会视野下的科技法律塑造——以政策与法律的关系为重心》，复旦大学出版社2011年版，第144页。

[3] 如《电子商务法》第36条规定，“电子商务平台经营者依据平台服务协议和交易规则对平台内经营者违反法律、法规的行为实施警示、暂停或者终止服务等措施的，应当及时公示”。法律授予平台的协议规则制定权力态度比较模糊。

三，从规范主体的内在态度来看，法律因其权威性和规范性使得人们具有一种接受的规范态度或者关于规则的内在观点，其具体表现是人们将法律规定的行为模式作为未来行为的指导以及合法与否的评价标准，这是指心理学方面。[1] 而平台的规则更具有平台系统内社会规范的意味，与法律的内在认可和遵从程度上存在差别。

在平台自身运行有序的情况下，法律无须过度介入，更何况，许多社会规则本身即产生于法律之前，并以其内部秩序规范来维护社会的有效运行，且自发秩序往往会通过作为其要素的个体规则来不断调试自己的行为。作为进化论理性主义者的哈耶克认为，需要以立法的形式对自发生成的规则加以纠正的首要场合是自发秩序在发展中陷入了困境，且仅仅凭借其自身的力量无法摆脱或者无法以很快的速度摆脱。[2] 因此，法律只有在平台规则无法处理其内外纠纷或者引发社会争议时才得以介入。在面对具有创新引领的技术领域，法律尤其要克服自身的“父爱包办情结”，不要试图将所有的社会关系均纳入法律的视野。

2. 内容边界

平台内部主要处理的是民商事交易纠纷，其主要针对的是平台内部双边市场的双方之间即消费者与平台商家的纠纷。法律对平台规范的干预方式通常是在立法层面设置责任、数据权属确定、发放牌照、打击不正当竞争以及审查合同等，在司法层面由法院等机构主要处理知识产权纠纷、不正当竞争等富有社会影响力的案件。这

[1] [英] H. L. A. 哈特：《哈特的概念》，张文显等译，中国大百科全书出版社 1996 年版，第 362 页。

[2] [英] 弗里德利希·冯·哈耶克：《法律、立法与自由（第一卷）》，邓正来等译，中国大百科全书出版社 2000 年版，第 135 页。

些案件的争议双方通常是双边市场的双方平台商家，又或者是平台商家和平台两方。

一方面，平台内部的大多数纠纷由于数额标的较小，均通过内部在线纠纷解决的方式得以结案，其体现了平台“不断分流、尽快结案”的追求。这种追求相比法院更容易通过平台内部的技术架构得以解决，如平台内部的投诉机制、仲裁机制等，其主要针对的是平台内部双边市场的双方之间即消费者与平台商家的纠纷。在淘宝的消费者投诉页面中，其投诉原因分为以下几类：（1）发货问题（缺货、错发、漏发、少发、延迟发货等）；（2）承诺未履行（赠品、换货、发票、物流、包邮、自行承诺未履行）；（3）骚扰他人（频繁骚扰他人、辱骂 / 诅咒 / 威胁）；（4）卖家拒绝使用支付宝担保交易。

另一方面，平台中知识产权纠纷、不正当竞争纠纷等技术疑难或者富有社会影响力的案件必须要通过法院来解决，这些案件的争议双方通常是双边市场的一方平台商家之间的纠纷，又或者是平台商家和平台之间的纠纷。法律在司法过程中会适度吸纳平台中具有普适性的规则。此类案件诉诸法院的原因是平台沟通逻辑中的营利性不足以应对平衡诸多主体的利益需求，又或者平台能力的局限性导致其无法在法律制度空白或者缺陷地带进行自我执法。以打假为例，平台虽然能够通过技术监控杜绝假冒伪劣商品在平台上的长期展示，但是对于线上假货的源头，线下商品的查验销毁便无能为力，此类案件只能通过工商执法部门或者法院判决执行加以解决。

诉诸法院的网络商品交易纠纷通常分为以下几类：（1）由于商品卖家对商品说明不周导致卖家对商品性能误解的纠纷。（2）售后服务引起的纠纷。（3）因快递公司丢失、损坏消费者商品引起的纠纷。（4）商品质量不合格的纠纷。网络购物合同纠纷被告以阿里巴

表 4-1 近些年来阿里巴巴涉诉典型案例

| | 典型案例名称 | 案例类型 | 审理法院 | 案例典型性 |
|---|---|---|---|---|
| 平台作为诉讼当事人一方 | 2018 年，阿里巴巴状告“美丽啪”平台 | 刷单炒信纠纷 | 杭州市中级人民法院 | 《反不正当竞争法》施行后，电商企业起诉第一案 |
| | 2018 年，阿里巴巴起诉 3 名网络差评师 | 刷单炒信纠纷 | 江苏省海门市人民法院 | 全国首例电商平台诉差评师“1 元官司”案 |
| | 2016 年，淘宝反诉李某刷单、虚假交易案 | 刷单、虚假交易纠纷 | 杭州市余杭区人民法院 | 全国首例电商平台诉“刷手”案 |
| | 2018 年，淘宝诉美景公司数据产品不正当纠纷案 | 数据产品权属争议、不正当纠纷 | 杭州市中级人民法院 | 全国首例涉及大数据产品法律属性及权益归属案件 |
| | 2018 年，淘宝诉许某等网络服务合同纠纷案（2013 年，淘宝诉袁某网络售卖假冒著名运动商标货品侵权案等） | 侵害平台商誉、侵害消费者权益、知识产权纠纷 | 上海市第一中级人民法院 | 最高人民法院发布的第一批涉互联网典型案例，民事合同纠纷 |
| | 2017 年，乐动单方面要求阿里云删除服务器数据并提供用户信息案 | 用户数据隐私保护纠纷 | | |
| | 2011 年，衣念（上海）时装贸易有限公司诉浙江淘宝网络有限公司、杜国发侵害商标权纠纷案 | 商标权权属纠纷、知识产权纠纷 | 上海市第一中级法院 | 上海 2011 年知识产权十大案件 |
| 平台消费者诉平台商家 | 消费者陈某状告日籍淘宝商家食品安全案 | 食品安全、交易纠纷 | 上海铁路运输法院、上海三中院 | |
| 平台商家诉平台商家 | 2016 年，淘宝店主王某诉另一店主江某恶意投诉假货案 | 商家不正当竞争、知识产权纠纷 | | 杭州首起电商恶意投诉案 |

资料来源：根据中国裁判文书网、北大法宝相关资料作者自制。

巴旗下平台网站为主。在被告为法人身份的案件中，由于超过50%的市场份额，阿里巴巴旗下公司（浙江天猫网络有限公司、浙江淘宝网络有限公司、浙江天猫技术有限公司）案件量在电子商务领域占比达17.92%。截至2019年8月31日，在北大法宝以“淘宝”为关键词精确搜索司法案例，可以得到指导性案例4篇、公报案例5篇、参阅案例9篇、应用案例94篇、经典案例211篇、法宝推荐案例3万多篇，普通案例10万多篇。

以上的典型涉诉案例中，其中淘宝平台作为诉讼主体一方的案件主要涉及：一是侵害商誉和平台秩序，刷单炒信行为；二是侵害知识产权，制假售假行为；三是用户隐私与数据保护。其关涉的是淘宝作为一方主体的权益。而淘宝用户之间的纠纷主要涉及食品安全、知识产权恶意投诉等。这些事项为平台自身无法完全掌控，无论是规则制定、源头把控还是形式或实质的审查、惩罚措施，平台都已经体现出自身的局限性。比如在衣念公司与淘宝的纠纷案中，淘宝数次在答辩中称，其每日需要应付3000多条被投诉的商品信息，其中80%的信息会通过内部渠道直接删除[1]，尽管如此，囿于人力和技术，仍然会遗漏一些有可能形成知识产权侵权的投诉处理，从而给知识产权权利人造成很大的经济损失，因此才需要代表公共利益和权威的法院来判准。

（二）与其他规范的边界

平台规则本质上是一种社会规范，其与法律规则、党内法规、国家政策等诸规范共同指引社会运作。对以平台规则这一类典型的

[1] 参见上海2011年知识产权十大案件之七：衣念（上海）时装贸易有限公司与浙江淘宝网络有限公司、杜国发侵害商标权纠纷上诉案〔衣念（上海）时装贸易有限公司诉浙江淘宝网络有限公司、杜国发侵害商标权纠纷案〕。

具有自组织性质的社会规范而言，有学者认为其是未来社会治理中国家法律调整下的社会自治的主要规范类型。其在平台这个场域里发挥作用，规范效力来源于自身的赋能。[1] 从近些年兴起的软法理论来看，平台规则也属于网络软法的一种，在平台这个特定场域中发挥作用，兴起与平台治理模式的兴起之间相互强化。[2] 平台与其他社会规范的关系本质上是法律多元主义所讨论的内容，在法律多元主义者看来，“法外看法”的研究范式导致了对法律渊源多元属性的划分，这与系统理论的关联在于丰富了对法律规范系统的认识，并从功能属性出发对社会规范结构进行了更为准确的界定。

平台规则作为一个自成体系的系统，其整合了信用、道德、技术、市场等领域的内容，内部自成体系并与法律规则系统一样是一个拥有多重一般性沟通媒介的自创生系统，其认知层面的开放性决定了其内部封闭的规范内容将越来越复杂而丰富，从而以内部的复杂性来化解环境的复杂性，达成平台的稳健生长。在法律规则暂时滞后从而无以应对平台所面临问题的新地带，规则自我运作以促进产业生长，但是这种生长很容易面临无序和“失范”，从而又重新引起法律规则的反思与改进。

1. 平台“二选一”中的规则自我调整

平台“二选一”主要是指互联网平台企业利用自身的市场优势地位，迫使其用户或者商家在其与竞争对手平台之间选择其一进行“栖息”，否则即剥夺用户使用资格的行为。其典型案例有奇虎 360

[1] 刘作翔：《当代中国的规范体系：理论与制度结构》，载《中国社会科学》2019 年第 7 期。

[2] 罗豪才：《认真对待软法——公域软法的一般理论及其中国实践》，载《中国法学》2006 年第 4 期。

和腾讯QQ之间的垄断纠纷争议，京东和天猫之间关于“6·18”和“双11”胁迫商家“二选一”的竞争纠纷[1]，并在学界引起了热烈讨论。[2]

平台“二选一”的本质是为了维护和扩张自身产业利益，平台主体在政策与法律规制的空白地带实施的市场行为。其通过平台自身制定的规则得到实施，但鉴于平台自身影响力的超越时间与空间性，形成了极其广泛的社会影响——互联网的传播速率使得平台的一个决定在一个小时内就会影响到数以亿万计的用户。该行为的性质认定涉及的主要是平台规则与法律规范二者之间的冲突，即对于平台“二选一”的现象，既有的2009年实施的《反垄断法》有关滥用市场支配地位的规定已经明显滞后，对传统市场的经济规制不再合适于依托互联网的平台市场，有关相关市场的分析方法即“界定相关市场——认定支配地位——分析行为违法性”在平台语境下难以为继，仅仅就网络交易的“相关市场”如何界定在地域上人群上就难以进行。而1993年通过的《反不正当竞争法》则更是对于信息时代的崭新竞争形式无所预料，即使勉强应用作为其一般条款的第2条[3]，将天猫等平台强迫商家“二选一”的行为认定为一种

[1] 腾讯科技：《京东向工商总局实名举报阿里扰乱电商秩序》，https://tech.qq.com/a/20151103/061139.htm，最后访问日期：2019年12月1日。

[2] 参见王胜伟：《互联网行业限制交易行为的认定及管制——以3Q案腾讯“二选一”为例》，载《山东社会科学》2017年第12期。傅蔚冈：《“二选一”的商业逻辑与法律解决》，载《商业观察》2018年第1期。

[3]《反不正当竞争法》第2条规定：“经营者在生产经营活动中，应当遵循自愿、平等、公平、诚信的原则，遵守法律和商业道德。本法所称的不正当竞争行为，是指经营者在生产经营活动中，违反本法规定，扰乱市场竞争秩序，损害其他经营者或者消费者的合法权益的行为。本法所称的经营者，是指从事商品生产、经营或者提供服务（以下所称商品包括服务）的自然人、法人和非法人组织。”

新型的不正当竞争行为，也需按照对一般原则的证明举证平台的行为违背了自愿、平等、公平、诚实信用的原则，并产生了严重限制竞争的效果。然而这也与事实不符，并鉴于平台做出“二选一”行为的隐蔽性（通常为对平台商家进行私下通知的形式）而难以举证。事实是天猫或京东运用了其市场优势进行了限制竞争行为，以至于在京东和天猫的“二选一”事件中，有学者重拾《反垄断法》草案审议过程中的“滥用相对优势地位”理论，建议对平台“二选一”的性质予以重新认定[1]，以此对抗平台自身制定的规则。

因此，平台“二选一”是平台以自身规则代替或者引领法律规则的单方行为，这种规则很大程度上遵从的是商业逻辑，即单方面追求自身的市场优势地位和经济利益，却忽略了市场的竞争秩序、消费者的信赖利益和选择自由。显然，平台的规则制定和实施已经有了“越界”之嫌，从维护平台自身秩序延伸到了干预更广阔市场的竞争秩序，从而引起了消费和经营层面的“失范”。无论这种行为的合法性如何，其结果自然不是共赢的，也非消费者、平台商家等所乐见，毕竟平台控制着平台商家的“营利”接口，具有显著的营销和推广优势。而现有的平台商品供求机制不尽合理、用户需求尚不能得到精确匹配与满足，才为“二选一”提供了土壤。若要获得持久的规模效益和市场优势，平台必须调整自身的规则，以平衡自身发展、产业需求和市场秩序之间的价值。

2.“芝麻信用”中平台规则被国家规范的“收编”

在平台规则的子系统芝麻信用规则的运作中，同样存在平台内部规则与外部规范界限不明的情形。芝麻信用的个人信用评分机制

[1] 朱静洁：《天猫强迫商家“二选一”行为性质的竞争法认定——基于滥用相对优势地位理论》，载《网络法律评论》2019年第5期。

本就是按照平台自身创立的一套算法打分规则，并借助声誉机制对平台秩序予以规范，从而详细运用于与平台达成商业合作联盟的场景。[1] 这一声誉机制决定了个人数据和信息的收集、保存、评价、运用机制在其中占据最为重要的地位。

在《征信业管理条例》作为个人征信的上位法对于个体的信息权利、隐私权利以及征信的信息范围、算法模型等均规定不明，而《侵权责任法》《民法典》[2] 等对于个人相关信息权利的态度，对隐私权、数据权的具体概念保护范围界定等也并不明朗的情况下，平台之前只是在自己的官网上通过公布一系列自我创生的规则来回应各方的质疑。尽管如此，芝麻信用还是被认为“对征信的基本理念和基本规则了解不够，而且也不太遵守”[3]，从而在 2018 年得以参股形式加入由中国互联网金融协会牵头的百行征信，融入了国家个人征信机制改革的大潮之中。尽管芝麻信用对于个人征信法律规则的制定和运行作出了极其有利的探索，这一规则的进展终究要依据上位法规则的改革进展以在信息保护和数据利用的正常轨道内运行。

3. 平台劳动争议中的规则空白

平台发展中形成了许多新型法律关系，在平台经营者与平台

[1] 参见芝麻信用官网的个人信用频道 http://www.xin.xin/#/detail/1-1，最后访问日期：2019 年 12 月 24 日。

[2] 2009 年《侵权责任法》第 2 条规定：“侵害民事权益，应当依照本法承担侵权责任。本法所称民事权益，包括生命权、健康权、姓名权、名誉权、荣誉权、肖像权、隐私权、婚姻自主权、监护权、所有权、用益物权、担保物权、著作权、专利权、商标专用权、发现权、股权、继承权等人身、财产权益。”但是，有关《个人信息保护法》等法律正在纳入国家的立法规划之中，参见《中央网信办：〈个人信息保护法〉已纳入十三届全国人大常委会立法规划》，http://news.ynet.com/2019/08/28/2042998t70.html，最后访问日期：2019 年 12 月 1 日。

[3] 万存知：《为什么八家机构两年多还没拿到个人征信牌照？》，载《新金融评论》2017 年 5 月 31 日。

商家的双边市场关系之外，平台雇佣了大量的人员维持其正常运转，除却其内部工作人员的正常劳动关系之外，以外卖骑手、兼职司机、网约家政、网约厨师为代表的网约工新用工模式在实践中引发了更多的法律争议，其争议焦点集中在网约工与平台之间的劳动关系认定上。关于网约司机与网络平台之间的关系认定，在平台自身规则不足以应对争议时，外部立法也并无明确规定，既有立法采取的法律调整是“单一调整”和劳动关系认定的“二分法”模式[1]，即针对所有劳动者实行“一体适用、同等对待”的综合立法模式[2]，以从属性作为认定劳动关系的主要理论依据，尚未实现对多元劳动关系和劳动主体类型的内部“区分”。

在立法供给缺失的情况下，我国网约工的劳动关系认定在司法上也尚未形成统一标准[3]。在既有的司法实践中，通常不认为网约工与其雇主平台之间存在劳动关系[4]。然而随着对信息权力认定的改进，这种状况有所改变。在 2018 年闪送平台与其闪送员李某的劳动争议纠纷中，法院认为闪送平台通过互联网技术所掌握的信息才是最重要的生产资料，鉴于对有关信息和技术手段的掌控权，网络平台在用工关系上处于强势支配地位，因此认定平台与闪送员之

[1] 现行劳动法规则中，除了《劳动合同法》设立专节对“非全日制用工”提供了相应的特殊规则外，几乎没有针对特殊劳动者或者特殊用人单位的条款，所有劳动者和用人单位都适用同样的劳动法规则。参见谢增毅：《我国劳动关系法律调整模式的转变》，载《中国社会科学》2017 年第 2 期。

[2] 谢增毅：《我国劳动关系法律调整模式的转变》，载《中国社会科学》2017 年第 2 期。

[3] 王天玉：《基于互联网平台提供老外的劳动关系认定——以“e 代驾”在京、沪、穗三地法院的判决为切入点》，载《法学》2016 年第 6 期。

[4] 如 2015 年 2 月，王哲拴与北京亿心宜汽车技术开发服务有限公司劳动争议一案。参见案件（2015）一中民终字第 01359 号。

间存在劳动关系[1]。该案例扩展了传统的以经济从属和人格从属认定劳动关系的视角，转而诉诸于信息从属的崭新视角。且在认定劳动关系时，法院考察的核心点并非平台与其雇工之间签订的是合作协议还是劳动合同，而是实质上是否具有依附性、稳定性的持续关系。法院持有的该信息从属视角无论是实践层面还是理论层面均形成了对劳动法领域的冲击，该冲击归根结底是既有劳动法律规范无法应对互联网平台新时代需求的结果。

出现平台劳动争议规则的空白在平台规则运作边界层面来看，则是平台企业边界的模糊化对劳资双方的影响所导致的。对于平台雇主而言，因为雇员或者网约工不再具有固定的工作场所，劳动过程管控、工时考勤、工资支付、职业环境保障和工伤认定等均遭遇难题。[2] 如工伤认定一般以“工作时间、工作场所、工作原因”为要件[3]，而企业边界模糊就使得以上要件存在失灵，认定过宽会加重雇主责任、不利于经济创新与产业发展，认定过窄则不利于劳动保护和市场稳定。对劳动者而言，劳动者根据平台所分配的任务直接为消费者提供产品或者劳务，其既无固定的工作场所，无法在企业内部完成劳动给付，也无稳定收入来源，其收入主要来自订单提成，且与订单的评价机制挂钩。由于失去劳动法律和有关雇主的保护，网约工往往要直接面对不确定的市场风险[4]。因此，对于这部分网约工的劳动规则空白导致了现实中的系列“困境”。

[1] 参见2017京0108民初53634号判决书。

[2] 王全兴、刘琦：《我国新经济下灵活用工的特点、挑战和法律规制》，载《法学评论》2019年第4期。

[3] 参见《工伤保险条例》第14条第1款。

[4] 林靖：《外卖小哥抢时间交通事故高发》，载《北京晚报》2017年9月26日第18版。

## 第三节　网络平台规则的运作沟通逻辑

在治理理论的社会系统学派看来，社会系统对自身沟通的维持和更新保证了“社会的可能”以及社会秩序建立，系统理论强调社会治理任务的多系统功能分化和共同参与。系统的规则边界和组织边界令我们清晰地得出：在平台组织及其规则的运作中，诸个社会系统——政治系统的权威组织、经济系统等与平台系统形成功能分化的并行交错关系，平台一方面在运作封闭中维持着自身的边界，另一方面在认知开放中与其他系统不断互相激扰。在自身的边界内部，平台固然运用金钱、信用、算法等沟通媒介自我运作，在平台与诸系统交叉的地带，政治系统则会通过各种方式予以适当干预激扰，以维持系统进行不断的功能分化，使得社会诸多系统均能保持彼此良好的运行。这便自然引入了接下来的问题：政府与平台的治理边界究竟如何界定?

平台治理与政府治理的边界，即厘清在治理的事项或职能上，到底哪些应该交给政府等权威部门来做，哪些又应交给平台来做，二者在经济职能或者公共职能上究竟应该如何进行划分，政府的作用边界以及平台企业的作用边界在哪里，以免发生职能冲突或者职能空白的情形。因此，对在政府无力治理协调之处，制度供给的空缺之处即为平台的自我治理领域。对平台无力协调沟通之处即为政府的治理领域。

多年来，我国基本的社会结构是一种线性的中心—边缘的结构模式[1]。民族国家内部每个层级仍然存在诸多层级的封闭系统，每

[1] 渠敬东、周飞舟、应星:《从总体支配到技术治理——基于中国30年改革经验的社会学分析》，载《中国社会科学》2019年第11期。

个领域也形成相对封闭的系统，社会治理在封闭系统内进行，政策问题建构也在系统内完成，而不会关注其他系统的事务。[1]平台的事项打破了各个系统之间的封闭性，平台是一个综合的系统，其所涉事项形成了政策问题的整合，是一个弱政治的领域。部门划界的社会治理无法解决问题，反而使得问题更为复杂化，因为越来越多的平台问题表现出无法划定边界的特征。在有关平台的政策事项上，如果不去主动打破原有的政府治理模式，政府对社会问题的回应将永远慢上几拍。作为一个自我指涉的系统，自我创制的互动的封闭系统同时也有必要开放系统的边界以引入外部过程。[2]而这也正是自我指涉系统论所超越古典系统论（内在视角）和开放系统论（外在视角）的地方。即虽然我们在很多场合强调系统的自治性，但需要明确的是这种自治并非意味着和其他系统的隔离。因为离开了环境，系统也会失去意义，离开了环境的激扰，系统的运作将无法持续。因此，系统在封闭的同时必须保持对环境开放，接受环境的刺激并化约环境的复杂性[3]。平台与政府治理的关系正是如此，其在自治的同时始终保持对政治系统的开放。

在平台时代的社会结构下，我们所处的世界已经成为一个处处是中心、处处是边缘的世界。与传统商场、展销会等中间组织相比，平台交易的特点是空间上的跨区域、时间上的不间断和体量上的无限大，在平台的场域内实现了诸多主体不在场的交流。与之相

[1] 张康之、向玉琼：《网络空间中的政策问题建构》，载《中国社会科学》2015年第2期。

[2] 托依布纳：《法律与社会中的自创生：对勃兰根堡的反驳》，冯健鹏译，载《法哲学与法社会学论丛》2007年第1辑。

[3] 杜健荣：《法律系统的自治——论卢曼对法律自治理论的重建》，载《中南大学学报》2008年第4期。

应，政府治理的不足在于空间上条块分割、政出多门、部门职责与协调不足，时间上只能限于特定时间，体量上人力、财力均极为有限，所有这些因素均不利于对大平台的监管，以至于出现无力、放任—合作治理的倾向。目前，平台与政府的交叉关系主要体现在技术合作与配合执法层面。比如平台与政府的联合打假、数据共享。政府一方面尝试通过各种金融、税收、价格管制政策进行宏观调控以弥补自由市场竞争的缺陷，并且规范网络组织的形成、运作，从而有挤压网络治理边界的趋势。另一方面，则通过既有的法律和更新的立法来对平台出现的疑难问题进行规制，如已有的《知识产权法》《反不正当竞争法》《反垄断法》[1]等，以及新近出台的《电子商务法》《网络安全法》和2019年全国人大常委会业已纳入立法规划的《个人信息保护法》等[2]。

## 一、网络平台沟通的经济逻辑

从经济学的角度看来，平台经济的特殊性在于：平台的吸引力和用户黏性是平台的主要经济追求，即交叉网络外部性、同边网络效应和跨边网络效应。企业边界的划分应和企业的本质相联系，从本质上说，企业是资源和能力的集合体。科斯的企业理论从交易费用经济学认为企业的边界在于市场成本与组织成本的均衡点。兰格路易斯（1992）将现实经济活动中的资源或要素划分为两类：竞争性要素和非竞争性要素。竞争性要素主要指有形资源，如土地、劳

[1] 孙国强、李维安：《网络组织治理边界的界定及其功能分析》，载《现代管理科学》2003年第3期。

[2]《十三届全国人大常委会立法规划》，中国人大网，http://www.npc.gov.cn/npc/c30834/201809/f9bff485a57f498e8d5e22e0b56740f6.shtml，最后访问日期：2020年1月1日。

动和资本；非竞争性要素主要是指知识技术、品牌、声誉、社会资本等无形资源。由此，企业边界由规模边界和能力边界两部分组成。[1] 规模边界也称物质边界或法律边界，由企业所拥有的物质资产构成相关法律界定的边界。能力边界也称虚拟边界，是指与企业核心能力、经营使用权、战略控制力等非竞争性要素相联系的。规模边界是相对稳定的，具有清晰性和不可渗透的特点。能力边界是可变的，具有模糊性和可渗透的特点。当企业从内部获取知识和能力时，企业的规模边界和能力边界二者是重叠的。而当企业从外部获取其所需能力时，企业的规模边界和能力边界就会发生分离，此时能力边界就超出企业的范围，能力边界大于规模边界，企业的能力边界有时表现为无限扩大的趋势。

与传统的企业相比，平台的规模边界或物理边界已经消失于无形，平台的物质资产最重要组成部分即为其信息与数据资产，因此，才催生了关于“阿里到底是什么”和无边界组织的系列说法。平台的能力边界如对资源和信息、规则的分配机制等主要遵循商业逻辑，其系统论的二元符码理所当然是有利 / 无利。如在对平台内部的管理事务上平台对其商家的自我规制主要通过商业规则的制定和遵守来进行。具体包括：（1）事前的资格准入机制。平台通过对商家的登记、认证来对其资质进行把关。从《消费者权益保护法》到《网络交易管理办法》，再到地方的《杭州市网络交易管理暂行办法》等，均规定了电商主体对经营主体身份审核等义务，虽然这也经历了一个由无序到有序的过程，如阿里巴巴在 2012 年剥离了原有平台业务，将天猫商城予以独立，为规模和品牌商家入驻搭建

[1] 孙国强、李维安：《网络组织治理边界的界定及其功能分析》，载《现代管理科学》2003 年第 3 期。

全新平台，从而也为商家的资质审核认证予以分层。（2）事中的约束机制。主要包括行为约束、价格约束、假货监控等。如阿里开发了假货识别系统，通过系统的数据比对能够在第一时间发现平台上可能上新的假货，从而从源头上控制假货泛滥。平台对于商家发布广告、制定价格的约束规则也时常更新，如在新《广告法》出台之后对于平台内部发布的广告从严扩大解释应用，防止出现违规情形，以至于平台一度连以“最高人民法院”为作者的书籍也无法显示售卖。在价格引导上阿里巴巴平台时常组织聚划算、购物节等活动，集中引导商家给予让利优惠。（3）事后的惩戒机制。平台内部通过店铺降分、关闭账户等措施对发生违法违规、侵犯消费者利益的商家予以惩戒。当然，平台还为消费者搭建了店铺评分系统，从而利用声誉机制来带动惩戒机制的运行。

平台在以金钱为沟通媒介的领域是自治的，这便如判断法律系统是否自治一般，如果其成分——法律行为——形成的交互作用在运作中对于法律行为本身来说是封闭的，并且递归地产生新的法律行为（托依布纳和威尔克，1984），我们就认为这个系统是自治的。这种自治组织通常具有自创生的特征，即作为一个由特定成分产生的具有网状结构的聚合体。这些成分一方面在同一个网状结构的成分产生过程中递归地参与，且成分由系统内部成分自我生成；另一方面，组织的产生物在构成存在范围内是一个整体。在金钱为沟通媒介的领域，平台内部有一套递归适用的规则体系，其自我构成一个封闭的系统。[1]

[1]［德］托依布纳：《法律与社会中的自创生：对勃兰根堡的反驳》，冯健鹏译，载《法哲学与法社会学论丛》2007年第1辑。

## 二、网络平台沟通的公共逻辑

在以营利为追求的商业沟通之外，平台由于其日益增长的对消费者日常生活的渗透力和对大规模社会秩序的影响力，不得不越来越重视有关安全与福祉事项的社会责任问题。这一领域的平台规则更加具有开放的特性，其以“责任”为沟通媒介。与商业逻辑不同的是，其所涉事项通常位于平台系统的边缘地带。正是边缘地带的运作使得其更多感受到环境的变化，并且在这一地带会时常形成平台系统与其他功能系统的结构耦合点。[1] 平台的社会责任主要包含公共安全和公共福祉两个方面的内容，前者为控制保障事项，其对应公众最基本安全和生存需求，后者为促进鼓励事项，对应的是公众的发展需求。通常可概括为消费者权益保护、个人信息保护与数据安全、网络空间安全保障、知识产权保护、信用与市场竞争秩序、劳动就业保护与支持、技术创新与发展等。与“金钱”的沟通媒介不同，这一领域的组成成分并非完全“递归”地自我生成，而通常是外部突发事件激扰的结果，其更多体现了系统的认知开放性。平台履行社会责任的方式主要有两种：一是电子商务平台经营者决策组织，利用自身资源直接履行社会责任；二是以电子商务平台经营者为主导、利用自身影响力引导利益相关者——关联企业、非营利组织、个体共同解决有关社会问题。[2]

[1] 泮伟江：《作为法律系统核心的司法——卢曼的法律系统论及其启示》，载《清华法治论衡》2009 年第 2 期。

[2] 参见朱晓娟、李铭：《电子商务平台企业社会责任的正当性及内容分析》，载《社会科学研究》2020 年第 1 期。

1. 公共安全事项

主要包括食品药品安全、人身安全与隐私、信息与数据安全、信用秩序建设等问题。安全问题历来是平台治理争议最大、关注程度最高的问题，学界的普遍观点认为应该加重平台的责任，让平台在其交易中扮演垂直管理的主导角色前提下，提升平台的风险管理能力，保障消费安全。诸如在消费者无法甄别和控制经营者的货品和服务安全的情况下，平台应该承担相应的责任。

第一，食品药品安全。诸如共享汽车平台的乘车安全、共享点评平台的食品安全问题等，这一部分由于关乎消费者切身利益、非借助专业手段消费者无法有效识别、风险极大一旦出现问题则会产生波纹效应，平台虽然拥有先进的数据监控技术，但对于安全的监控显然缺乏有效的事中和事后执法权，平台对食品安全的责任也许只能从源头的准入许可上加以控制。最新的《食品安全法》对于电商平台的要求是实名登记，明确食品安全管理责任，且配合有关部门予以执法。

第二，信息数据安全与隐私。诸如消费者的人脸识别信息、指纹验证信息、购物偏好内容、购物浏览收藏行为轨迹记录、用户画像等。现实中，大量数字经济活动处于灰色地带。消费者个体和商家的信息在多数情况下被视为企业的数据资产，一旦被其他企业以不正当方式获得或者员工以不正当方式处理都会对企业和消费者产生财产损失和秩序受扰。2019 年，《个人信息保护法》已经被纳入全国人大常委会的立法规划[1]，立法保护意味着企业在信息安全和

[1]《十三届全国人大常委会立法规划》，中国人大网，http://www.npc.gov.cn/npc/c30834/201809/f9bff485a57f498e8d5e22e0b56740f6.shtml，最后访问日期：2020 年 1 月 1 日。

隐私层面需要投入更多的注意力。

（3）信用秩序建设。平台之所以发展壮大的几大原因便是对于物流、支付、信用的推倒与重建，以支付宝和芝麻信用为代表的信用秩序建设不仅解决了平台内部的信用评估问题，也延伸到了与消费者金融理财、衣食住行相关的各个领域，支付宝占据第三方移动支付市场 53.73% 的市场份额，其深度关系到公众的财产安全和信用评估。目前，以芝麻信用为代表的信用建设还处于初级阶段，对个体和企业可信 / 不可信的划分，还将牵扯从评估资质到评估机制再到评估依据的一系列问题。

2. 公共福祉事项

公共福祉是平台提升社会影响力和美誉度的加分项，在平台越来越成为人们衣食住行的主导力量时，平台必须借助公共福祉的诸般活动符号来树立自身作为公共福祉促进者的形象。目前，平台主要参与的公共福祉事项主要有扶贫、劳动关系和就业保障、促进市场繁荣、促进交易、保护竞争等。平台通过与贫困县或者农产品原产地居民的对接，帮助果农、菜农销售蔬果即为扶贫的重要方式之一。而对于诸如平台上从业人员——商家、客服、司机等的劳动就业保障问题更是一个平台治理的相对空白地带，自由带来的保障不足似乎已经成为平台与生俱来的缺陷和运行悖论，只是这类问题的解决已经超出了平台的能力范围。“让天下没有难做的生意”的口号本身就是以公共逻辑统领商业逻辑，平台不断提升自己的技术研发能力，诸如对阿里云技术、人脸识别技术、二维码支付技术的开发本身即为繁荣市场、便利公众的举措，通过技术促进交易正是平台壮大的根本原因之一。平台保护竞争则主要通过秩序框架的搭建、知识产权保护机制的建立构建一种较为公平的市场秩序，当然，这时常也会面临平台人力不足以应对大体量交涉而产生诸多纠纷的问题。

## 三、两种沟通逻辑下平台治理边界的功能

在商业逻辑和公共逻辑下的平台治理边界具有两种功能，第一是信息或者数据的过滤、筛选、吸纳功能，通过交易规则、纠纷处理等规则制度的自我生成，平台不断将有利于自身的信息如商品优劣势、市场竞争、顾客需求、政府政策等吸纳消化，形成自己的治理风格，并向外辐射出有关自身产出、社会责任、合作意愿等信息。第二是对环境的屏障与防御功能，抵御外部的市场竞争压力或者监管压力，防止环境中的不利因素影响自身生存发展，并促进各方参与者的协同治理，磨合边界内部各方的经营理念，促进边界内部的合作文化生成，营造边界内外有所“区分”的、有利于自身生长的文化环境。

综合来看，在平台遵从商业逻辑进行沟通的领域，政府不仅不应干涉，还应充分尊重平台运行边界，做到不越界。政府与平台治理所交叉的领域只是平台沟通的公共逻辑部分，即以“责任”未沟通媒介的领域，主要集中在维持经营秩序的事项，也即为公共安全和公共福祉两个方面。其主要包括食品药品安全、人身安全与隐私、信息与数据安全、信用秩序建设等问题。公共福祉事项主要有扶贫、劳动关系和就业保障、促进市场繁荣、促进交易、保护竞争等，如对平台之间共谋行为的规制（异化行为、寻租行为）。[1] 在这些领域，平台自身囿于营利逻辑和市场生存竞争逻辑，并不具有

[1] 阳镇：《平台型企业社会责任：边界、治理与评价》，载《经济学家》2018年第5期。

执法的权限。这一领域在国家立法上又常常是空白或者滞后的，因此平台无法充分履行责任，也就是说，“责任”这个沟通媒介在此时是失灵的。因此，便需要以另一种一般性沟通媒介——权力，这一媒介正是平台系统的沟通媒介里所无法拥有而只有政府等权威机构才拥有的。也正是这个原因，公众才对政府抱有解决社会问题的期望，其他功能系统解决不了的问题都推给了政治系统，政府因此对公共安全和福祉事项负有兜底的责任。在个人信息保护权利、消费者利益、安全监控与个人隐私利益冲突等问题越来越凸显的当下[1]，以“隐私”和“安全”为关键词的公共安全事项作为平台与政府的交叉边界更应该受到政府治理主体的保护。

## 第四节　网络平台的治理边界

海量的大数据与算法信息技术重新定义了网络平台企业组织的边界[2]。在互联网时代的平台企业已经在诸多层面打破了既有边界，逐步实现从破界、跨界到无边界的进展[3]，系统内部的封闭逐步被系统外部的各种机制予以整合而走向更多的开放。在产品层面，平台的产品营销打破了时间的界限，实现了从单一功能向产品平台的转变，为使用者从衣食住行多个领域提供满足，且任何消费者在 24 小时都可以下订单；打破了空间的界限，产品的研发、制

[1] 如 2019 年因北京地铁和杭州野生动物园的人脸识别事件引起了公众对于个人隐私泄露的普遍担忧。

[2] 徐景一、李昕阳：《共享经济背景下平台企业利益关系演变研究》，载《经济纵横》2019 年第 6 期。

[3] 李海舰、田跃新、李文杰：《互联网思维与中国传统企业再造》，载《中国工业经济》2014 年第 10 期。

造、营运、营销等均为全时运行，几乎任何一个地点的交易都能在地球上的任意角落得到回应；在运营上，企业的跨界与逆袭竞争屡屡发生，从而使得平台时常进入非相关的领域，并收获奇遇，如阿里巴巴在支付宝、物流、娱乐影视，甚至医疗健康等领域的异军突起即为明证。在管理层面，平台的无边界表现为一方面打破了企业内部的垂直边界，以事业部、中台等形式进行扁平化的管理，并鼓励员工实现自我组织式管理；另一方面打破了企业内部的水平边界，即多个部门实现融合合作，个人与部门的利益让位于企业市场利益。在操作层面，平台打破了企业乃至社会各个系统的边界，即在研发、制造、销售、物流等各个环节虚拟运作、整合社会各项资源。[1] 在这一前提下，平台与政府的治理边界问题均面临重塑的境遇。

## 一、平台自我治理的知进知退

现代平台企业的规则自我创生与边界的模糊化令平台自我治理成为一种必需，毕竟除了平台没有人能更了解其内部运作机理。对于数据、技术、信息的独家掌握令平台实现了系统内部的“独立王国”，而自下而上的自我赋权和自我制度供给使得平台在生存发展

[1] 如部分企业把研发、制造、营销、营运等区段的大量技术性或管理性难题放在网络平台，如美国“创新中心”网站上委托给众多的知识型个人或开源的个体生产者，让全世界在不同地域和不同时区的人们与企业的员工共同提供解决方案。据莱克汉尼对美国“创新中心”网站的资料研究后发现：波音、杜邦、宝洁等世界500强企业，将内部研发人员解决不了的科学、技术难题放在“创新中心”的网页上，这样可吸引全世界的顶尖智力资源来解决某一企业面临的科学技术难题。在成功解决问题的科学家中有人已经知道了问题的答案。参见李海舰、田跃新、李文杰：《互联网思维与中国传统企业再造》，载《中国工业经济》2014年第10期。

中学会了如何最大程度地争取自己的利益，维护系统的良好运转。平台的分工协作由传统的内部分工转向了大规模的社会协作，形成了从传统的纵向一体化的价值链分工体系转向了“平台—超外包”的网络组织形式[1]，平台企业自身无疑处于该网络化组织的最核心地位。所有这些特征决定了平台治理的有效程度在很大比例上依赖于平台企业组织自身的自我治理。

1. 丰富平台决策结构

在内部组织结构上，阿里巴巴平台治理的权力结构和人事任命先后经过数次大的调整。2015 年 12 月，阿里巴巴集团宣布调整组织结构，组成了由“小前台，大中台”的管理模式，由过去自上而下的“树状”管理结构变成“网状”管理结构。阿里巴巴的管理者认为这一组织结构符合大数据时代的要求：前台的一线业务去适应市场，需要反应敏捷；中台集合了整个集团的运营数据能力、产品技术能力，对各前台业务形成支撑，是新组织结构的核心动力。与此同时，阿里巴巴集团组建了平台治理部，负责电商平台的规则、知识产权保护、打假、信用炒作等管理事宜。阿里巴巴的管理者对平台治理的定位是“平台治理是阿里巴巴的生命线”[2]，其使命是研究规划整个市场机制，站在经济机制设计和实体经济架构的角度去规划工作，并充分运用平台大数据“透明”的优势去驱动治理。然而，其组织结构仍然存在过于单一的劣势，如人才结构的不完善

[1] 如 Airbnb 将固定资产（房屋）的投资成本转嫁给房东，滴滴将车辆的维护成本转嫁给车主，而饿了么将送货员的劳务成本外包给代理公司。参见徐景一、李昕阳：《共享经济背景下平台企业利益关系演变研究》，载《经济纵横》2019 年第 6 期。

[2] 张勇：平台治理是阿里巴巴的生命线，http://news.paidai.com/18146，最后访问日期：2019 年 6 月 9 日。

问题，正如阿里巴巴的管理者所言，需要建立一个由算法工程师、社会学家、经济学家、法律学者和律师通力合作的机制，进一步细化内部人才资源结构。在沟通渠道上，平台治理以信用体系、电商规则为基础，这种规则和信用体系的形成通常是在政府制度供给缺失的情况下自我创生形成的，未来平台应在规则的合法性、利益相关方的认同和价值导向上进一步提升。

2. 恪守治理限度、担当社会责任

平台自我治理的限度亦是不容忽视的问题。平台的经济沟通逻辑决定了其追逐利益的本质，平台从无到有的生存发展历程意味着其很可能时刻面临生死存亡的考验，平台规则的创生过程意味着其并非具有天然的合法性，平台时常深陷各种诉讼与政府规制案例中，意味着其规则运行的合理性也存在不足。对此，平台需要时刻保持清醒与警惕，在自我经济逻辑的发展中不断衡量内部系统的各种运作逻辑与利益，懂得自我治理的进退，在需要与其他社会系统积极沟通时则应迅速建立相关的沟通耦合机制，以达成系统之间的良好运行，实现社会系统分化中的稳定。如此，平台这一系统的区分和运作方能长久。以消费者利益保护为例，平台通过对算法的垄断引发了价格歧视、用户画像和消费习惯等隐私泄露问题。平台通过收集用户的网络使用痕迹数据来分析、预测、追踪、利用消费者的偏好和心理价位，从而进行动态差别化的定价，这是典型的被广为诟病的“大数据杀熟”行为。其中透露出平台对于技术、算法的滥用和以经济逻辑代替用户利益的趋向。

平台的公共沟通逻辑也意味着作为社会分化后的重要功能系统，平台的作为常常是“牵一发而动全身”。对数据、算法的垄断优势使得平台企业在自我治理上天然具有全局的“上帝视角”，对就业机会的创造和社会福利的累积也使得平台收获不少赞誉。与此同时，平台资本的迅即扩张与平台垄断的可能出现使得平台的利益关系开始出现分化，企业的分工方式、生产组织形式和雇佣模式均在利益分化中重塑。无论是平台“二选一”还是平台劳务众包中出现的劳务用工责任等案例，其中呈现的法律关系危机均意味着平台的发展已经在利益分配机制方面出现了较为广泛的社会质疑。因此，平台在自我治理中需进一步发挥和维护社会责任，在争取自身盈利的同时维护社会多方利益的共享，如实现数据信息利益的共享共赢，在保护个体隐私保护层面主动承担责任，避免平台利益分配失衡的加剧[1]。在促进市场合作与教育扶贫可持续发展等方面进一步发挥平台优势，以在平台愿景与市场竞争利益间谋取平衡，实现共享经济的均衡协调演进，并参与社会良好秩序的共同维护。

## 二、政府治理平台的收放克制

### （一）政府治理权力的“收”

政府作为公共政策的主体通常被视为政治系统的主要组成部分，在美国学者戴维·伊斯顿的政治系统分析框架下，政治系统是维系一个社会政治生活正常运行的有机体，由系统组织、系统成员、组织能力、成员的权威性影响力等要素组成，其主要功能是将政治输入转化为官方的决策、决定和执行活动，对社会价值进行权威性的分配。政治系统的维持通常需要两个条件，一是持续对社会价值进行权威性分配，二是谋取社会大多数成员对于这种权威分配

[1] 徐景一、李昕阳：《共享经济背景下平台企业利益关系演变研究》，载《经济纵横》2019 年第 6 期。

并把服从当做义务。一旦政治系统不能采取适度的举措来对付即将形成或者业已形成的社会压力或者政治替代力量时，它就不可能继续维持。[1]一般系统论的应用与社会系统论的论述异曲同工，具体到互联网平台的治理领域，政治系统所要做的就是对有关平台发展的重要价值进行权威分配并获得包括平台在内的社会成员的支持。

政府尤其应克制自身的权力控制本能，留意以外部秩序来侵扰内部秩序很可能会对自发秩序造成破坏。在平台治理的领域，尊重系统功能分化的趋势，不要以单一的治理逻辑尤其是政治逻辑去干预具有强烈技术创新特性的平台事务，为平台的内部治理提供健康有序的外部环境仍是政府的职责所在。以平台对其内部商家的安全审查义务为例，目前的《电子商务法》对平台施加了过重的责任，然而，以平台系统的发展逻辑来看，平台资源有限性和义务扩大化之间始终存在矛盾，由于平台掌握的商家商品交易信息数据浩如烟海，要求平台经营者对于所有商品信息予以逐一审查排除其知识产权、食品安全等隐患实在勉为其难，过多过重的压力只会损害平台经济的正常发展。因此，政府不应超越边界干预平台并令平台自身承担过多责任。

（二）政府治理权力的“放”

当然，卢曼认为，权力在社会交往中发挥类似催化剂的功能，加速或者减缓事件的触发，且在此过程中权力自身没有变化。权力更类似于一种情景，情景中的符码催化了动机、责任感，为交往双方提供具体的方向，从而保证社会系统中的一部分交往能够以权力

[1]［美］戴维·伊斯顿：《政治生活的系统分析》，王浦劬译，华夏出版社1999年版，第20—40页。

链条的形式接续运转。[1] 在平台治理的多元结构关系下，政府的公权力在协调各方利益、促进社会的广泛合作交往中发挥着不可替代的作用。至少在当前中国的社会结构下，政府部门要对平台治理过程中的各个利益相关者——行业协会、平台商家、平台运营者、消费者、公众的需求均有所回应，并在有关社会安全和福祉事项上建立从事前到事后的一系列防控机制，积极探求对平台的创新监管机制，从技术监管和多中心协同治理两个方面改进，而不是仅仅依靠单纯提高某一个主体的责任去化解纠纷。这意味着政府在治理平台的过程中需同时特别注意处理以下几对关系：

1. 促进创新与风险管控的关系

无论是从行政管理的理论还是实际能力来看，政府被普遍寄予担当一个“守夜人”的角色，即遵从一种“底线监管”的原则，最大程度降低规制的成本。也就是说，在市场、技术创新等政府无力准确判断的领域，政府应该完全放松监管，放手让企业去探索，在坚持底线监管的前提下为平台发展留足空间。而在涉及安全、社会责任等公共领域，如知识产权、食品药品安全、信用建设、劳动关系等方面，尤其是当平台自治逾越了法律的强制性规定[2] 和社会公共利益的界限时[3]，政府应该把关和适时出动，并在恰当的时机进行制度的适当供给。

我国《电子商务法》第 3 条规定：“国家鼓励发展电子商务新业态，创新商业模式，促进电子商务技术研发和推广应用，推进

[1][德] 尼克拉斯·卢曼：《权力》，瞿铁鹏译，上海世纪出版集团 2005 年版。

[2] 李长兵：《论商法的商人自治理念》，载《兰州大学学报》2014 年第 3 期。

[3] 郑立军：《平台自治规则之法律地位与合法性研究》，载《上海法学研究》集刊 2019 年第 13 卷。

电子商务诚信体系建设，营造有利于电子商务创新发展的市场环境，充分发挥电子商务在推动高质量发展、满足人民日益增长的美好生活需要、构建开放型经济方面的重要作用。”可见，对于电子商务创新的支持已经在合法性层面予以确认，尤其是在立法存在滞后和监管存在失灵的情况下，电子商务的创新技术、规则与商业模式即使在合法性层面一时难以得到确认，也应该予以鼓励尝试和发展、应用。比如对微信平台的谣言治理，在现有执法资源和辨别能力都十分有限的情况下，平台即可以采用技术创新引进 ASR（Automatic Speech Recognition，自动语音识别）、OCR（Optical Character Recognition，光学字符识别）、LPR（Link Prerecognition，链接预识别）等技术予以谣言的语音、链接、文字识别，从而提升对谣言的技术治理效率。这显然比政府无时无处的人力监控且面临保护知情权不力和破坏言论自由之嫌的悖论有效得多。以上是政府鼓励技术创新的举措，但是针对平台的未知影响和可能的风险，政府同时还要建立数字经济风险评估和预警机制，提高风险监测和处置能力，加大惩罚性赔偿力度，规避数字经济参与主体的道德风险，确保风险可防、可控，如在数据资产管理中对个人信息的保护。又如在平台用工领域，为了鼓励就业和共享经济的模式创新，政府对于平台与其合作者——骑手、外卖员的关系在初期并不干预，以此扶植新兴经济体的发展，有助于其迅速占领市场、带动就业。然而，从长远来看政府仍要注意劳资关系的平衡，在促进平台经济发展的同时注意就业人员的权益保障[1]，防止发生危害公共安

[1] 参见范围：《互联网平台从业人员的权利保障困境及其司法裁判分析》，载《中国人力资源开发》2019 年第 12 期；王天玉：《互联网平台用工的合同定性及法律适用》，载《法学》2019 年第 10 期。

全的群体性事件发生，最终使得社会利益受损[1]。

2. 问责监督与合作治理的关系

政府在越来越多的领域不得不依赖于平台的技术支持与市场合作，从而大大提升了行政效率。（1）与政府的技术合作。新技术环境对政府治理能力的提高是有益的，共享经济平台在线数字处理的方式，不仅可以强化政府监管的有效性和风险预估能力，还可追溯交易历史，减少政府开具各种证明，提高政府的收税效率。在大数据领域，全国的政府部门与互联网技术公司合作，已经形成了许多联合治理的成功模式。例如，公安部与阿里巴巴集团合作开发的儿童失踪信息紧急发布平台“团圆系统”[2]，公安部刑侦局与腾讯达成全国打击伪基站违法犯罪活动战略合作协议等。（2）与政府的市场合作，主要体现在信用领域：声誉机制、信用治理、支付、信用惩戒、信用评价等。信用联合奖惩机制、电商信用评级制度。严重失信企业、个人列入黑名单，对黑名单的主体采取行为限制和行业禁入等措施。

但是，作为社会功能分化下相互并行的系统，政府与平台的结构耦合不仅体现在以上的合作，还体现在以权力逻辑来监督平台系统的良好运行，这意味着政府还要在适当的时机对平台试行技术监管和评估问责制度，监督促进平台企业对于其社会责任的履行情

[1] 参见陈秀才与北京同城必应科技有限公司生命权、健康权、身体权纠纷一审民事判决书，（2017）京0108民初54995号判决书。耿志超：《南京半年发生涉外卖送餐交通事故3242起，“美团”占近五成》，载人民网，http://js.people.com.cn/n2/2017/0906/c360303-30702395.html。

[2] 参见新浪财经《联合国推广中国“团圆”系统，公安部与阿里愿无偿援建》，http://finance.sina.com.cn/stock/usstock/c/2018-10-16/doc-ifxeuwws4964194.shtml，最后访问日期：2019年12月31日。

况，并试图在与基本权利和公共责任紧密相关的领域将其纳入行政行为相对人的行列，作为配合政府行政的主体之一。比如，平台的透明度义务与其数据资产保护之间是一对矛盾，政府在需要的时候可以“刺破数据保护主体的面纱”，要求企业配合披露有关数据并对其数据披露与隐私保护水平予以评估问责，以便于政府进行富有针对性的调查和执法，更好地回应公众的权利诉求。此外，与政府的集权风险类似，平台对于规模数据的决策权和控制权过于集中也存在一定风险，在适当时刻也需要政府等权威系统的介入监管和问责，协助建立平台的应急管理体系、行业自律与标准化体系，实现对平台企业的智能精准治理，这意味着平台企业和政府最终会走向某种程度的数据共享与共治。

从网络规则的性质来看，其类似于公民社会或者商业团体的社会规则，也就是行政法学者讨论的软法的有机组织部分[1]，也是国家法律体系的有效组成部分。作为网络平台规则的制定主体，平台决策组织具有组织的局限性，如受到商业沟通逻辑的驱使而过多着眼于自我利益，甚至在某些情况下违背国家法治原则和公序良俗，使得平台某些规则经不起合法性与正义价值的推敲，从而引起法律体系的运行悖论。这就需要以政府为代表的政治系统特别注意对平

[1] 有学者将软法的形式概括为七种：一是公法的基本原则；二是已经形成和正在形成的宪法和行政法惯例；三是执政党的党内法规；四是宪法、法律中的宣示性、倡导性条款；五是已经形成和正在形成的公民社会规则；六是司法判例；七是行政执法基准。参见姜明安：《软法在推进国家治理现代化中的作用》，载《求是学刊》2014 年第 5 期。此外，有关软法的论述可参见罗豪才、毕洪海编：《软法的挑战》，商务印书馆 2011 年版；罗豪才、宋功德：《软法与公共治理》，北京大学出版社 2006 年版，罗豪才、宋功德：《软法与协商民主》，北京大学出版社 2007 年版；罗豪才、宋功德：《软法亦法——公共治理呼唤软法之治》，法律出版社 2009 年版。

台系统的规则予以监督，以确保规则在合法合理的边界内运行，比如以硬法的形式来适当规范平台规则的制定主体、权限范围、立法原则、制定程序，并推动建立适当的包括国家监督和社会监督两个层面的监督机制。[1] 国家监督包括行政监督和司法监督，行政监督主要指政府部门主动和依申请对平台规则的监督，司法监督则主要指由平台利益相关者向法院提起诉讼和法院通过司法审查等进行的监督。社会监督主要包括规制对象的监督和社会专门自律组织的监督，规制对象的监督指相对人通过自力救济（抗议、罢市、撤货等）和公力救济（行政申诉、司法诉讼）实现的监督，社会专门自律组织监督则指第三方仲裁或裁决机构、行业协会通过行使仲裁、裁决实现的监督。

## 小　结

平台的组织边界即为其通过各个沟通媒介构筑的边界。作为社会功能分化的产物，平台自身自成为一个独立的系统，政治系统与其在保持各自封闭的同时也不时相互激扰，以进一步维持这种功能的分化。与此同时，平台内部也不断分化出各个子系统，并以不同的沟通媒介作为其运作的简化方式，以内部复杂性的滋长来不断消减内外部的复杂性。网络平台规则与诸个规范的边界在于主体的权威性不同和内容的效力层级不同，但作为自创生的规则体系，其应该与法律规范、国家政策、党内法规是一种并行不悖的关系，是未

[1] 姜明安：《软法在推进国家治理现代化中的作用》，载《求是学刊》2014 年第 5 期。

来社会自治的主要规范类型。鉴于维持社会功能分化的初衷，政府在平台治理过程中应该恪守自己的边界范围，并在此过程中处理好促进创新与风险管控、评估问责与合作治理两对关系。

总之，平台资源要素的无边界并非意味着平台治理的无边界，平台组织通过组织架构、规则规范、技术算法搭建自身可控的能力边界。平台规则的边界意味着平台在其能力边界范围——即以“金钱”“信用”“算法”和“责任”为沟通媒介的系统边界内必须承担相应的责任，这意味着平台对其商业沟通逻辑下的内部治理事项——即作为治理主体的事项——责无旁贷，对其公共沟通逻辑下的事项，即作为治理对象的部分——也应极力承担，这些隶属于平台自治的领域。而平台以“金钱”“信用”“算法”“合规”和“责任”的沟通媒介仍然未能解决的能力边界范围之外的事项则需要法院和政府等权威部门运用“权力”的沟通媒介适时予以规范、政策和执法的支持。唯有平台和权威部门各自守好边界，在边界范围内恪守职责，在边界范围外谋取相互的合作与监督，平台治理方能健康有序运行。

本章通过对平台治理中规则边界、组织边界的分析得出了平台与政府的治理边界，鉴于平台自身是一个动态发展的过程，这一研究在未来还可以进一步对平台予以过程性的观察和检验。此外，算法架构的发展会对平台的边界乃至生死存亡起到越来越重要的决定作用，也有待于学者在未来的研究中予以进一步的关注。

# 第五章

## 平台治理：
## 基于网络平台灵活用工的观察

## 第一节　问题的提出：困住骑手的是系统吗？

互联网灵活用工模式是伴随着移动互联网、大数据、云计算等信息技术发展和平台经济模式创新出现的一种新型劳动力资源配置模式。目前，我国约有8.3亿人参与到了共享经济中，共享经济的服务提供者已经高达8400万人，同比增长约7.7%。[1] 互联网新型用工模式的最典型代表，是围绕各类平台形成的用工关系，如网约车平台与网约车司机、外卖平台与外卖配送员的关系等。2020年，饿了么、美团两大互联网外卖平台注册骑手已达到近800万人。[2] 与美国等发达国家对于网约车司机的用工关系专注较多不同，以外卖平台为代表的中国O2O（Online to Offline）平台业务发展走在世界前列，并由此带来了"外卖骑手困在系统里"[3] 的普遍关注。

所谓"困在系统"的描述过于狭义地解释了系统的含义，将骑手的管理困境与互联网算法管理困境画上等号，并将消费者和平台经营者的权力过于放大，从而忽视了平台治理的重要主体——平台

[1] 参见国家信息中心：《中国共享经济发展年度报告（2021）》，https://www.ndrc.gov.cn/xxgk/jd/wsdwhfz/202102/t20210222_1267536_ext.html。

[2] 据美团最新发布的《2020上半年骑手就业报告》显示，2020年上半年，通过美团获得收入的骑手总人数达295.2万，同比增长16.4%。

[3] 赖祐萱：《外卖骑手，困在系统里》，载《人物》2020年9月刊。

内经营者、监管部门和全社会保障系统的建设情状。这不仅无助于互联网灵活用工真问题的解决，还会误导人们对于O2O平台新业态新经济的理解，甚至扼杀新业态的业务创新和对社会就业的贡献意义。任何一项职业建设的前提均是就业，当就业机会都没有足额提供时，有关职业建设和保障的讨论也就不复存在。事实上，与外卖骑手有关的平台用工系统无论从内涵还是外延上要广阔许多，这个系统也并未如想象那般强大，相反，各方面的发展还刚刚起步和不完善。如果将治理分为内外两个维度的话，外卖骑手灵活用工的治理目前还停留在平台自治的维度，外部维度的各个社会主体和社会系统的功能并未得到有效发挥。

学术研究进展和互联网新业态的进展紧密关联，国外对于互联网经济下兴起的新型用工劳动关系及其保障的研究开始较早，其主题集中在共享经济和独立工人（或称“独立承包商”）两个方面[1]，对独立工人的研究则相对集中在网约车司机这个群体。由于国外平台用工的运作模式与我国具有较大区别，而我国以外卖业务为代表的O2O平台发展走在世界前列，目前只能依据国外文献中有关网约车司机非标准劳动关系的辨析、独立工人概念的界定来对我国外卖平台的灵活用工治理提供借鉴，如扬（Y.X. Yang）认为，随着共享经济的发展出现了劳动关系等法律问题，应通过对劳动关系的范围、认定标准、判断理论进行比较，从发展经济和保护劳动者两个概念出发，在确定劳动关系判定标准时要充分考虑新型劳动力这一非标准劳动关系的特征，避免分享经济的工人被压榨为独立

[1] Felson, M. & Spaeth, J. L. Community Structure And Collaborative Consumption: A Routine Activity Approach. Am. Behav. Sci. 1978, 21（4）: 614.

承包商。[1]罗森布赖特（Rosenblat）认为如果将驾驶员归类为雇员，那么用工平台将面临数十亿美元的压力，其商业模式也会受到巨大冲击。[2]斯泰法诺特（Stefanot）认为不能将独立工人这一群体的劳动权益、雇佣关系、社会保险等众多问题孤立起来，而是应该将其视为劳动力市场的一部分来解决[3]。罗宾（Lupion）、法瑞尔（Farrel）等学者认为在传统的雇佣模式中，劳动者享有工伤保险、失业保险等一系列社会保险和社会保障及相关福利，而独立工人在这方面的相关保障处于欠缺的状态，需要从立法等方面对独立工人的社会保障给予支持[4]。

与我国互联网外卖平台的发展相对同步，目前国内有关平台用工的研究主要集中在2016年以后。从研究内容来看，多数论文是从整体上总结共享经济的用工模式的特点、分析法律关系的界定，进而讨论规制模式的选择；也有部分论文开始关注共享经济用工带

[1] Yun-Xia Y, Department L, University N P. The Legal Comparison and Revelation on Labor Relations in the Sharing Economy Between China and the United States. Journal of Northwest University（Philosophy and Social Sciences Edition），2016，46（5）：147—153.

[2] Rosenblat A, Stark L. Algorithmic Labor and Information Asymmetries：A Case Study of Uber's Drivers. Social Science Electronic Publishing，2015，8583（4）：07.

[3] Stefanot. The rise of the just-in-time workforce：Ondemand work，crowdwork，and labor protection in the gig-economy. Comparative Labor Law & Policy Journal，2016，37（3）：471—504.

[4] Lupion，Lucy & Jill. Statutory Protection For Freelance Workers：New York City Paving The Way For Freelanceworkers（Jdsupra Research Report）. Retrieved from https://www.jdsupra.com/legalnews/statutory-protections-for-freelance-40459/；Manyika，Susan，Jacques，Kelsey，Jan & Deepa. Independent work：Choice，necessity，and the gig economy（Mckinsey & Company Research Report）. Retrieved from https://www.mckinsey.com/globalthemes/employment-and-growth/independent-work-choice-necessity-and-the-gig-economy.

来的特定问题。例如，王天玉教授从类案裁判角度通过考察不同平台用工类型认为，不同平台用工模式间在合同类型选择上具有竞争关系，这样基于现有法律规则和概念即可为司法提供一种裁判方法，减少由于平台用工创新模式的合同定性的差异导致法院“同案不同判”[1]。王全兴教授从劳动者权益保护角度认为新经济下的灵活用工规制应当满足新经济发展和解决农民工问题的双重需要，协调新经济发展与提高就业质量的关系，以及劳动力市场灵活性与安全性、公平性和竞争性的关系，并从劳动关系保护路径和一般性社会保护路径共同展开对网约劳动者群体的权益保护。在此过程中，他认为应强化平台企业的责任并创新工会组织形式和工作机制。[2]常凯教授主张回归传统雇佣关系的分析框架，确认劳动者雇佣关系，加强和改善劳动法律规制，实现劳动者权益保障和互联网经济发展的内在统一。[3]学者们固然从灵活用工治理的各个角度提出了有效建议，但囿于缺少对灵活用工管理一线的深入实证研究而未能发现灵活用工问题的深层根源所在，因此未能指出解决灵活用工治理困境的有效路径。

本章基于对互联网外卖平台灵活用工治理的有关主体的多次内外部实证调研提出了互联网外卖平台灵活用工治理模式的完善路径。本章的结构安排是在第一节提出研究问题并进行文献综述，第二节披露对外卖灵活用工人员职业现状和社会保障诉求的一项最新

[1] 王天玉：《互联网平台用工的合同定性及法律适用》，载《法学》2019年第10期。

[2] 参见王全兴、刘琦：《我国新经济下灵活用工的特点、挑战和法律规制》，载《法学评论》2019年第4期。王全兴、王茜：《我国“网约工”的劳动关系认定及权益保护》，载《法学》2018年第4期。

[3] 常凯、郑小静：《雇佣关系还是合作关系？——互联网经济中用工关系性质辨析》，载《中国人民大学学报》2019年第2期。

大规模问卷调研结果，第三节指出外卖平台灵活用工管理模式存在的问题并对问题的根源进行分析，第四节对当前互联网外卖平台灵活用工管理模式的完善给出路径建议。由于人社部已经在2020年初将外卖骑手这一职业正式纳入职业目录，并赋予“网约配送员”正式名称，本章将主要以网约配送员来指代外卖骑手这一职业。

## 第二节　网络平台灵活用工群体的问卷调查结果

目前，学界对骑手群体的研究方法和切入口还是集中在民事合同定性或者劳动关系分析等传统层面，针对外卖骑手的规模问卷调查等实证研究方法的缺失令这些研究缺乏第一手资料，因此对骑手职业保障和灵活用工治理的政策制定参考价值不足。为此，2021年1月上旬，某头部外卖平台的法律政策研究中心通过骑手接单App针对该平台所有骑手进行了一项大规模的问卷调查（以下简称“2021年平台调查”），问卷内容集中在骑手职业现状和保障诉求两个方面，问卷采取了随机抽样方法，2.6万名骑手参与了问卷调查，获得有效样本1.6万份。以下将基于调查数据对外卖骑手的治理改进进行分析。

### 一、外卖骑手的职业特征分析

骑手在文化程度上有所提升，大专以上学历已经占到超过五分之一，其中，本科以上占5.9%，大专15.81%，高中专以下占据了近80%。在户籍来源地上，安徽、江苏、河南、广东、湖南、湖北等几个省份骑手均超过了5%，六个省份的骑手共计占到了全部骑手数量的44.5%。总体来看，骑手的文化程度偏低，来自欠发达地区的情况较为普遍，外卖平台对于骑手的准入门槛较低，在《网约配送员职业标准》尚未得到普遍适用的情形下，平台对骑手的准入资格通常仅仅为提供无犯罪记录证明、健康证明等基本要件，从而为灵活就业人员进入骑手职业创造了一个广阔的门径。因此，部分管理者将涉及骑手的治理保障问题概况为“第二代农民工问题的延伸”（20201013 人社部会议记录），从骑手基本画像上来看，这个判断是准确的。

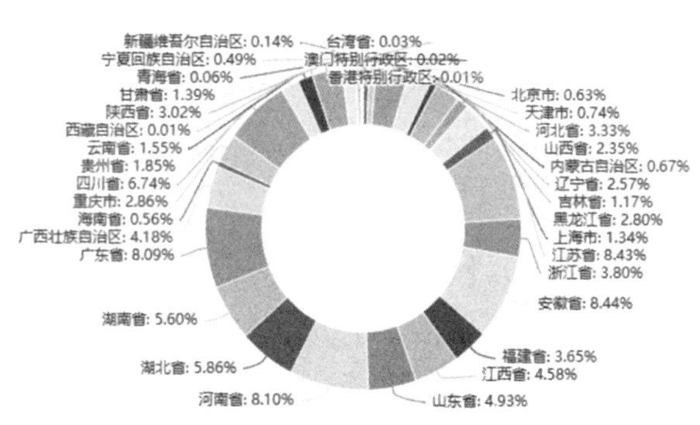


图 5-1

外卖骑手的职业呈现高流动性特征，其中，只有不到一半的骑手可以在某一家平台持续工作超过一年。44.8% 的骑手在一个平台工作了一年以上，15.9% 的骑手工作超过了半年，其余 39.3% 的骑手均工作不到半年，可见骑手工作的灵活性和流动性很高。在实践中，骑手通常是外卖人员进城后的第一份工作，有一个智能手机且会驾驶电动车即可以赚取在城市的第一笔收入，从而在该城市里生存下来，并以此谋求更多更好的就业机会。当网约配送员成为一种职业时，还需了解到其职业建设远远不足以到支撑“留住”骑手自愿长期从事这份职业的程度。

外卖骑手虽然接单相对灵活，但其工作时间普遍达到了正常的职工工作时间。2021 年平台调查显示，工作 12 个小时以上的骑手达 20%，8—12 小时的骑手达 46.8%，4—8 小时的占 24.5%，4 小时以内的则占 8.4%。超过三分之二的骑手每日工作时长超过了 8 小时。与此相对应的是，外卖骑手的收入总体较高。在骑手获得的外卖收入上，超过 6.7% 的人月入过万元，49.2% 的骑手收入在 5000 元到 10000 元之间，其余收入在 5000 元以下。超过一半的骑手收入超过了 5000 元。这一收入超过了 2019 年国民收入城镇私营单位月平均工资 4467 元（年工资 53604 元），亦接近非私营单位平均工资 7541 元。[1] 骑手的收入、工作时长和其自身对现金工资的诉求紧密相关，工作时长越长工作越努力则收入越高，在骑手这一按单计提的劳动密集型的职业表现得尤为明显。鉴于骑手尤其是众包骑手接单时间相对自由，长工时和高收入可以说是骑手的某种自愿选择。

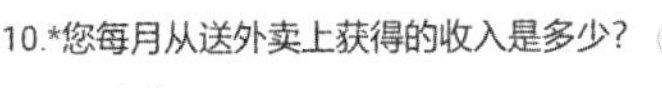


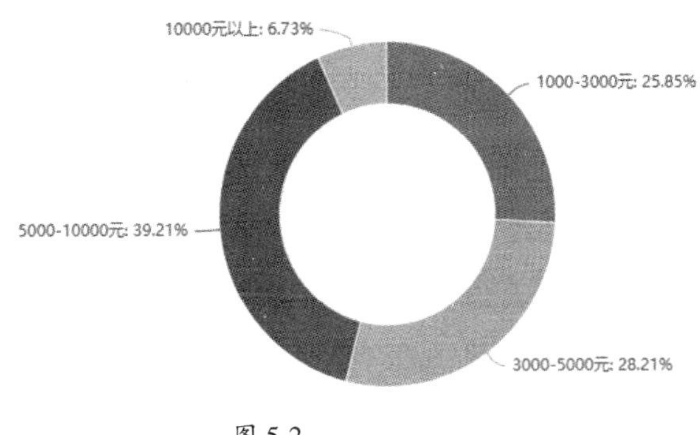


图 5-2

[1] 参见国家统计局：《中国统计年鉴 2020》，http://www.stats.gov.cn/tjsj/ndsj/2020/indexch.htm，最后访问日期：2021 年 5 月 10 日。

此外，还需注意到众包类骑手存在多平台栖息即在两个以上平台同时接单的情形。调查显示，众包类骑手有 10.8% 在三个以上平台同时接单，34.7% 的骑手在两个以上平台同时接单，45.5% 的众包骑手存在多平台栖息的情形。对于多平台兼职送外卖的原因，94% 选择为了“增加收入”，60% 选择了为了追求“工作灵活度高”。这一现象同样是长工时和高收入需求的延伸，作为一个众包骑手，其主要工作时间和中国人的用餐习惯时间高度关联，具体来说即为中国人习惯的三个用餐时间：早高峰、午高峰、晚高峰各两个小时左右，若要在这 2—3 个有限的高峰时段获得更多收入，就需在几个平台同时接单以增加计单量，从而得以高峰期之外谋取其他的生路（通常是其他诸如保安、销售之类的兼职）或者闲暇甚至是学业，这同样也是出于众包骑手的个人选择。算法的能力再大，也不可能去指示骑手必须同时接好几个平台的单。从灵活就业的角度来说，骑手这一劳动群体的就业选择和时间支配到底是被困住了还是被解放了，这是一个值得探讨的哲学问题。

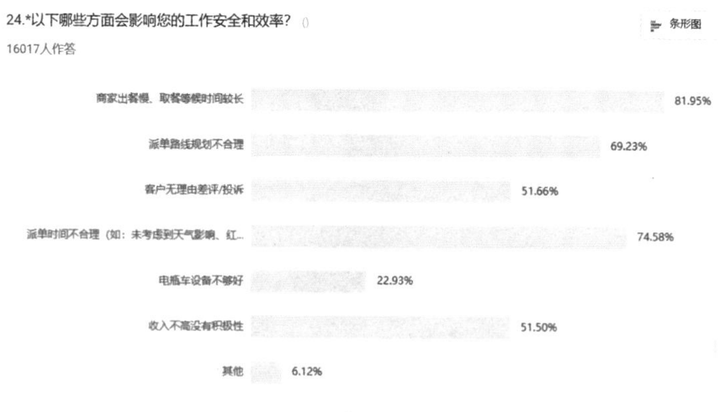


图 5-3

在最影响骑手工作安全和效率的类目因素上，82% 的骑手都选择了“商家出餐慢、取餐等候时间太长”，74.6% 的选择了派单时间不合理，69.2% 的人选择了派单路线规划不合理，51.7% 的人选择了客户的投诉和差评，51.5% 的人选择了收入不高没有积极性，还有 22.9% 的人认为是电瓶车设备不够好。也就是说，在对骑手工作效率的影响因素上，最影响骑手送餐效率的并非广为诟病的算法技术，而是商家出餐效率低导致骑手在送餐之前的取餐环节耗费时间过长，因此浪费了很多工作时间。须知，这一部分的出餐等待时间加上准备餐食前后所需的大量时间精力恰恰是对外卖需求最大的都市白领、新手妈妈、差旅人士、居家老人、租房一族、残障人士、住院病人等最希望通过外卖所节约的时间，这一对准备餐饮的时间和空间需求的社会分工转移和资源再分配也正是催生外卖市场需求的根本原因之一，这背后透露的是现代社会高房价、养育难、高压力、资源少、时间紧等效应的转移传导。因此，对于送餐取餐的信息服务优化和供需精准匹配才是提升骑手效率体感、优化社会的时间空间成本分配的关键，而这一对信息技术的改进和匹配服务才是平台作为一个决策组织、双边市场的社会责任所在。

## 二、外卖骑手的社会保障诉求

由于外卖骑手的主要工作是将商家的餐食和其他物品送到千家万户，因此骑手每日骑着电动车穿梭在大街小巷成为了新的社会现象，在此过程中，外卖骑手的交通事故发生率总体较高，这也是骑手群体在最近几年广受关注的重要缘由。2021 年平台调查显示，在送餐过程中发生过交通事故的骑手占据 63.1%，在交通事故中 78.9% 的骑手都是被撞伤的人。他们一方面迫于生计拼命接单，另一方面对于自身风险缺乏有效的认知和管理，在出现事故后通常采取一走了之、集体闹事、找媒体曝光、找平台投诉等私力救济方法，而缺少有效的合法合规途径。在交通事故发生后绝大多人都选择了“私了”，这说明私力救济仍是骑手群体解决争议的主要方式。

在交通事故发生后，68% 的骑手都选择了自费治疗，31.2% 的人选择了从来不就医（有可能是轻伤不需就医），只有 20% 不到的人选择了会使用医保报销。在导致其他人受伤后，超过 57.7% 的骑手选择了不清楚医疗费用应该由谁来出，22.4% 的骑手选择了由自己承担医疗费，其余不到 20% 的骑手选择了由代理商承担、外卖平台承担或者骑手和代理商一起承担。因此，在医疗保障这一领域，80% 的费用均由骑手通过一己之力解决，但是，显然他们的一己之力十分有限。

对于骑手而言，比未享受到社保更大的难题是他们不知社保为何物，对社会保险缺乏基本的认知和关注。如在社会保险的认知度调查上，选择完全不了解的骑手达 25.6%，选择一般和比较不了解的达 53.6%，比较了解或者了解的只有 20% 不到。也就是说，超过 80% 的骑手对于社保缺乏基本的认知。在已经享受的社保待遇上，61.8% 的人享受了新农合医疗保险，35.5% 的享受了工伤保险，32.5% 的享受了养老保险。在对社保的需求紧迫程度上，68.5% 的人选择了医疗保险，59.9% 的选择了工伤保险，58.9% 的人选择了养老保险。对于缴纳社保费用的意愿，16.5% 的人选择了不愿意缴费，超过 72.3% 的人只愿意缴纳 500 元以下。可见，骑手不仅未能充分认知、享受到社会保险，而且基于这种距离和陌生感，他们还缺乏缴纳社保的意愿，这与上文所述的骑手更愿意接受到手的现金工资是相符合的。

## 第三节　互联网外卖平台灵活用工的管理模式及问题

### 一、外卖骑手灵活用工特征和管理模式

与快递行业的发展不同[1]，外卖网约配送员作为一种物流配送模式走过的是“先发展、再管理”的历程。灵活用工需求与灵活用工业态发展息息相关，早期外卖行业骑手尚有自营模式，但随着业务的增长，很快出现了安全事件频发、劳动力供应不足、职业管控无法正常运行等一系列问题。为了将更多精力转移至业务发展，平台内部出现了管理的功能分化，即逐步将物流配送业务单独析出交给专业团队和物流代理商、人资商运营，蜂鸟配送、达达配送等物流品牌得以从大平台中相对独立专门从事外卖骑手的运营管理。

经过数年的发展演化，当前互联网外卖平台灵活用工的管理模式主要有：一是专送模式，即由配送员与平台代理商签订劳动合同或者劳务合同，由代理商为其缴纳社保等保险。二是众包模式，即由配送员在众包管理平台——如蜂鸟众包、美团众包与人力资源代理商签订配送合作协议，由人资商为其代缴人身意外险和第三者责任险等商业保险。专送模式下的法律关系由于总体接近传统劳动关系争议较小，目前学界和实务界争议较大的互联网平台灵活用工模式主要指后一种众包模式。该模式的特点是：劳动者对于承接工作任务具有一定的自主性。与传统雇员不同，他们的从业者几乎在任何时候都可以自行选择是否工作、何时工作、工作多久以及是否为其他平台公司、传统雇主或其他公司工作。这表现在：第一，时间

[1] 快递监管上我国早在2015年即通过修正《邮政法》和制定《快递业务经营许可管理办法》来规范行业，并明确了快递行业的主管部门——邮政部门。

自主，与外卖业务和人们的需求相关，网约工的配送时间主要集中在早中晚三个用餐高峰，其余时间，他们可以自由支配，不受传统工时束缚。第二，进退自主，由于没有严格的职业门槛和准入条件，是否愿意从事网约配送员职业以及何时退出是由网约配送员自己决定，不受合同期限约束。忙时回乡探亲务农，闲时送外卖挣点外快是不少骑手的真实生活状态。第三，报酬自主。目前配送员的计酬方式主要是多劳多得，如果想要更高的报酬，他们会倾向接收更多的订单。劳动者可以多个平台接单，也可以同时建立多重雇主关系。配送员很有可能白天有一份其他的工作，晚上才兼职接单送外卖。只要其时间精力允许，配送员会同时在多个平台接单。骑手在不同工作和平台之间的切换成本较低，骑手的整体流动性较高。第四，生产资料自主。在大多数地区和时间里，由骑手自备主要生产资料——手机、电动车及外卖装备，骑手与平台建立联系的劳动过程主要是从接单开始左右到送单结束这段时间。这一用工特征也导致了对骑手工作时间、工作地点和工作原因等“三工认定”的困难。

## 二、互联网外卖平台灵活用工的主要问题

在数字时代背景下，生活服务线上化、大规模人口红利、宅经济和“互联网 +”的普及令外卖业务飞速发展。互联网外卖平台是外卖骑手职业的缔造者，平台对供需需求的匹配提高了劳动者获得工作任务的数量和机会，灵活用工的发展和外卖平台的业务发展是相伴相随的密集互动关系。目前，外卖平台灵活用工的问题呈现于内外两个层面，外部问题的主要表现是骑手的雇佣关系不明确、职业保障不足；内部问题的主要表现是算法技术的相对封闭运行和商业运营的激烈竞争，二者在本质上均体现了外卖行业整体治理思路

和行业管理规范的缺失。

在平台外部，外卖骑手的雇佣关系不明，外卖平台灵活用工群体普遍缺乏职业保障或社会保障。对雇佣关系的探讨我国学界已经有很多讨论，学者主要围绕传统的“劳动三性”（人格从属性、经济人从属性、组织从属性）对骑手的用工关系是否符合劳动关系特征又或是否应该突破劳动关系框架展开，在此不再赘述[1]，对于骑手职业保障的建设和总体治理的提升才更为实务界所关注。骑手雇佣关系不明和职业保障不足带来的最大问题是一旦出现意外事故尤其是伤亡事故，骑手和第三人无法得到有效赔付，而骑手安全上最大的风险正是交通事故。根据和交通安全部门的有关调研显示，某一线城市仅在2020年前11个月就发生了200多起骑手交通事故[2]，这些事故发生后多数以商业险、民事诉讼等救济方式解决，高发的骑手交通事故正处于社会保障的空缺地带，也给司法实践带来了类案适用的不统一等裁判难题。[3]

与此同时，骑手社会保障的推行同样困难重重，一方面社会保险存在异地缴纳困难等技术问题和社保转移接续等方面的行政管理难题，一方面存在骑手缴费意愿不足和费用来源不足等问题。对于前者，部分灵活用工平台通过将骑手注册为个体工商户的形式予以

[1] 可参见王天玉、王全兴等学者的论著。

[2] 截至2020年10月30日，该一线城市外卖行业已经发生207起交通事故，其中184人受伤，7人死亡，死亡者中5起是骑手自身死亡，2起是第三者死亡。事故频发原因排名前三项分别是：逆向行驶、不按规定车道行驶、闯红灯（来源：20201211交通部门访谈记录）。参见上海人大：《〈上海市非机动车安全管理条例（草案）〉提交二审，从平台入手解决“计时沙漏”导致的安全隐患》，http://www.spcsc.sh.cn/n8347/n8483/u1ai224694.html，最后访问日期：2021年2月1日。

[3] 参见最高人民法院、武汉大学：《2021年类案法律适用统一高峰论坛论文集》。

解决，如此可以令骑手自行缴纳社保，但这只能覆盖一小部分骑手。社保手续的繁琐和户籍门槛、技术门槛总体制约着骑手这一流动人口的保障。个中缘由正是社会保障的属地化管理以及人口的户籍绑定等固化行政已经难以跟得上我国当前人口大规模流动、灵活用工群体庞大的现状需求。骑手群体总体年轻，但他们同样是子女、是父母，会有跑不动的一天，目前自给自足的状态无法应对他们的未来。对于后者，骑手缴纳意愿囿于骑手的受教育程度、社会经历和切身需求，2021 年平台调查显示，超过 80% 的骑手对于社保缺乏基本的认知度。这意味着即使由政府或平台来强推社保，也不一定得到骑手的响应。同时，骑手由于平均需赡养抚养 1—3 人，对于赚取现金的需求较大，即使用人单位为他们缴纳保险也并非为他们乐意接受。在此情形下，只能由外力推动其学习认知并理解接受社会保险，为自己和家人来增加一份保障，并应对可能爆发的个人意外或社会风险事件。在骑手社保费用的分配上，社会、平台、骑手的实际雇主和骑手之间的费用支出分配也存在难题，各地政府由于财力和治理能力的差异对社保的投入程度有所区别也加剧了骑手等灵活就业人员社保推进的难度。

此外，2021 年平台调查显示，医疗保障和工伤保障是骑手最需解决的社保种类。在社会供给不足的情况下，某些外卖平台通过强制方式为骑手购买商业保险，骑手或其签约主体每天付出 3 元左右即可享受 60—100 万元左右额度的人身意外险或者第三者责任险，但这种保险无论是保额、品种还是赔付效率均无法满足骑手的需求，一旦发生骑手工伤事故或者致他人伤亡的事故，很容易发生在诉讼过程中将保险合同分开处理导致保险公司赔付不积极、赔付过程扯皮，保险额度不足以覆盖实际损失或者赔偿额，肇事骑手由于不了解保险程序和效用而逃离现场等情形，从而引发司法讼累。

在平台内部，平台对于骑手的管理是相对封闭的。第一，平台内部的算法技术沟通封闭。理想上的 O2O 外卖平台功能主要是整合资源信息，将对餐饮零售等服务的供需双方进行高效匹配从而提升社会整体效率。但基于 O2O 行业的特殊性，在现有技术条件下仍然需要大量网约配送员提供物流服务，而代理商人资商总体能力有限，因此平台仍需承担部分物流管理职能。这一职能主要通过平台规则和算法技术实现，如建立骑手信用评价规则、接单匹配智能系统，建立骑手安全培训体系，研制更为人性化的骑手头盔、更为安全高效的无人配送车等人工智能装备等。平台规则固然在自创生过程中呈现出运作封闭和适度开放的特性，但算法的高度专业性、复杂性决定了其运作过程主要遵循平台内部决策和技术逻辑，因此，这一算法技术从诞生伊始便较之平台规则具有更加高度封闭的情况，缺乏与外部的有效沟通。

第二，平台的商业运营面临残酷的市场竞争。在商业逻辑和社会效果无法兼顾时，由于社会效果的传导效应链条长远且难以测算，无论是公司还是平台决策组织均会优先商业逻辑。在残酷的现代商业竞争中，平台只有活下来并壮大起来才可能承担更大的社会责任，其中的市场份额和成本收益是业态竞争的首要表现形态。这意味着任何一项管理成本提升到了威胁平台生存的程度都会为平台果断舍弃。假设骑手全部纳入传统社会保障或与平台直接建立劳动关系将带来可以拖垮平台的成本，平台就会在市场竞争中面临失利甚至濒临崩溃，整体业态发展也将受到打击，可想而知，如此一来灵活用工群体的劳动就业问题将不会减轻而会加重。这显然将陷入另一种悖论，也是社会演化意义上的一种退步。

## 三、互联网外卖平台灵活用工问题的分析

网约配送员的内外部管理规范缺失导致的职业保障不足和平台内部管理的相对封闭导致配送员这个群体尽管规模巨大，却未能形成常规的、良性的行业管理机制，其背后的根源是骑手身处的系统并未有效形成。系统的不完善表现在无法对骑手实现组织化管理、行业管理和建设的相对滞后、政府监管的地方性与外卖平台经济的全域性抵牾等矛盾。

1. 骑手来源点状分布与职业群体组织化管理的矛盾

传统的工会、行业组织等无不是要求劳动者集中在某个时空场域，并依托用人单位的组织力量得以轻易将群体组织聚集，在新中国历史上“单位制生存”一度也成为普通人的社会生活常态。但新业态的出现改变了这一切，互联网灵活用工众包模式的特征恰恰是劳动者零星分散在全国各地，劳动者在劳动过程中从密集分布变成了点状分布，无论是时间上还是地域上均非同步工作。劳动者在线上 App 这一特殊的空间和时间相遇，即在众包平台这个特定场域共同从事着网约配送员职业。因此，平台对其数百万骑手无法从组织化管理上寻求抓手，或者即使富有管理能力也缺少管理权力的合法性证成。与此同时，骑手自发形成的组织合力通常仅仅基于同乡血缘等传统人际关系，由小众群体聚集解决薪资和安全等争议，争议在则聚，争议无则散。因此，针对这一用工群体的分散特性，只能借助外部力量为其组建职业组织，并适当赋予平台管理权限的合法性。

2. 外卖平台业务发展的高竞争和行业管理滞后的矛盾

互联网餐饮外卖行业目前存在高竞争的情形，占据市场上绝

大多数市场份额的外卖平台存在强制商家签署独家协议[1]等行为，尽管《反垄断法》的大力执行有望适当减轻这一情状，但反垄断并不能解决行业建设的根本问题[2]。平台竞争的相对无序对应的是外部行业管理的相对无序。不同于快递行业的主管部门早早明确为邮政部门，互联网外卖平台缺乏一个明确的行业主管部门和行业协会。由此形成的结果是，外卖平台之间由于缺乏统一的行业标准，在各自的管理领域内通常各行其是。其中，对于骑手送餐时间的限定和保险保障的缴纳等即成为外卖平台竞争的重要环节，这一相对无序的竞争至今并未得到非常有效的解决。

3. 政府治理的地方性与平台运营的全域性之间的矛盾

外卖平台的业态通常分布在全国各地，因此在业务开展过程中会受到来自各地各层级政府的监管或治理。各地政府对骑手的监管思路目前体现出“实验式”的进路，或先行先试，或紧跟中央步伐，或采取敏捷治理。政府与平台的治理关系、地方政府与中央政府的治理衔接在此过程中耐人寻味。有关骑手的职业保障，各地政府对平台、合作商和政府的责任分配和费用分担等重要内容尚未形成较为明朗的结论。

例如，上海市、浙江省和广东省等经济发达地区在外卖平台治理上已经作出了地方性的先行先试的探索，上海市的治理路径集中于交通安全，而浙江省的路径集中在工伤保障。上海市通过对外卖骑手非机动车的安全管理来整治外卖行业，体现了从监管后端倒逼

[1] 参见侯利阳：《对规范在线餐饮外卖行业独家交易行为的建议》，载《中国市场监管报》2020年7月9日。

[2] 孔祥俊：《论互联网平台反垄断的宏观定位——基于政治、政策和法律的分析》，载《比较法研究》2021年第2期。

业务前端的治理思路。2021年发布的《上海市非机动车安全管理条例》[1]第32条明确规定了外卖平台的企业交通安全责任。尽管这一举措有利于安全末端的改善，但并未解决骑手为什么宁可冒着生命危险也要去闯红灯的终极之问，骑手一旦发生交通事故和伤亡事件损害结果由谁来埋单的责任分配问题亦未得到有效解决。浙江省则通过探索单险种工伤保险模式率先试图将外卖骑手纳入职业保障的轨道，这一探索在2020年经历了从立法到实践转化的完整历程。在立法上，2020年发布的《浙江省数字经济促进条例》在第57条规定："数字经济新业态从业人员通过互联网平台注册并接单，提供网约车、外卖或者快递等劳务的，平台经营者可以通过单险种参加工伤保险的形式为从业人员提供工伤保险待遇。平台经营者单险种参加工伤保险的，社会保险经办机构应当予以办理。"[2]但该条文由于在法律性质上属于促进性条款从而对平台缺乏强制力。更重要的是，对于平台和监管部门在责任和费用分配方面的重要内容，地方立法也并未明确。此外，广东省和江苏等地也在实践中作出了政策探索，但政策在落地层面也并未取得较大进展。

上海市和浙江省对外卖平台灵活用工的治理均为选取某个节点进行针对性监管，但鉴于依托于互联网外卖平台的全域性，地方立法的地区适用性和前者之间天然存在矛盾，地方政府监管管辖权的地域性也无法覆盖外卖平台管理的全域。如果平台适用了某一地区

[1] 上海市人大常委会办公厅：《〈上海市非机动车安全管理条例（草案）〉公开征求意见》，http://www.spcsc.sh.cn/n8347/n8481/n8728/index.html，最后访问日期：2020年12月20日。

[2] 浙江省人民代表大会常务委员会：《〈浙江省数字经济促进条例〉公布》，http://jxt.zj.gov.cn/art/2020/12/24/art_1229123459_4349621.html，最后访问日期：2020年12月20日。

的立法或者监管方式，在其他地区又会面临迥然不同的监管思路，这意味着平台管理就会出现一地一策的结果。尽管互联网的场域是无限的，但平台组织的管理边界是有限的，一旦各地政策法律标准参差不齐，平台管理的成本效率就会显著失调，平台内部也会陷入无所适从的“头痛医头、脚痛医脚”的境地。此外，政府专注于后端或者某个阶段的监管并无法代替事前事中的监管，从源头上解决保障等问题才是灵活用工治理的正道。因此，对于灵活用工的治理应该有一个总体性的思路。

这一地方性和全域性的矛盾还体现在司法领域，各地对新业态的理解不一导致了各地法院对骑手争议的判决结果畸轻畸重、裁判说理各行其是。骑手交通伤亡争议一旦进入司法程序，通常首先认定骑手和用工方、平台等主体之间的法律关系，据此在各方分配赔偿责任。然而，骑手和平台、代理商之间的关系到底是劳动、劳务关系又或是民事上的承揽、居间合同关系，目前各地法院判决司法裁判裁量标准争议较大。[1] 以是否将代理商纳入司法程序承担赔偿责任为例，2020 年以前，北京地区的司法判例判决代理商承担责任的占据 67%，上海地区则呈现倒挂趋势，判决由平台来承担赔偿责任的占据了 67%。在裁判说理上，运用外观主义、获益原则分配司法责任的判决理由不一而足。司法机构对此的态度是审慎的个

[1] 深圳市法院围绕互联网平台用工的灵活性特点，从劳动关系人格从属性、组织从属性和经济从属性入手，对于具有较强管理属性的用工方式，倾向于认定是劳动关系，按照传统的劳动关系确定双方的权利义务；对于双方之间从属性较弱，从业人员具有较强自主性的用工方式，则多认定不属于劳动关系，按照普通民事法律规定来确定双方的权利义务。陈宇轩：《深圳网络主播、外卖骑手、快递员劳动争议多发》，http://www.xinhuanet.com/legal/2021-01/21/c_1127007670.htm，最后访问日期：2020 年 12 月 20 日。

案衡量，为平衡新业态发展和骑手保障力求法益平衡，由此形成了各地判决的较大差异。

## 第四节　运用互联网思维完善互联网灵活用工治理的中国方案

当前外卖骑手的困境体现了监管等主体在新型用工模式下的治理思路与进程的相对滞后，要改变这种相对无序的情形，就要以一个总体性的思路来治理互联网，在对灵活用工模式促就业、保民生等价值充分肯定的基础上探寻外卖平台灵活用工的治理之道。具体到外卖平台领域，这一总体性思路主要是指对灵活用工的治理过程要体现出互联网思维，互联网思维首先意味着治理方式的脱域性和灵活性、便利性，其次意味着治理主体的多元性和能动性。

### 一、根据互联网外卖平台灵活用工特征制定恰当的职业保障方案

骑手与平台是否构成劳动关系通常是法院判决和各项关系梳理的前提，也是学术界与实务界探讨的热点。[1] 然而，仅仅将劳动关系认定作为骑手安全事故的处理依据忽视了骑手这一职业的灵活性，据2021年平台调查显示，超过40%的骑手有多平台栖息即同时在两个以上平台接单的情形。平台为骑手提供了一个灵活就业的多项选择和较低的准入门槛，否则他们可能会流向其他的传统劳动密集型工种——工地或工厂并产生新的社会问题。因此，对于这个

[1] 参见最高人民法院、武汉大学：《2021年类案法律适用统一高峰论坛论文集》。

群体的保障并不能简单套用劳动关系，一有问题还是从传统的故纸堆里寻找药方并不能解决新业态的新问题。

传统劳动关系及其人格三性的从属性认定是工业化时代的产物，固化在某个时间段的某个场所服从于某个单一雇主是其主要表征。然而，互联网时代的灵活用工治理依托于工业 4.0 大数据人工智能等新兴技术，即使从生产关系要适应生产力的角度，当前的用工制度亦应适当突破传统劳动关系，为灵活用工群体定制更为恰当的关系定性和保障方式。这首先要求在骑手的管理上充分遵循互联网平台特性，通过立法赋予平台自治管理权限，在衡量各方成本收益的基础上合理分配政府与平台的治理责任与费用支出，避免以过大的责任和超高的费用压垮平台。其次要求在骑手保障方式上充分尊重灵活用工群体的社会属性。对灵活用工群体的保障是社会保障系统的功能分支，社会保障大系统的不完善将导致灵活用工保障的进展步履维艰。目前，在社保供给不足的情况下，互联网外卖平台大多尝试通过商业险的方式来自我供给，但商业险的稳定性、可持续性和保障程度、赔付能力与积极性均不足以支撑解决骑手的行业难题。长远而言，对灵活用工的职业保障还是应放置在社会保障的大系统内统筹解决，将社会险（或职业险）和商业险兼收并蓄，优先解决工伤和医疗两类保障需求。在骑手需求最为迫切的工伤保障上应设置独立于社保基金的职业保障体系并采用按天缴纳、日付月结的缴纳方式，劳动一单就有一单的保障。在骑手医疗保障上应尽早设立方便异地就医和报销结算的医疗保险方案，并根据灵活用工的群体特征为其提供补充医疗险种。根据骑手对社保价值认知不足和意愿不足的特性，应通过立法、行政标准、行业标准等方式进行强制规定和下沉宣导。

## 二、建立互联网外卖平台灵活用工的多元共治体系

骑手困在算法系统之嫌疑的背后恰恰是骑手所属的行业系统尚未形成。一个健全的行业系统应该有一个行业主管部门，并在主管部门牵头下成立行业协会以促进各方共治。具体到互联网外卖平台的行业管理上，根据平台的全域性特征，应当由行业主管部门或者行业协会来牵头各方、最大程度凝聚平台经营者、平台内经营者共识，为平台经营者和平台内经营者制定运营标准，为骑手制定职业标准和保障方案，从而扼制外卖行业的无序竞争和垄断行为。只有行业部门或行业协会的职能得到充分分化和有效运转，才能从真正意义上促进形成一个健康的互联网灵活用工系统，并让这个系统成为一个可进可出的适应互联网的系统、一个吸纳更多灵活就业的系统，而非困住人的系统。

针对目前灵活用工群体点状分布来源零散的情形，对骑手的组织化管理应适当下沉并化解到基层治理体系中，如充分运用党群组织、基层社会组织、群众自治组织来帮扶灵活用工人员，帮助其建立职业意识和城市归属感，享受到城市发展红利与职业保障，不再成为孤立“系统”中的受困者。上海市在2020年即通过基层工会组织为部分骑手缴纳了补充医疗保险，为骑手的职业保障开辟了另外一个有效渠道。[1] 此外，对骑手的关爱救济亦可以借助多种社会渠道进行，避免骑手发生意外事故或者重大疾病等情形时陷入孤立境地。可以预见，只有当灵活用工群体无论是在职业认同还是职业情感上真正融入城市社会，我们的人口结构、收入结构才能发生

[1] 参见上海市总工会：《关于印发〈2020年上海市总工会服务职工实事项目实施方案〉的通知》。

质的改变，形成某种健康的接近高收入国家的橄榄形收入结构。

## 三、合理分配平台责任，平衡灵活用工群体保障和新业态发展需求

我国“十四五”规划明确提出，要“建立多渠道灵活就业机制”并“探索建立新业态从业人员劳动保障机制”。2021 年 5 月召开的国务院常务会议也确定了进一步支持灵活就业的举措，再次释放了支持灵活就业，鼓励灵活用工机制的明确信号。外卖平台作为新业态的重要表现形式，其所涉骑手群体众多。平台经营者作为灵活用工群体的相对方在早期为了适应业态发展对骑手突发事故与舆情多采取息事宁人的方式，这一态度间接受到了纠纷的最后一道防线——司法机构的影响。多数司法裁判在涉及骑手在事故中自身受损或者导致第三人受损的案件时，在涉案金额较高且保险公司赔付力度有限的情况下，均判令平台经营者承担兜底责任，这一责任分配方式通常是在立法制度缺乏明确供给和保障责任不清晰的情况下进行单方面利益衡量的结果。

因此，在司法领域，应谨慎司法裁判作为外卖行业最后一道防线的导向作用，各地司法判例在基本事实认定和法律适用上应有相对一致的裁判思路，在促进业务发展、灵活用工群体保障以及“案结事了”的裁判思路间达成利益平衡。具体而言，针对互联网外卖平台大多由代理商和人资商等商事主体来管理骑手的情形，应在具体裁判中充分予以考量。司法机构还应充分考量各类保险主体在案件解决中的支撑作用，在立案时追加保险公司作为案件主体，统筹解决骑手纠纷，减少骑手与平台的讼累。在立法上，应在继续秉持开门立法、民主立法精神的基础上充分考量灵活就业安置、新业态

发展和公众的衣食住行本地生活等各项利益诉求，合理分配各方责任，为平台自治与司法裁量提供充分的法律依据与判准。

## 四、探索建立对灵活用工群体行之有效的纠纷化解途径

在司法途径之外，针对灵活用工群体劳动争议和安全事故多发等情形，应建立适合灵活就业人员的小额或日常争议纠纷解决路径。建议由行业协会牵头搭建针对灵活就业人员的第三方纠纷解决平台，为其提供便捷高效的咨询、投诉、申诉、复议、仲裁的一站式解决通道。该平台可以设置在人社部门或者劳动仲裁部门之下，由行业协会在有关部门指导下负责操作执行，并统筹联系人社部门、交警部门、保险公司、互联网平台、研究机构和基层组织等多元主体，将各类纠纷矛盾化解在前端。根据灵活用工群体依托互联网平台开展工作的情形较为普遍，建议该纠纷解决平台提供线上、线下两种沟通解纷渠道，以利于对各项纠纷的及时响应与化解。

# 小　结

外卖骑手是我国灵活就业人员的重要组成部分，其安全事故多发和“受困系统里”的职业困境在过去一年来引发了广泛的社会关注。安全事故多发的起因主要有两项，一是骑手在职业管理体系内未能得到有效安置；二是骑手在职业事故爆发后未能得到有效兜底。这些现象背后透露的均是灵活用工群体职业（含保障）建设和行业建设缺失的问题。可以断言，当前外卖骑手的职业保障问题是整个社会对灵活就业群体保障不足的缩影。互联网外卖平台的灵活

用工治理只是数字时代劳动用工问题的冰山一角，困住外卖骑手的系统远非一个算法系统或某个经营主体。恰恰是整体系统的不完善和未成型，方令骑手在职业建设、职业保障、争议解决等重要问题上陷于无序与混沌状态。

对灵活用工群体的职业建设并非一蹴而就，其涉及骑手自身需求和购买能力的考量、骑手和签约主体或平台的责任划分、对既有保障基金的管理分配等难题。互联网外卖平台灵活用工治理需要在充分了解互联网外卖平台用工模式和平台、骑手、商家、消费者等各个利益相关者诉求的基础上，运用互联网思维对其进行全社会系统的重构与整合。成立行业协会、制定职业标准、建立有效的保障方案、搭建便利完善的纠纷解决机制均为完善这一系统的努力。在对灵活用工运作模式和网约配送员等主体诉求不够充分了解的情况下提出的简单论断很容易对公众形成误导误判。而对少数用工主体的苛责则会在利益衡量上严重失衡，并可能发生从根本上动摇某项先进业态和就业蓄水池的后果，对此应予以警惕。本章基于对互联网外卖平台灵活用工运作模式的内外部实证调研，提出了运用互联网思维完善互联网灵活用工治理的总体思路，以供方家参考指正。值得注意的是，对网约配送员这一互联网灵活用工治理模式的讨论可以迁移至目前越来越紧缺的依托互联网从业的家教、培训、家政、护理、维修等灵活职业乃至医生、律师、教师、会计等专业群体，这些职业的进展不仅关乎公众的生产生活质量，也关乎我国社会整体劳动就业结构的转变。未来的数字治理新时代，需要我们在灵活用工这个主题上投入更多的深入思考。

# 第六章

## 网络平台规则的系统特性

## 第一节　网络平台规则系统与环境的区分

现代社会在社会系统论看来是一个功能分化的社会，即社会依照功能导向二分成彼此分化的多个功能子系统[1]。系统外部的因素通常视为系统的环境，系统通过各种机制、模式来处理复杂性。在社会系统论看来，系统与环境的区分是处理复杂性的基本机制，系统正是通过内化环境因素并通过内部的运作将环境的因素予以化简来处理信息。正是借助区分，环境中的事物可以被系统观察了，而运作将这种区分进一步内化，沟通则整合了这两种观察方式，是系统理论建构和观察社会、定义社会交往的基本单元。卢曼认为，沟通是社会性的运作[2]，牵涉了多个意识系统。在社会沟通系统中，沟通的基本运作通过对信息和言说的区分形成系统的意义，信息可以指涉系统的环境，言说是将环境的信息纳入系统、产生系统沟通再生产，理解则是系统对信息处理的再次循环，理解自身也可以看成新的信息，需要再次言说。通过这个过程，系统对外部信息的处

[1] 卢曼认为，从复杂性增长的角度来看，人类社会先后经历了分隔社会、分层社会和功能分化社会三个阶段。总体来说，功能分化社会的复杂性远远高于前两者。参见［德］卢曼：《社会中的法》，李君韬译，台湾五南图书出版公司2009年版。

[2] Luhmann, Niklas. Die Gesellschaft der Gesellschaft, 2015. p. 81. 转引自刘涛：《自我指涉与结构耦合：系统理论下刑法与社会关系论纲》，南京师范大学2017年博士论文，第44页。

理转换为内部运作。

系统 / 环境区分的盲点在于系统理论无法观察那些并未被其构建为环境的成分，二阶观察则在某种程度上避免了观察的盲点。系统自身二阶观察在互联网时代的增长在一定程度上将社会治理问题转化为系统如何产生自我指涉，以及在和其他社会子系统共同演进过程中如何产生稳定的结构耦合的问题。法律系统的演化便是二阶观察的过程，法律对“社会事实”的呈现并非直接去观察社会，而是通过已有的系统沟通：法律规范、理论和程序去处理社会现象，使得其呈现系统特性和逻辑。通过适用规范解决新的案件，并产生新的系统沟通，为下一次的系统运作（观察的观察）提供资源。平台规则系统的沟通试图在规范层面解决已有问题，也创造出了一些程序，但尚且缺少成熟的理论。

系统的二阶观察能够吸纳由互联网带来的信息多元和容量的增长，社会治理的角色、责任与功能被分散到各个社会子系统中。不同系统回应刺激的速度，既依赖于不同系统各自的结构，也依赖于系统各自的历史。社会系统的功能分化并不是一种社会给定的条件，而是系统在保持自我指涉的运作封闭与认知开放互相促进的状态中不断演进的结果。

自我指涉强调系统内部的封闭，自创生更强调系统对社会的回应。卢曼认为，当一个系统的元素是通过系统的其他元素再生产形成的，那么这个系统就是自创生的。社会系统再生产的基本元素是沟通，社会系统一般性的沟通构成了社会自我指涉的基本元素，法律作为社会子系统也是一种沟通，这种沟通以规范为基础。卢曼认为，法律运作封闭的结构条件是：第一，法律的规范要求必须同时具体和一般，因而和其他社会沟通符号形成区分并能重复使用；第二，法律必须获得足够机会得到实施，从而使得人们接受法律的规范性并逐步承认法律的社会沟通价值。特定系统的自我指涉有着自行设置的边界，即对什么能够进入或离开系统设置了限制条件，在此基础上形成了系统的封闭，并借助这种运作将系统与环境区分开。[1]

如果说法律系统借助合法 / 非法的二元符码将自身与环境区分开来，从而决定了系统的功能范围，那么平台规则系统运作的二元符码就是合规 / 违规。平台规则的封闭性在于其一方面经过多年的摸索已经形成了具体和一般性的平台规则，并通过“小二”、规则众议院等程序机制、“亲”等淘宝体交流语言形成独有的沟通符号，从而将自身的运作与环境区分开来，形成了独有的“电商帝国”；另一方面，淘宝规则通过“阿里旺旺”平等协商或和解、“小二”介入、内部投诉、大众评审等一系列类似行政处理、第三方仲裁、民事调解或和解、陪审团裁决的纠纷解决机制，确保自己所制定出来的规则能够得到实施，并通过大量的纠纷化解与处理使得消费者和商家接受规则的规范性，逐步承认、执行其规则的沟通意义。平台与环境的区分通过平台创造的边界得以实现，淘宝平台只是在自我运作的前提下对环境开放，这种开放正是由系统创造的边界和限制得以实现，如事前的商家准入机制、商品展示机制、搜索排名机制，事中的商品与店铺评价机制、信任机制、声誉机制，事后的纠纷解决机制和处理机制——尽管这种机制由于缺乏权威来源和执法力度而达不到理想的后果，所有这些机制都使得淘宝平台的运转越来越独立和体系化，并使得平台运营者在某种程度上成为一个“准

[1] Luhmann, Niklas, Klaus A. Ziegert, and Fatima Kastner. *Law as a social system*. Oxford University Press, 2004, p.15.

行政主体”。

因此，从功能分化的角度，平台规则已经分化成为一个相对独立的系统，其内部运作自成体系，并通过独立的运作符码将自身与周围环境区分开来。

## 第二节　网络平台规则与其他子系统的结构耦合

形成自我指涉封闭运作的法律需要和环境互动，如果一个系统预设了环境的相关特点并在一个持续的基础上结构性地依赖它们，我们就可以将这一结构机制称之为结构耦合[1]。结构耦合意味着不同系统之间共同演化，每个系统将其他系统视为自己的环境，将其他系统的输出根据自己的符码和运作规则进行吸收。正是结构耦合使得系统通过自身的运作从外部信息中产生新的沟通结构，增强系统的学习和认知，形成不同系统间的共同演化，丰富系统自身复杂性的同时也降低了环境的复杂性和偶在性。此外，现代社会的功能系统是复杂系统，需要对外部信息进行再入的操作，系统间的结构耦合正是通过对他者信息的再入，形成了封闭与开放的共生[2]。如何识别系统只能由系统自身的沟通来鉴定，找寻一个系统如何在对环境开放的条件下创造限制是理解系统间结构耦合的关键。系统间结构耦合的类型分为三种，第一种是社会沟通与个体意识之间的耦合，第二种是社会子系统相对于一般社会的耦合，第三种是社会子

[1]［德］卢曼：《社会中的法》，台湾“国立”编译馆、李君韬译，台湾五南图书出版公司 2009 年版。

[2] 参见［德］尼古拉斯·卢曼：《对现代的观察》，鲁显贵译，台湾左岸文化出版社 2005 年版，第 12 页。

系统之间的耦合，如法律系统和经济之间的耦合成果是合同的概念与实践，而政治与法律系统之间结构上稳定的连接机制就是宪法。

与经济、政治、文化等宏观的社会系统相比，平台规则仅仅隶属于对平台规制的一个子系统，所以，我们对其与其他系统的结构耦合关系的探讨也只在子系统层面展开。根据莱斯格的理论，网络规制具有四种基本方式，即法律、社群规范、技术和市场[1]，平台治理的手段也绕不开这几类要素。对于平台规则系统而言，外部的法律规范体系、技术架构、市场、社群规范等均构成其运转的环境。

## 一、网络平台规则系统与个体意识的结构耦合

平台的环境包括个体、其他社会子系统。个体与社会沟通系统的互动表现在个体始终处于社会沟通之外，两者间是互相激扰的过程和状态，即一方会对另一方的刺激形成反应，但该反应只能以一方自我指涉的内部逻辑产生作用。只有通过激扰，社会沟通才能进入思想内部，也只有通过足够激扰，个体才能实现“社会化”的过程。以该理论反观平台与个体的关系，淘宝平台的发展历程正是与无数使用或准备使用该平台的个体相互激扰的过程。淘宝的运行借助无数的上货、广告、采购、纠纷处理事件向个体不断传递信息，个体通过对一个个事件、文本或者规范理解与解释逐步接受该平台的系列规则，从对平台的观望者到使用者到成为该平台的拥趸，个体在此过程中实际上完成了通过消费方式转变的生活方式乃至思维方式的三重转变，将自己从工业时代的个体转变成为网络平台时代

[1] [美] 劳伦斯·莱斯格:《代码2.0：网络空间中法律》，李旭、沈伟伟译，清华大学出版社2018年版，第143页。

的个体，实现“新的社会化”过程，成为与智能时代、互联网、大数据等信息革命要素直面的新兴个体。

当然，由于互联网平台社会的高度分化，个体不再能够被完全置于任何一个单一社会系统内部，各种制度通常是例行地从相关成员的总体人格中抽象出来[1]。“现代性的积怨”的另一种分析是生活在现代社会中有一个心理困难是：选择过多使人无所适从，个体的个性在其中被淹没，未来总会比压缩成单一的现在包括更多的“现实可能性”。[2]甚至可以说，现代性具有某种禁欲的效果，因为在一个充斥着太多可能性的世界，每一个“肯定”都包含着许多“否定”。个体看似在网络平台规则形成过程中有太多的选择，实则否定了其他的更多选择。个体通常只能根据眼下的最迫切需求来对规则形成某种偏好和诉求。

## 二、网络平台规则系统与法律规范的结构耦合

就法律规范而言，与电商有关的法律法规制定主体是政府与权力部门，并按照传统的立法程序进行。法律规范的出台往往既是对市场倒逼的回应，也是政府、权力部门与网络平台互动的结果，因此，法律规范的出台与网络经济发展阶段呈现大体上高度同步（虽然这种同步绝大多数时间都是滞后的）的特征。与电商有关的外部规则在发展早期的主题通常是划定对网络交易的监管界限并促进与平台发展有关的电子商务创新。在外部规则发展后期，对于平台的责任义务有关的条例往往争议最大，其责任义务条款不仅有关立法

[1][美]霍姆斯、拉莫尔：《卢曼的社会分化理论述略》，载苏国勋、刘小枫：《社会理论的诸理论》，上海三联书店2005年版，第188页。

[2]同上，第189页。

体系自身的周延性和逻辑衔接程度，也关系到平台的创新和开放水平，严重时甚至关系到平台的生死存亡。[1]

与网络交易监管相关的最早政策文件是2000年全国人大发布的《全国人大常委会关于维护互联网安全的决定》，[2]其对利用互联网销售伪劣产品或者对商品、服务作虚假宣传、诈骗等行为追究刑事责任。2000年国务院颁行的《电信条例》《互联网信息服务管理办法》等则对互联网信息服务本身进行了规制，并将该服务初步划分为经营性和非经营性两类而分别进行管理，但规定颇为简略，并将互联网信息提供者定位为监管对象和执法配合者的角色，这与平台发展的历程相吻合。2004年出台的《电子签名法》是第一部真正意义上的电子商务法，该法的出台意味着政府监管正式进入电子商务领域，也宣告了政府的管控机制将逐步收紧。2007年，有关政策文件开始对互联网有关的信用体系建设作出规定。2008年，国务院"三定"方案出台，明确与互联网监管相关的责任主体分别有工信部、国家计算机网络应急技术处理协调中心、工商总局、商务部、公安部等部门。[3]

此后，以2008年为界，规制网络经济的外部规范性文件进入了快速发展期，一方面，政府规制体系逐步形成，其以法律、行政法规和部门规章为核心，以部门的规范性文件为补充；另一方面，

[1] 如围绕滴滴打车的两次恶性案件对打车软件平台的责任义务问题的讨论，滴滴打车平台在此期间下架了其所有顺风车业务。

[2] 江宇源：《政策轨迹、运营模式与网络经济走向》，载《改革》2015年第1期。

[3] 其中，工信部负责行业技术创新、网络信息安全与安全保障体系建设，应急协调中心负责收集、汇总、分析和发布互联网网络安全信息。工商局负责网络经济行为的监管和消费者维权。商务部负责协调整顿与规范市场经济秩序，并推动商务领域信用建设。公安部负责网络与信息安全保障以及用户的安全教育培训等。

调整对象的广度逐步扩展，在原有的网络信息安全、信用建设基础上重点加入了调整网络市场经济秩序和商业行为等内容。法律调整对象包括垂直与平行两种法律关系，即涉及网络零售领域的垂直法律关系（经营者市场准入、支付、税收、发票、反垄断与反不正当竞争）和电子商务领域的平行法律关系（消费者保护、知识产权保护、个人信息保护）。[1] 其中，值得注意的是商务部和工商总局（现为市场监管总局）成为了规制商务秩序和平台责任的主要部门，其先后出台了一系列促进平台创新发展和规制平台行为的规范，尽管内容并不健全，且对信息数据社会的反应力不足，但这些规范在平台经济发展的早期发挥了重要的规范引领作用。

当然，在实践中，除了以上的行政法规、规章，人们更加熟悉的是有关规制网络交易相关的法律。在传统规制交易的《合同法》《产品质量法》《食品安全法》之外，针对淘宝等网络平台交易的法律规定主要有《侵权责任法》第 36 条、《消费者权益保护法》、2016 年出台的《网络安全法》等。而与平台规制直接相关的《电子商务法》则在经历几轮草案收集建议的曲折过程后终于在 2018 年 8 月底出台，在该法的制定过程中，围绕平台对其商家承担“连带责任”还是“补充责任”产生了激烈的争议，并在多方论证后确定平台仅仅承担“补充责任”。[2] 此外，不少专家呼吁为了防止这部法律出台后就遭遇过时的厄运，应该在未来制定一部《平台治理法》。

[1] 参见孟凡新：《共享经济模式下的网络交易市场治理：淘宝平台例证》，载《改革》2015 年第 12 期。

[2] 参见傅蔚冈：《为什么电商平台的连带责任是错的？》，https://m.jiemian.com/article/2430881.html?from=timeline&isappinstalled=0，最后访问日期：2018 年 9 月 1 日。孟凡新、涂圣伟：《技术赋权、平台主导与网上交易市场协同治理新模式》，载《经济社会体制比较》2017 年第 5 期。

总体来看，平台的外部法律规则松散而零落、并未成立体系，且彼此间缺乏逻辑非常严密的衔接，由于监管规则政出多头还具有互相矛盾不周延不协调的现象，这反映了平台监管环境的相对宽松。我们当然可以认为这与平台自身的发展还处于一个上升期、且前景未明有关，因此，政府采取了包容与鼓励的态度，甚至在很多监管领域还体现出政府依赖平台的现象。从结构耦合的角度来看，正是这些快速发展的法律法规对于淘宝规则的合法性获得以及平台的发展壮大起到了重要的外部支持作用。在平台规则与法律的不断信息交换与言说内容获取及后续理解中，政府与平台对待彼此的态度可以概括为“静观其变、互相监督、适时互助、偶尔交锋”，这在 2014 年阿里叫板工商局并最终达成和解的事件中有所集中表现。

## 三、网络平台规则系统与技术、市场、社会规范的结构耦合

就技术架构而言，从形式上看，平台规则的发展高度依赖技术发展并与其并存，甚至从某种程度上说，平台的规则之所以得到有效运行是由于技术赋权的。平台规则总是以最快的效率和最广泛的程度得以在其规则频道公开，任何关心淘宝规则的人都可以轻易获取相关信息，这与学术界和实务界多年呼吁政府信息公开才能使得政府建立有关规则公开的网页且仅仅公开有限的内容形成鲜明对比。与任何以往的治理主体相比，平台规则对于技术的响应和利用都是极富效率的；从内容上看，对技术的规制本身就引申出一系列的规则，在法律失范或空虚的年代，人工智能、算法技术、数据抓取技术以及从中衍生出的一系列有关数据、隐私保护和利用的问题每每成为规则制定内容的热点。目前可以认为得出共识的是算法的

伦理性与规则的内容高度相关，技术的进步既需要规则的加持，也需要规则的严格管控，这种管控表现在程序、参与、问责等多个层面。技术必须与规则互动互进，而非暗箱操作或野蛮生长。

就市场而言，电子市场的发展极大促进了淘宝的发展壮大，为什么网购的人越来越多？其背后透露出当代中国整体社会结构的变迁。虽然有技术的加持，但现代生活的快节奏令网购的亲民价格、无限选择、便利渠道、上门送货等均提供了前所未有的购物体验，令人们大幅减少不必要的常规购物时间，从而得以享受日常工作生活之余的闲暇，将更多的时间花在工作、学习、娱乐、家庭与人际互动上；随着经济水平的发展和居民可支配收入的提高，人们可支配的储蓄和投资也越来越多，网购的成本收益比越来越小，从而使得他们可能成为网购消费主体，并逐步形成了某种依赖；市场本身的价格竞争也推动淘宝平台的不断兼并、创新、分立，诸如“聚划算”“便宜淘”等营销模式均为回应市场其他竞争主体的挑战、巩固平台自身地位的措施，这些营销模式的诞生又催生了新的规则。在网络平台时代，市场能够一夜之间壮大一个平台，也能一夜之间摧毁一个平台，正是这种几乎惨烈的竞争令平台不断反思自身，调整规则。

就社群规范而言，淘宝自诞生之初就已经非常善于加以利用了，以评分机制、星级评定、评价公开为代表的诸项规则正是借助社群的声誉机制[1]来引导众人的选择，当某种声誉机制成熟后便上升为淘宝的正式规则。正是在这样的互动改进下，淘宝才逐步积累起最初的信誉，令许多等待观望的消费者与商家逐步入驻、消

[1] 这种声誉机制借助的是集体心理和集体行动的原理，对商品购买的等待、观望、跟风、随大流、对名誉败坏者的羞辱、排斥、强迫等都是非常典型的从众心理。正是如此，才形成了淘宝平台“双十一”购物狂欢节销售战绩的神话。

费，成为会员，并形成了其中的大品牌、“钻石”商家强者恒强的局面，也令越来越多的消费者形成对平台的忠诚和黏性。

## 四、作为规范系统与平台系统结构耦合的平台规则

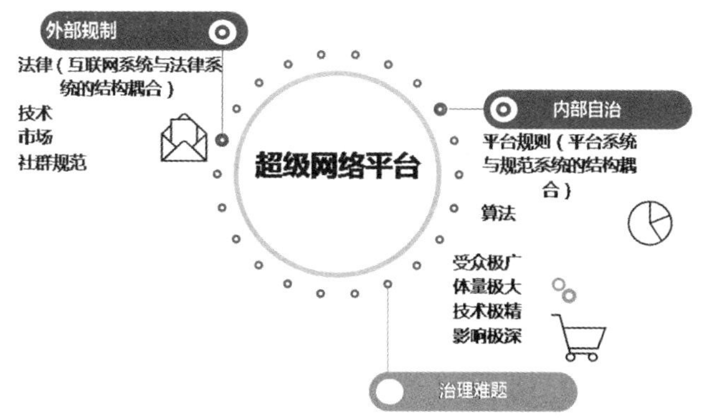


图 6-1　超级网络平台的治理结构

资料来源：作者自制。

在规范系统的历史发展长河中，法律规范自身多数以“被动”姿态发展演化。正如狄骥所言“我们自己的这一套现实主义的、社会性的以及客观性的法律体系只是历史长河中的一朵浪花；在它尚未最终形成之际，未来的敏锐的观察者们就将看到它正在迈向一种我们所未能设想到的更新的模式”。[1] 近代以来，法律规范本身的演化发展与科技变革息息相关，每一次的科技革命都会带来法律规范的模式变更。平台时代至今的法律也逐步开始呈现出崭新的形态，代码在法律发展中逐步发挥的决定性乃至替代性作用已经令某些学者发出法律“死亡”的担忧（余成峰，2018）。互联网作为第四次科技革命的表征正在深刻引领时代的变革、重塑社会的规范结

[1]［法］狄骥：《公法的变迁》，郑戈译，中国法制出版社 2010 年版，第 196 页。

构。“作为一种历史趋势，信息时代支配性功能与过程日益以网络组织起来。网络建构了我们社会的新形态，网络化逻辑的扩散实质地改变了生产、经验、权力与文化过程中的操作和结果。”[1] 因此，法律规范在互联网平台时代的重塑将是根本性甚至颠覆性的，这一重塑的过程先表现在对平台系统的内外治理中。

在平台这一特定系统，法律规范不得不对自身进行一系列的升级迭代演化，以适应这一全新场域的运转。目前，这一升级迭代正在通过建立新的法律规范、构建全新制度和规制形式等方式进行。法律规范与平台系统的演化各自交织运行，并形成了新的结构耦合——平台规则。在卢曼的理论中，系统之间互相渗透互相影响的形式即可称为“结构耦合”（Structurelle Kopplung）[2]。如果说互联网法律是网络系统与法律系统在智能时代的结构耦合，那么作为其支流，平台规则就是平台系统与规范系统产生的结构耦合机制，其传导了法律的精神、政府的意志、平台的利益和市场的需求，是众多利益主体的利益结合部与聚焦点。这一平台规则主导下的秩序从外部的制度规范系统中汲取养料，并在制度供给不足时根据平台的自治需求进行规则的自我生成，从而形成了内部的一整套基于规则治理的体系，并根据内外变化和需求不断地自我更新迭代、自我调整。平台组织的自治和外部政府的规制均借助平台内部规则的运作得以相对有秩序地开展和博弈，从而化解内部和外部不断滋生的各种复杂性。

[1]［美］曼纽尔·卡斯特：《网络社会的崛起》，夏铸九等译，社会科学文献出版社 2006 年版，第 434 页。

[2] 李忠夏：《基本权利的社会功能》，载《法学家》2014 年第 5 期。

# 第七章

# 网络平台的多中心治理：基于平台组织的系统性

网络平台是一个风险高发的领域，对于淘宝和美团等这样的平台而言，任何一种涉及食品安全和消费者利益的事件都可能被放大为社会事件，如2018年滴滴平台乘客安全保障机制重大漏洞所导致的空姐被害事件就曾在社会上造成了恶劣的影响。现实中平台对这些事件的处理往往都是事后回应的。因其不稳定性和难以预见性无法应对社会各方的质疑与平息公众的不平之情，也因其缺乏有效的事前预防机制给公众留下了不够负责和不够谨慎的印象，导致了平台治理的信任危机。诸个平台公共事件给我们提出的共同问题是：怎样的网络平台治理模式有助于平台治理风险的化解和纠纷案件的解决？

通常学术界讨论的平台治理结构是线性的[1]。一是政府对平台的治理，平台作为治理对象。其涵盖市场准入、用户权益、网络与信息安全、平台垄断和不正当竞争、劳动保障、知识产权保护等内容，这一部分内容主要在传统的行政法、劳动法、反垄断法、知识产权法领域内解决。二是平台对于平台入驻商家——第三方商家（企业和个人）的治理，内容包括准入资质、用户投诉、信息披露、信用评价等，这一部分内容主要通过平台自创生的规则体系解

[1] 也有学者将其称为平台经济的双重监管，即以政府为主体的政府监管和以平台为主体的私人监管。参见王勇、冯骅：《平台经济的双重监管：私人监管与公共监管》，载《经济学家》2017年第11期。

决。这也形成了平台治理的两种研究视角，即基于政府视角的平台治理和基于平台视角的平台治理，前一种视角关注政府监管，后一种视角关注自我规制。自我规制的视角认为随着平台和网络社群的崛起，政府监管权威会受到严重挑战，平台会在规则制定、行为监管中发挥越来越重要的作用，如建立面向权利人和消费者的投诉维权渠道、权益申诉裁定和执行机制，利用大数据技术主动治理等。虽从各个部门法的切入点不同，但二者均隶属于传统的法学研究视角。在该传统视角看来，平台治理的核心是平台责任的界定，因此，平台责任的认定和厘清是重要的研究对象，这种研究往往基于现实案例和管理实践。其结论多为政府监管和平台治理的协同，诸如在网约车平台的治理中，由政府制定标准，平台来落实责任等。

然而，以上两种视角的共同缺陷是局限在法学领域，以行政规制的战略或思路为主，缺少全局性的视野和清晰而富有解释力的理论支撑与概念工具。此外，还有学者从法经济学的要素管理（胡凌，2019）或者法律规范本身（戴昕，2019）为切入点来研究平台治理，专注于网络法规范或者互联网效率管理本身，不失为新颖的观察视角。但两种研究或局限于经济竞争与市场领域，或限于法律规范就规则谈规则，并未能展现出平台治理的系统丰富性，从而对于这一挑战社会秩序的新生事物并无改善的有力建议。当我们将视角投向更为宽广的领域，就会发现系统理论中有关组织的分析对于理解“平台是什么”以及“如何观察和理解平台”的基本概念层面具有优势，有助于我们从社会学的视角更深入而丰富地来认识平台，达成一种“平台的社会学启蒙”。系统理论是系统论、信息论、控制论、生物学、社会学等交叉学科的综合，其借助于系统/环境、区分、观察与二阶观察、运作封闭与认知开放、自我指涉、结构耦合、激扰等理论概念和工具为研究平台治理提供了新的理路，而平台治理则为该理论的发展提供了最新的时代例证。系统论的组织视角有利于我们从组织属性切入来理解和解决平台治理的一系列难题。

本章分为三个部分。第一部分讨论平台作为一种决策组织的性质，并对平台与其他决策系统的内外沟通状况进行了详细描述，从而讨论了各个决策主体共同参与平台多中心治理的决策前提。第二部分讨论了平台作为一种组织承担多中心治理枢纽组织的可能性。第三部分讨论了多中心平台治理的具体机制和制度支撑。笔者认为，基于系统理论的组织视角，应对平台采取一种多中心的治理结构，即以平台为核心的类政府决策流程管理模式。这一模式意味着政府、法院等权威机关的职能转变，也意味着平台作为一种新型组织的崛起。

## 第一节　作为决策组织的网络平台

在法社会学的理论研究中，“法律与社会组织”的研究传统可以追溯至亨利·梅因（Henry Maine）埃米尔·涂尔干（Emile Durkheim）和马克斯·韦伯（Max Weber）一脉。[1] 作为历史和进化法学派、功能主义社会学和解释主义社会学的领军人物，他们都对社会组织的性质与法律的形式、实质的紧密关系进行了富有影响力的论述。

[1]［美］布赖恩·Z. 塔玛纳哈：《一般法理学：以法律与社会的关系为视角》，中国政法大学出版社2012年版，第38—44页。

梅因在其著作《古代法》中从进化论的理路描绘了古代法律从前习惯法、习惯法和法典化的发展历程，从而得出了所有进步社会的运动都是一个“从身份到契约”的运动的著名命题。在他看来，法律对于社会组织的作用极为重要。社会的发展与法律变革相伴共生，法律的发展即为社会的发展。因此，通过考察一个社会的法律，才能了解这个社会及其社会组织的运转。涂尔干从“机械团结”到“有机团结”的理论发现也揭示了法律不仅仅是社会的有机组成部分，也是现代社会正常运作的一个基本条件，即取代了传统的“集体意识”将有机社会的各个部分整合在一起，因此在维持社会秩序上发挥了核心作用。在涂尔干的功能主义分析中，法律与社会团结之间是镜子和反应物的关系，法律体现了一个社会中所有规范系统的内容。

继涂尔干之后，许多著名理论家都开始用社会学的功能主义视角来研究法律[1]，即探讨法律作为社会的一个有机组成部分所发挥的作用。其背后是法社会学常见的“镜像命题”假设，即法律是社会的一面镜子，其功能在于维持社会秩序。例如，帕森斯（Parsons）认为，法律发挥的作用在于将社会中的各个子系统整合在一起。卢曼也将法律视为一个社会系统的结构，其依赖于规范行为预期的一致普遍性。卢曼的自创生理论事实上将法律视为自我指涉的封闭系统，但同时作为社会内部的一个分化系统，法律对整体社会发挥着重要的整合功能。从“功能”的角度来讨论法律令卢曼一边注重从“规范封闭”性上看待法律，认为独立的法律体系保证了法律规范的合理性和独立性，一边注重从“认知开放”角度讲

[1] 参见［美］布赖恩·Z. 塔玛纳哈：《一般法理学：以法律与社会的关系为视角》，中国政法大学出版社2012年版，第38—44页。

法律系统为整体社会的功能结构分化提供了必要的“工具”。在这种功能主义的进路下，卢曼展开了其作为一种“沟通”形式的组织研究。

## 一、网络平台的组织属性

在研究“社会秩序何以可能”的集大成者卢曼看来，社会系统的沟通形式根据沟通的是否在场和复杂程度可以分为三类：互动、组织和社会。组织的存在通过诸多组织原则容纳了更多的社会复杂性，如建立成员资格，方便不在场的组织成员同时参与沟通，扩大沟通范围等，并通过进出规则来维系组织的边界[1]。组织通常通过自我运作来实现生产与再生产，组织的前提是对未来的未知，组织的成功在于对这种环境之中不确定性的处理：它的强化、它的规范和它的成本的降低。[2]组织的局限性也在于这种边界，即组织无法无限制扩展，无法涵盖更高程度的复杂性。

卢曼是在个体意识系统与社会系统之间提出了组织的概念的，针对系统之间的三种结构耦合关联（个体与社会、社会子系统之间、社会子系统与一般社会），其认为组织是缓解社会子系统沟通之间冲突以及个体与社会冲突的有效场域（Luhmann，1982）。其缘由在于：（1）组织的灵活性。组织虽然隶属于系统的沟通，但组织的形式相较于社会系统更为灵活，其能够根据特定的事项、利益和任务应运而生，进而对社会系统无法有效处理的环境信息进行快

[1] 杜健荣：《卢曼法社会学理论研究——以法律与社会的关系问题为中心》，法律出版社2012年版，第69页。

[2] Luhmann，N.（2018）. Personnel. In D. Baecker（Ed.）& R. Barrett（Trans.），*Organization and Decision*. Cambridge：Cambridge University Press. pp. 230—249.

速反映。(2)组织的行动力。相较于个体意识，组织具有系统程序、资源和人员配置上的优势，从而在运作结构和程序上具有更强的行动力。(3)组织的整合力。组织还具有跨越单一社会系统沟通的运作形态，即在一种组织中可能存在多种系统沟通，且通过组织决策和决策前提的构建将一系列社会沟通加以整合。

对照卢曼意义上的组织特性不难发现，作为双边市场的平台超越了面对面沟通的局限性而具有了将不在场者统合到沟通中的组织属性，其连接了个体与社会二者的沟通，平台的经济属性、政治属性、法律属性全部统合于其组织属性之中。平台通过成员资格的准入、价格机制、合同约束、纠纷解决的自我设定、信用秩序的建立、算法技术引导、规则约束等多重治理手段(可归类为四类：市场手段、道德规范手段、代码技术手段、法律规则手段[1])确立了自我治理的边界，构建了自我治理的组织体系，并且随着这一体系的扩展，面临着更高程度的复杂性，从而不得不从组织内外因素中寻求解决之道。

## 二、网络平台组织的双重二元符码

与其他社会系统一样，组织通过二元符码与环境区分开来。一种组织能够产生多种系统沟通，不同的决策情境会产生不同的沟通符码。平台作为一种兼具营利性与公共性的组织，其二元沟通符码因不同的决策情境而呈现不同的形式。作为一种营利性的公司组织，其二元符码通常为有利 / 无利；而作为公共性和管理性的特殊

[1] 即莱斯格意义上的法律、代码、社会规范、市场，参见劳伦斯·赖斯格：《代码2.0：网络空间中的法律》，李旭等译，清华大学出版社2018年版。

组织，其二元符码是合规/违规以及有责/无责，如何化解这两者的冲突和悖论是平台始终要处理的难题。

在以有利/无利的二元符码组织特征下，对平台的组织要素主要从传统商业角度考量，学者重点关注平台组织的资源配置结构和管理结构，如平台跨界整合资源和线上线下融合、跨行业跨地域等结构特性。如有的学者认为平台的核心构成要素是数据、算法、资源、基础服务[1]，也有的学者从商业角度出发认为平台的要素是人、产品、渠道商、供应商、生产商[2]。当前，“大平台+小前端+富生态”的组织形态大量出现[3]，这种组织形态使得平台企业具有极强的自我衍生性，当面临外来挑战时可以依托现有资源打通新的资源，成为新的关键节点。[4]从动态角度看，随着市场要素重新配置放缓，数字经济竞争会从资源、数据和技术的竞争转向基础服务的竞争。[5]

从以有责/无责为二元符码的公共组织特性出发，尽管不同平台的商业底层要素大致相同，但不同类型的平台治理公共组织特性

[1] 平台的核心基础服务分为九大类：技术服务、数据存储/分析、支付/结算、物流、认证、信用评价、金融服务、纠纷解决、行为管理/调控。参见胡凌：《从开放资源到基础服务：平台监管的新视角》，载《学术月刊》2019年第2期。

[2] 鲍舟波：《未来已来：数字化时代的商业模式创新》，中信出版集团2018年版，第333页。

[3] 高红冰：《平台经济崛起改变互联网治理模式》，载阿里巴巴研究院：http://www.cbdio.com/BigData/2015-11/16/content_4154954.htm，最后访问日期：2018年2月16日。

[4] 张欣：《数字经济时代公共话语格局变迁的新图景——平台驱动型参与的兴起、特征与机制》，载《中国法律评论》2018年第2期。

[5] 胡凌：《从开放资源到基础服务：平台监管的新视角》，载《学术月刊》2019年第2期。

和社会责任具有根本性的不同，如以优步为代表网约车平台治理重点是旅客安全责任、与传统行业的竞争带来的价格、失业等市场公平乃至环保问题（公平性、安全性、环保性）；以美团为代表的餐饮平台治理重点是对于食品安全卫生的把控。以阿里巴巴为代表的交易平台治理重点与以上两类有着根本性的不同，其主要集中于知识产权的保护、消费者权益保障、商家的合理竞争等领域。平台治理的共性难点问题在于平台责任的分配、保护创新与规制秩序的平衡、营利性与公共性（信息共享、政企合作）的平衡。

因此，在平台组织的运作中，规则沟通与商业沟通两种沟通逻辑并存且相互交织促进，这两种沟通逻辑又整合了多种沟通方式，如市场、技术、规则等等，从而将立法、司法裁判、社会舆论等全部整合进来。正是由于组织具有吸纳各种社会子系统不同沟通理性、符码乃至规范的能力，组织成为互联网时代可行的沟通渠道。组织作为一种规范性，而非仅仅认知性的社会制度的存在意义，是以一种外部观察的视角，对各社会子系统的自我规制所体现的不足予以弥补。

## 三、网络平台组织的外部信息关联

平台作为依托互联网的组织，其中的信息始终处于快速发展演变之中，没有明确的分化状态。平台作为一种组织具有内部封闭和认知开放的特征，其在内部借助二元符码进行沟通的同时，与外部的政治系统、法律系统均具有结构耦合关联，存在相互的信息激扰。其结构耦合的具体对象主要是经济系统的主体——商家，政治系统的主体——政府，法律系统的主体——法院，共同作为守法者的个体等。

## （一）与网络平台商家的深度连接

平台组织与商家的主要利益关联体现在行业准入与行为约束、产权保护、竞争利益保护和服务促进四个方面。第一，行业准入与行为约束，即对商家能否进入平台的资质审查与核准。这在网约车平台中争议尤为突出，平台把控的标准直接关系到其责任承担后果。平台通过广告规则、价格机制、服务内容的规定对商家的行为进行约束，不准商家做出对消费者予以欺骗误导的行动。第二，产权保护。一方面是对原创作品或设计的保护，另一方面是对假货的处理。对原创商品保护上平台尤其注重保护创新和中小企业利益，如2015年阿里巴巴发起“中国质造”项目，扶持民族自主品牌的成长与发展。2018年阿里巴巴上线了原创保护计划。阿里巴巴运用图片算法技术及云计算等技术，从“电子存证”“商品首发”“原创备案”“投诉维权”“IP商业化”五个角度为在平台首发的原创商品保驾护航。在打假上，阿里巴巴提出“像治理酒驾一样治理假货”的口号[1]，2017年，阿里巴巴首创大数据打假联盟（简称“AACA”），联合商家共同打假，该联盟在2018年底已有121个成员，分别来自全球16个国家和地区的12个行业。[2]针对图书行业的盗版现象，阿里巴巴上线知识产权服务市场，引入第三方服务机构，为用户提供知识产权解决方案，帮助平台商家以及用户对接维权渠道。第三，竞争利益保护。商家在自身发展的同时，也会遭遇来自其他商业主体的不公正抽检、恶意投诉、敲诈勒索等恶意

[1] 参见《2016阿里巴巴平台治理年报》。

[2] 2018年12月，在中国首届市场监管领域社会共治高峰论坛上，阿里打假联盟被来自市场监管部门、行业协会、企业、学界、媒体等近300名代表评为“十大社会共治案例”之首。参见《2018阿里巴巴知识产权保护年度报告》。

行为。[1] 平台鼓励广大商家在遭遇不公平、恶意行为时，积极向有关部门或者平台寻求帮助，必要时采用法律手段，来维护自身合法权益。面对不公平、恶意行为时，平台愿意为商家维权提供必要帮助，从而成为商家合法经营的坚强后盾。[2] 第四，服务促进。如平台作为双边市场传达消费者的需求以改进商家的服务或商品，或作为管理方促进企业遵守法律法规政策的相关规定等。

从利益关联的角度而言，相比消费者的单次博弈，长期依托于平台进行多次博弈销售等活动的各个商家和企业而言，其对于平台的依赖度更大，也是平台规则的主要受益者或受害者。无论是知识产权保护还是竞价排名、信誉评定，商家都最有动力在规则层面进行平台治理的配合。可以说，在既有的平台商家的参与中，为了争取自身在页面排名上的有利位置以及专利商标保护中的利益，商家通常主动、自发地参与对平台的抗议活动或利益争取活动，这种参与还时常体现出中小商家自发联合且借助新交流平台（如 YY 语音聊天室）的特征。

从服务结构的角度来看，目前，我们所熟知的平台是以淘宝、天猫、京东、微信为代表的 2C 平台，其分别连接的是人与信息、人与消费品、人与服务、人与人，无论是信息、消费品还是服务，除却平台自身作为超级公司在运营信息数据之外，其连接的一边商家主要是中小型企业，更多的大型企业、传统国有企业并未介入这个平台。但是，在可预见的未来，2B 的市场会得到更大的发展，大型供应商的介入会掀起新一轮平台治理的革新。当平台完成了大

[1] 如 2016 年中国羽绒工业协会为排斥非会员企业发布不实抽检结果，损害了相关企业的利益。参见《2016 阿里巴巴平台治理年报》。

[2] 参见《2016 阿里巴巴平台治理年报》。

型企业的网络化、数字化改造时，真正的平台时代才会降临。当平台迈过起初的双边市场连接阶段之后，未来将会在基础服务上进行深度挖掘，从销售服务转向企业服务，从而进行商业的整体数字改造。这与之前贯通企业、个人的战略完全不同，会带来全新的治理模式。可以预见的是，各个类型的企业将会进一步深度参与平台的各项组织活动。

（二）个体对网络平台治理的参与

平台作为一种组织连接了个体与社会，这使得平台具有个体性和社会性的双重特性。个体在平台内通常呈现几种角色：作为购买方的消费者，作为受雇方的劳动者，作为数据信息的提供者、资源的享受者、算法和基础服务的接受者与创造者。随着算法技术的推送能力增强，平台内部对个体的治理越来越呈现个性化的特征，如根据个体的消费、生活习惯等进行个性化的消费定制，基于每个个体的信用评分提供个性化的专属服务，令每个个体都感受到自己的独特性，并对平台产生越来越强烈的依附性。有关衣食住行的几个重要平台除了阿里的淘宝、天猫，还有微信、京东、当当、美团、大众点评等，均是消费者个体几乎每日都需亲密互动的对象[1]。

个体除了享受平台提供的各种资源和服务（这些资源和服务大多数都是免费的，以获取用户的流量来换取平台的盈利以及跨界扩张的可能性）之外，还通过各种方式对平台治理的公共事务进行参与，其主要表现在：（1）通过事件的参与。个体通过事件对平台治理的参与体现出平台驱动型的特征，如优步等平台的发展过程中就出现了诸多平台驱动型参与的事件。其体现为平台驱动消费者

[1] 55.2%的用户每天打开微信10次以上，超过30次的重度用户占比24.9%。《微信平台数据化研究报告》，https://36kr.com/p/219157，2019年6月21日访问。

个体联合参与其对政府管制的抵制，从而改变了政府的最终决策。（2）通过规则制定、修改的参与。借助平台提供的流程机制参与对平台自身的治理，如符合一定条件的消费者可以主动报名参与阿里的规则众议院、大众评审团等平台机制，对涉及平台的交易纠纷、规则制定、平台规划等事项进行类似“陪审团”的“事实审”和类似“议员”的草案议定建议。

与此同时，个体对规则的参与也存在形式与实质双重不足的现象，如在各个平台用户协议的制定过程中，均未有用户参与的身影。目前消费者作为双边市场的一边对平台协议的接受是完全被动的，即现有的用户协议、数据规则通常都是以走过场的形式、以用户的草率同意为前提。事实上，对于一个要急于使用平台进行采买订购等活动的普通用户而言，花上半个小时到几个小时的时间去阅读长达几千上万字的用户协议实在勉为其难，几乎是“不可能完成的任务”[1]。因此，在实际运作中的大多情况下“用户协议”的勾选同意都不过是“走过场”的事项。在用户协议投放生成后，用户除了草草浏览并勾选同意才能进行到下一步之后别无选择。在用户隐私协议方面，更未见用户参与的痕迹，用户对于个人的信息保护规则除了被迫同意平台的规则之外，没有其他的表达渠道甚至是异议渠道。

（三）政府对网络平台治理的参与

政府由于对平台管理的信息和技术壁垒在平台早期发展过程中被认为是一个委托授权的角色，即适当授权放任平台在某个市场领

[1] 有研究经调查得出：如果认真阅读每份用户协议与隐私声明，每个用户一年需要花费244小时的时间，大多数用户对这些内容既不理解也不阅读，对协议的选择是“非知情同意”而不是“知情同意”。参见王莉：《大数据时代社交媒体“数据隐私”的合理使用——知情同意、未知情同意与参与式同意》，载《编辑之友》2018年第10期。

域自我发展，[1]缓解政府的信息劣势和成本劣势，以期使其在电子商务领域提供市场基础设施，尤其是法律基础设施中发挥作用，促进经济发展。也有学者将政府的这种态度称之为柔性管理，目标是缓解监管行为与市场行为之间的矛盾。平台因此在制度的缝隙或者空缺之处自行制定了许多规则。平台发展壮大之后为了改善外部环境则与政府通过多种方式合作，比如，阿里巴巴与政府的合作体现在共建商务诚信[2]、帮扶贫困和电子政务等几个领域。两方在未来到底是走向进一步的深度合作，还是合作抵牾并存，目前尚不明朗。对于政府和平台的关系走向的疑问与探讨普遍存在于学者的研究中。

尽管前文经过讨论得出以阿里巴巴为代表的网络平台规则是一个自创生体系的结论，因而认为网络平台治理很大程度上具有自我组织和自我治理的特性，某些公共政策与治理的学者也对自治性组织有所讨论[3]。然而，学者也认为自组织并不意味着组织可以摆脱

[1] 有学者认为，这种政府对平台发展的授权与改革开放之初中央政府在发展经济过程中对地方政府的授权异曲同工，同样是为了释放经济活力与管理的积极性，缓解中央政府管理的信息壁垒。参见 Lizhi Liu & Barry R. Weingast, *Taobao, Federalism, and the Emergence of Law*, Chinese Style, Minnesota Law Review, 2018, 1563—1590.

[2] 参见《国家发改委与阿里巴巴共建商务领域诚信体系建设》，载中国经济网，http://www.ce.cn/xwzx/gnsz/gdxw/201612/02/t20161202_18347172.shtml，最后访问日期：2019 年 7 月 1 日。

[3] Edelenbos J., van Meerkerk I., Koppenjan J. *The challenge of innovating politics in community self-organization: The case of Broekpolde.* Public Management Review, 2017, 19 (1): 55—73; Klijn E H, Koppenjan J. *Governance networks in the public secto.* Routledge, 2016. Nederhand J, Bekkers V, Voorberg W. *Self-organization and the role of government: How and why does selforganization evolve in the shadow of hierarchy.* Public Management Review, 2016, 18 (7): 1063—1084.

垂直官僚体制的阴影（Shadow of Hierarchy）；反之，自组织常常指“垂直官僚体制下的自组织”（Self-Organization under Hierarchy）[1]，这种观点认为自组织不可能出现在制度真空中，而是必须受到官僚体制中政府力量的影响。[2] 事实上，政府在平台发展过程中很大程度上是一个救火者和监管者，在平台出现严重事故后承担兜底责任。这在网约车平台的旅客安全事故、订餐平台的食品安全事件、网络交易平台的知识产权案件管理中均有所体现。例如，在网约车引起传统出租车行业的抵制之后，在引发旅客安全事故导致公众抵制之后，在网约车遭到政府牌照和运营限制从而动员公众集体抗议之后，[3] 政府均会成为兜底监管负责的一环。[4] 当然，政府更多时候是运用立法和政策监管的模式来对平台的创新发展予以引导或平衡，尽管这种立法规制通常都是滞后的。

（四）其他平台对网络平台治理的参与

平台与平台之间的关系主要体现在市场之中。正如前文所述，平台的核心构成要素是数据、算法、资源、基础服务。资源要素的交换共享与对数据资源的垄断是平台发展中的一对矛盾，围绕这一垄断和共享的博弈将在平台早期的发展中长期持续下去。毕竟，早期的电子商务平台要发展，就必须尽可能多地进行技术管理创新以垄断某个要素，最后通过竞争、合并以达到平台一家独大的垄断效果。一旦平台形成了市场优势则要在基础服务上进行更多的创新举

[1] Whitehead M. *In the shadow of hierarchy: Metagovernance, policy reform and urban regeneration in the West Midlands.* Area, 2003, 35（1）: 6—14.

[2] 李延伟、马亮：《共享经济治理：分析框架与国际经验》，载《电子政务》2018年第4期。

[3][4] 张米宁：《网约车的发展与监管：英国伦敦 Uber 的案例研究》，载《电子政务》2019年第6期。

措，以巩固自己的市场地位，这种基础服务也意味着为其他新兴小平台提供各种对接服务，如互相建立平台之间的信息交换共享机制、信用信息联通机制、建立互联网企业信誉评价机制、建立资源要素交换市场，等等。这些机制的建立无不需要规则的保驾护航。然而，目前，这些规则和机制均处于缺失和无序生长的状态，需要未来的平台治理给予回应。

鉴于平台技术账户的虚拟性和可轻易转换性，平台相互之间还存在“一荣俱荣、一损俱损”的共生性和互补性。如在打假的问题上，平台商家存在多平台栖息的现象，针对假货和制售假货团体在一家平台受到打击后向其他平台转移以及跨境售假现象，各大平台间正在积极谋取合作以维护良好的平台经营环境。如针对炒信事件频发的现象，2016 年阿里巴巴平台与腾讯等八家互联网公司成立反炒信联盟，共同打击炒信黑色产业链。平台之间的共享合作要求其形成某种商盟或共同体联系，以在与政府、立法机关、司法机构的博弈中获取对平台发展有利的规范或政策，并且通过互相之间的交流学习在内部制定有效的甚至是通用的管理规则体系。此外，针对平台集群特征，即平台之间存在的众包、众筹、劳务输出与合作等现象，则需要平台在劳动法、责任分配等领域进行更为深度的合作，以应对制度空白带来的一系列风险。

## 第二节　多中心治理及其网络平台组织应用

### 一、作为多中心治理理论基础的社会系统论

与系统论的多中心决策思想异曲同工的是多中心下的合作自主治理理论。合作治理理论最初诞生于公共管理领域，被认为是

“民主赤字”背景下对原有政府无法妥善解决的复杂命题的积极回应。[1] 美国学者奥斯特罗姆对此领域进行了深入的研究。她在“公共池塘”实践经验的基础上认为经济活动的参与者可以既不通过政府也不通过市场来制定规则，而是由集体成员通过一系列的内部规则来维持自己所有的资源的可持续使用。[2] 在此基础上她倡导一种多中心治理的理论，其核心思想是多层次和多类型组织的复杂结合，即认为当组织之间都具有独立的决策权，且具有一定的竞争关系时。为了协调一致和缓解竞争，他们需要借助契约、冲突管理和合作来形成一种彼此可以相互预测的行为模式。[3] 这种多中心下的合作自主治理理论强调赋予社会组织充分的自主权，目的在于摆

[1] 戚建刚、郭永良：《合作治理背景下行政机关法律角色之定位》，载《江汉论坛》2014 年第 5 期。

[2] 在公共治理学者奥斯特罗姆看来，产生“公地悲剧”最重要原因就是制度供给问题。要对某一事物进行管理，传统上只有两种思路：一是以政府主导的国家论；二是以相关主体自发组织、自发参与为主的企业理论。但事实证明，无论是政府还是主体自发这两种管理都难以在公共事物治理方面取得成功，这一现象印证了亚里士多德《政治学》中的经典论述“凡是属于最大多数人的公共事务常常是最少受人照顾的事物，人们关心着自己的所有而忽视公共的事物”。因为从目标上看，政府的出发点是以社会总福利最大化为目标的，而平台自身治理的目标则未必如此，它的目标是经济主体的利益最大。奥斯特罗姆认为在上述两种理论中，都是由一个局外人承担集体行动的后果（无论成功还是失败），他们的收益（或损失）也与集体行动产生的剩余直接相关。可见，制度供给失败的根本原因在于其制度是由局外人提供的，而非由集体行动中的个人自我供给。因此，对于具有公共性的平台而言，令其利益相关者进行制度的自我供给是克服“公地悲剧”难题的重要手段。[美] 埃莉诺·奥斯特罗姆：《公共事物的治理之道》，余逊达、陈旭东译，上海译文出版社 2012 年版。

[3] Vincent Ostrom, Charles M. Tiebout and Robert Warren. *The organization of government in metropolitan areas: a theoretical inquiry*. American Political Science Review, 1961, 55 (4): 83—142. Michael D. Mcginnis & Elinor Ostrom. *Reflections on Vincent Ostrom, public administration, and polycentricity.* Public Administration Review, 2012, 72 (1): 15—25.

脱集体选择的困境。

在多中心平台治理模式下，治理的结构特点是“多中心”的网状结构，这与传统行政的一元单中心结构和“中心—边缘”结构具有明显的区别，即政府不再是治理的中心，其在话语权上将恪守公众优先的原则。行政机关应该扮演的角色是权力的驯服者、公众能力的建设者、敞开大门的倾听者和实现合意的推动者，即行政机关自身要在法律法规的框架内行使权力，主动倾听公众的意见，进行积极行政和给付行政以发挥社会塑造和利益调控职能，并将众人之意愿转化为公意进而转化为公共利益[1]。

公共治理的特征包括协商式的管理过程、多元主义的合法性保障、制度保障治理的秩序、网络增强适应性和弹性[2]。因此，公共治理或者公共性是现代治理的主要特征，即为了达到集体秩序或共同目标，由公共、私人部门或者非营利组织共同参与形成伙伴关系，通过谈判、协商、讨价还价等政策手段来供给公共产品与服务、管理公共资源的过程，其和新治理、合作治理、全观治理都具有类似含义。

作为治理理论的主要基础理论，社会系统论对于社会的解释也与多中心治理的思想异曲同工。在社会系统论看来，社会是从等同社会、分层社会逐步迈入功能分化的社会，经济、政治、法律、教育、宗教、科学诸个系统逐步成为独立的系统，各个系统之间多元

[1] 戚建刚、郭永良：《合作治理背景下行政机关法律角色之定位》，载《江汉论坛》2014 年第 5 期。

[2] 指网状结构中各个节点频繁互动以共同适应外部环境的变化从而形成一种权变式的管理。Stoker，G. *Governance as Theory: Five Proposition.* International Social Science Journal 1998（Vol.50）. 转引自余军华、袁文艺：《公共治理的概念和内涵》，载《中国行政管理》2013 年第 12 期。

分立，并通过结构耦合的方式共存。卢曼的系统首先是功能自足的，其通过类程序的结构性过程使得自身区分于环境，使得系统自成为系统。多中心治理模式的功能之一便在于进一步维护这种社会分化，防止功能分化的社会出现“去界分化”的危险，“去界分化”的结果是系统之间不再分离依赖，社会将屈从于单一的标准，还会出现更多的暴力乃至极权。“去界分化”的危险主要来自政治系统，即整个沟通制度政治化的危险。从整体社会中分化出来的政治秩序常常出现不稳定的趋势，主要表现为政治决定的不确定性、权力过于集中、权力的泛化和滥用、政治支持的不断波动等[1]。卢曼的功能—结构主义的系统理论非常强调各个功能及子系统的独立地位，因此孕育出了治理理论的自组织观点，在自组织的逻辑下，社会不断分化、多元化和复杂化，因此也形成了卢曼多质的、多中心的、无数系统交错形成的乱世，即使每个系统之间自主运行，但其高度的不自足会使得系统遭遇风险并出现高度的不确定。

## 二、基于规则之治的网络平台多中心治理

多中心和决策分散的思想不仅在系统论中有所体现，在经济学的诸理论中也得到了深入的研究。当然，这并不是一种纯粹的、哈贝马斯政治理论意义上的程序性沟通，而是通过以多重信息节点作为条件，将社会诸领域的实体性规范纳入进来，使得网络状态下的社会沟通通过分散的组织决策被纳入不同的社会子系统中[2]，即平

[1]［德］贡塔·托依布纳：《宪法的碎片：全球社会宪治》，陆宇峰译，中央编译出版社2016年版。

[2] 刘涛：《互联网时代的社会治理——以社会系统理论为分析框架》，载《社会学评论》2017年第4期。

台作为组织，通过分散化解不同信息至不同的社会子系统从而为环境“降噪”。

鉴于网络平台的公共性，平台的应用具有非排他性，其较低的准入门槛使得其时常浸淫于无序而泛滥的信息流中，数据隐私的弱保护和数据垄断带来的一系列恶果令大众的忧虑与不信任不断滋长，因此，平台的“公地悲剧”也正在形成[1]。由于平台兼具公共性和营利性，平台治理因此也兼具公共治理和私人治理的特性：公共治理主要是实现公共目标，包含公共产品和服务的供给和公共资源的治理，是“有政府的治理”；而私人治理是企业间为达到共同目的而进行的互相依赖资源的合作。平台由于其公共产品的性质存在“公地悲剧”难题，由于其私人公司的性质又存在私人利益最大化的趋向。

基于奥斯特罗姆等人的理论主张和对策论证，与互联网平台治理的治理情景、公共事务和参与者属性呼应，平台治理可以采纳一种多利益相关方参与的多中心治理模式，即通过多元治理、技术治理等方式代替传统的政府监管，它是一种以平台自我规制为主导的多元治理方式，这种自我规制主要通过平台自身组织决策和规则之治得到运行。

鉴于平台的基础设施性，在平台治理层面，同样存在法律、代码、社会规范、市场等多种规制手段。然而，正是由于制度供应不足、法律不够健全、代码存在黑箱，社会规范支离破碎、市场处于无序状态，因此才催生了平台规则的自创生。这种规则的运行过程应当进行动态化的处理，即采取多元主体共同参与制定的

[1] 美国学者加勒特·哈丁在 1968 年第一次提出了“公地悲剧”的理论模型。

模式。这种多元治理意味着多利益相关方需要通过一种有效的渠道参与到治理过程中，表达利益需求，积极提出建议。根据奥斯特罗姆的理论，基于信任的平台治理只要能够实现利他者的愿望和抱负，允许他们追求并实现群体的利益，就能够维持长期的合作治理。

## 三、网络平台组织作为多中心治理的枢纽组织

多中心的治理意味着存在多个利益相关方，其具有合作监管的意味，是一种“去中心化”的治理，即要求传统的官僚组织去回应不同利益群体的诉求。然而，我们知道一旦走向合作监管，就容易缺乏核心力量，如果陷入各方的相互牵扯反而消耗社会成本[1]。因此，多中心的治理还意味着由一个核心牵头的相关方治理，这个“核心”在平台治理的语境下就是平台组织自身。这一点在三方主义理论的观点中也有所支持，伊恩·艾尔斯和约翰·布雷维斯特（Ian Ayers & John Braithwaite）提出的三方主义理论认为根据产业情况和规制目的，规制权可以下放给企业、公共利益集团或者被规制企业的竞争者，发挥政府、企业之外的第三方力量，利用公共利益集团防止有害俘获，才是真正、有效的合作。[2]其核心观点便是为第三方组织赋权。

正如大卫·古斯顿在其科学社会学的建构方法中提出，在政治与科学之间有一类边界组织，其同时对政治人物和科学共同体负

[1] 胡凌：《从开放资源到基础服务：平台监管的新视角》，载《学术月刊》2019年第2期。

[2] See Ian Ayers & John Braithwaite, *Responsive Regulation: Transcending the Deregulation Debate*, Oxford University Press, 1992, pp. 57—58.

责，并作为协调利益相关者的平台。此外，组织的一个重要功能即在于将特殊的行动过程加以固定，从而使得其成员和非成员对行动过程变得可估算[1]。在系统理论看来，功能系统与正式组织之间存在明显的差异，功能系统本身既无法行动，又无法谈判，也无法沟通。因此，功能系统必须由正式组织代替，即使这些正式组织并不能完全代表所属的整个领域，但它们作为集体行动者拥有这些能力。[2]平台经营者具有组织的性质，其在协调政治、商业、科技等利益方面，正可以承担这样一种边界组织[3]，其合理性和可行性在于：第一，平台具有治理的技术优势。平台掌握了数据资源和技术产权，众所熟知的算法黑箱事实上只是针对平台组织以外的主体，包括政府。平台企业自身拥有诸多专利数据技术，在治理主体的参与或者动员上，平台可以轻易动用算法、大数据技术对用户进行智能分析，筛选出利益相关群体[4]，这于平台在网约车事件发起的“驱动型参与”中已经充分体现。第二，平台具有治理的信息优势。平台的信息尽管多数情况下遍布整个网络空间，但信息存在动态、细碎、海量的特征，从而使得外界难以捕捉相关群体的需求，只有在平台内部，这些数据信息才可根据算法技术分类，成为信息数据体系，并因其系统性而成为“有效数据”、“有

[1][德]克内尔、纳斯海：《卢曼社会系统理论导引》，鲁显贵译，台湾巨流图书公司2000年版，第55页。

[2][德]托依布纳：《宪法的碎片：全球社会宪治》，陆宇峰译，中央编译出版社2016年版，第47页。

[3][美]大卫·古斯顿：《在政治与科学之间：确保科学研究的诚信与产出率》，龚旭译，科学出版社2011年版，第12—14页。

[4]张欣：《数字经济时代公共话语格局变迁的新图景——平台驱动型参与的兴起、特征与机制》，载《中国法律评论》2018年第2期。

效信息”。我们认为，如果没有信息处理技术，再“透明”和“公开”的信息都会是无效信息。平台占有的信息可以分为账户信息、交易信息、行为习惯信息、算法技术信息、程序规则信息五大类。第三，平台具有治理的资本优势。平台这样兼具市场和管理属性的组织，可以动用多种市场工具，有效吸纳、整合企业资本、社会资本和私有资本及其背后的资本，具有合作生产和治理的主导地位。如果说艾莉森·加勒特（Alison D. Garrett）曾经以人口和领土、经济权力、外交能力、社会稳定、（立法与）执法、货币政策、公益事业七个方面罗列了现代公司和国家权力的类似之处[1]，今日的平台尤其是跨国超级平台已经在算法技术、经济权力、信用支付、物流管理等方面逐步具有超越传统政府甚至是国家的能力了。

总体而言，平台进行治理的手段主要有价格机制、用户准入、合同约束、声誉机制、技术方案等市场化的手段，相比传统的政府治理，其效率更高，降低了委托—代理问题中的信息不对称问题。在这个意义上说，网络时代的社会治理，包括国家（政治）治理体系的变迁方向在于从一种全知全能型的管制（regulation）转变为一种补充性的、具有外部限权性（limitative）的规范体系。法院、行政机关的功能定位也将在网络时代发生变动[2]。

[1] See Allison D. Garrett, Corporation as Sovereign, 60 Me. L. Rev. 129, 143—146 (2008).

[2] 刘涛：《互联网时代的社会治理——以社会系统理论为分析框架》，载《社会学评论》2017年第4期。

## 第三节 多中心治理的制度构造

多中心治理应用在平台治理的制度设计上，就是要通过以多重信息节点为条件，将社会各个领域的实体性规范纳入进来，使得超级网络状态下的社会沟通通过分散的组织决策被纳入不同的社会子系统之中。这种组织运作的框架可以超越传统组织注重垂直维度的决策前提构建，更加注重水平维度的决策前提和决策情境的丰富。从系统理论的观点来看，组织正是这种通过不断构建组织规则、决策前提和决策情境的“解悖论”运作。[1] 具体来说，这种运作可以采用多元主义的管理制度框架。

多元主义的研究者弗拉格认为，多元主义模式在解决多方参与问题时需要考虑以下几个方面：一是识别出所有利益相关方，由其代表参与相关决策；二是各方代表参与的形式；三是利益团体代表如何解决相互的冲突。[2] 多元主义治理模式的基本假设是理性将在多元利益的相关竞争中形成，即“建立一个框架，如果该框架中的每个人都仅仅寻求增进他们自己的利益，那么事情就会按照理性来发展，尤其是事情的发展将会产生偏好满足的最大化”。[3] 其原理是通过多元参与充分吸取各个主体的地方性知识，科学决策流程，

[1] 参见 Seidl, David. *Luhmann's theory of autopoietic social system.* Ludwig-Maximilians-Universitat Munchen-Munich School of Management, 2004, pp. 20—21。

[2] Gerald E. Frug, *The Ideology of Bureaucracy in American Law*, Harvard Law Review, 1984, pp. 1368—1369. 转引自张力：《行政法的自治范式研究》，社会科学文献出版社 2015 年版，第 79 页。

[3] [澳] 菲利普·佩迪特：《共和主义：一种关于自由与政府的理论》，刘训练译，江苏人民出版社 2006 年版，第 224 页。

降低主体抵触心理，方便平台规则和决策的执行。

作为一个自创生的组织，其要在内部决策和外部关系两个方面来不断完善自身。具体到内部决策上，主要关注平台决策结构和决策前提等难题，在外部关系上，则为通过契约关系、规制网络等实现平台的多中心治理。

## 一、平台自身的组织建设

### （一）丰富平台决策结构

组织的构建并非仅仅指涉建立初期的各种决策，因为组织的延续本身就是决策的不断延续和递归，也就是说，组织在系统理论看来，并不是一种静态的社会治理机制，而是随时根据具体事件和情境调整组织目标和运作方式的动态场域。组织结构包含静态和动态两种，静态的组织结构是指组织的形式结构，也就是组织的决策前提：决策程序、人事安排、沟通渠道、责任分工、组织管理的幅度与跨度，动态的组织结构主要指组织的权力结构关系、协调机制、互动模式等。卡斯特认为，“网络社会的崛起”使社会再结构化，改变着社会形态结构，重塑了社会模式。[1]

这一点在网络时代多中心的组织框架中得到了更为显著的体现[2]。作为一种组织，平台系统不断会通过增强自身的复杂性来化解环境的复杂性，通过自身的运作符码对可纳入事项进行理性选择。但是，在外部复杂性的过程中，平台自身的复杂性到了一定时

[1]［美］曼卡尔·卡斯特：《网络社会的崛起》，夏铸九等译，社会科学文献出版社2001年版，第569页。

[2]刘涛：《互联网时代的社会治理——以社会系统理论为分析框架》，载《社会学评论》2017年第4期。

期也会成为“不堪承受之重”，所以又需要新的化解，即通过内外部信息的处理、对自身决策能力的认知、反思和调控以达成自我的调整和演化，继续稳定外界的预期。

（二）识别利益相关者

作为一种组织，平台的复杂运作活动与极端复杂的周遭世界之间存在整合、选择、适应、自我组织以及互动的关系。为了防止平台权力在与其他主体博弈时的异化，平台需要识别利益相关者，平台的多元治理结构中最重要的两对治理关系就是政府对平台的治理以及平台对其经营者的治理，因此其中最重要的利益相关者无非是五类：政府、平台商家和消费者，以及行业协会和公众。对利益相关者的识别隶属于系统沟通的社会维度，即区分和整合不同个体，通过对组织参与者准入条件的规制来划定系统沟通的边界[1]。这在组织内部通常通过垂直或者水平的人事结构调整达成，在组织外部则通过利益相关者的沟通渠道整合达成。

对于政府而言，就是要在促进合作治理的同时进行有效监管，以体现治理共享经济的“包容监管”的新思维[2]，努力在促进平台创新和平台社会责任上达成平衡，并在治理过程中赋予平台更多的治理权责，为平台营造公平竞争的营商环境。政府在行政工具的选择上应尽可能选择较为柔性的规制工具，以制度规范促进社会主体实质参与规制过程；在行政组织的设置上以任务为导向，赋予其主

[1] 参见 Luhmann，Niklas. *Theory of society.* Vol.1. Stanford University Press，2012. p.75。转引自刘涛：《自我指涉与结构耦合：系统理论下刑法与社会关系论纲》，南京师范大学 2017 年博士学位论文，第 157 页。

[2] 谢新水：《共享经济引发的两大变革及其可持续发展策略：以公共管理为视角》，载《首都师范大学学报》2018 年第 5 期。

动和灵活的“敏捷治理”能力，并构建组织间的协调机制和争议解决机制。如可按照平台经济的内在规律和特征对平台业务模式进行分阶段、分类型的指导，调整改进多重监管框架力争实现制度的协调无缝衔接、健全税收补贴等配套扶植政策以促进平台商业模式创新、完善基于大数据的商业信用体系建设等。[1] 平台在此过程中应主动与政府合作共享，在监管空白之处积极寻求政府的加强监管之道。

对于平台商家，要提供其参与平台治理的正式参与机制，听取其利益诉求并不断修改平台治理的方式，打假联盟等方式可以进一步推广。对于消费者，应该一方面以各种奖惩措施促进其对平台的参与，发挥其在打假、打击刷分炒信等活动中的监督、举报、投诉作用，以各种机制为依托促使其参与平台规则的制定、执行和监督。目前，尽管淘宝已经通过规则公示和规则众议院等渠道为消费者和商家参与提供了参与渠道，但这种渠道的便利性、畅通性、常规性和影响力仍不足，从而使得利益相关者参与的频度和深度均有所不足。应该帮助形成消费者在公共平台上公开讨论的积极性，积极建设消费者参与平台治理的公共领域。另一方面要不断改进用户体验与服务，以用户协议的制定为例，就可以要求用户提前介入用户协议的谈判和条款制定，引入用户体验和改造建议投诉计划，相关数据协议要建立在用户同意的基础上，强化用户对服务协议的了解、认知与改造力度。

对于公众，要调整公众参与平台治理的方式。鉴于平台的弱连接方式，公众和消费者更容易自组织，突破时刻阻隔，在平台的特

[1] 李凌：《平台经济发展与政府管制模式变革》，载《经济学家》2015 年第 1 期。

定场域下共同活动。平台应该设置类政府的决策流程，赋予公众在规则制定和重大事项决策上的听证、参与决策和论证、提出建议和意见的协商对话与合作执法的权力，将大众评审和规则众议院等机制进一步规范化和深度运作。在适当的时候，平台可以就关乎社会公众重大利益的规则或决策事项进行网络投票，脸书的全球公投模式即为一种典型的公众参与范例，这体现了平台权力运行的透明度、公开和参与导向。

对于行业协会，平台自身事实上时常受到相关商业行业协会的抵制和外部监督。[1] 然而，平台自身却缺乏互联网类别的行业协会的内部自我监督和管理，行业协会在制定标准和执行标准方面的力量也非常有限，其治理规则多不具有实质性内容和约束力，如《中国互联网行业自律公约》等在行政和司法裁量中不构成合法性判断标准。在适当时机通过互联网行业协会的自我监管及与其他行业协会的协调来促进平台发展是一个组织生长的路径。互联网协会在制定团体和行业规章上具有自身的信息优势，在适当时机通过公私合作方式纳入行业协会的治理标准承认其治理地位、授予其治理权力是未来的治理趋势之一，如《电子商务法》第 7、8 条即明确肯定了行业规范在平台治理中的作用。

## 二、形成具体制度

在多中心治理模式下，网络平台越来越多地承担了原本由行政

[1] 阿里巴巴加强平台治理的背景之一，是包括美国时装设计师协会和旅游用品协会、瑞士钟表业联合会在内的 18 个国际贸易团体于 2016 年 10 月向美国贸易代表（USTR）提交报告，以阿里巴巴的网站上尤其是淘宝上仍有“大量假冒商品”为由，呼吁美国贸易代表署重新将阿里巴巴列入年度全球“恶名市场”黑名单。

机关担负的责任义务，但基于其私人主体性质，却回避了原本由公权力主体必须承担的严格审查与权力限制，针对这种权力过大而责任不足的隐忧，应该在赋予平台相应治理主体权力的同时施加相应的治理义务，如正当程序和信息公开等传统行政法公认的原则均可应用到平台规则的运行中去，尤其是涉及重大行业利益或消费者利益的问题应当事前设置通用的平台规则程序，使得平台的各项涉及重大利益的规则可预期。平台治理的落地需要具体制度的支持，通过这些制度形成组织的内外沟通渠道，以便各个利益相关者在应用沟通渠道中形成协商合作。对于平台治理而言，最重要的是建立以下几个方面的制度。

（一）利益组织化制度

利益组织化针对解决的是多利益主体参与治理时可能存在的问题，主要有：一是组织决策与分散的个人商议将付出巨大的交易成本。决策的效率性要求分散的个人结成利益功能团体来表达自身的利益，向外界传达代表性的信息。二是决策可能的“管制俘获”，即强势利益团体更容易对决策产生各种影响从而使得决策对自己有利，而分散的弱势群体要么“大部分都是‘搭便车’者，并不愿意承担集体行动的组织成本”[1]，要么陷于私人事务而无暇参与决策。因此，需要为各种群体提供利益组织化的支持，以降低其利益代表或者表达的交易成本[2]。以上的问题要求决策核心提供相应的信息传递制度、利益代表制度、利益表达制度。

[1]［美］曼瑟尔·奥尔森：《集体行动的逻辑》，陈郁等译，生活·读书·新知三联书店、上海人民出版社1995年版，第9页。

[2]王锡锌、章永乐：《我国行政决策模式之转型——从管理主义模式到参与式治理模式》，载《法商研究》2010年第5期。

信息传递制度的目的在于利益主体之间彼此诉求的富有效率的传达，这对于平台而言可以借助大数据智能技术和平台自身的海量数据得以完成。利益代表制度主要是在大量而分散的利益主体内部建立商家联盟、消费者联盟、消费者利益代表人、“公共利益代理人”等，从而使得利益相关者尤其是弱势群体的利益诉求得到可靠的代理人进行传递。利益表达制度则是在传统的大众评审团制度基础上的进一步深化，给予更多普通用户以诉求表达、异议、建议的具体有效渠道。

（二）程序支持制度

“程序的实质是管理和决定的非人情化，其一切布置都是为了限制（权力的）恣意、专断和裁量。”卢曼曾说在西方旧的身份同体关系解体与资本主义新秩序确立这一历史过程中，有两项制度起到了神奇的作用，一个是社会或私法领域里的契约，另一个是国家或公法领域里的程序。[1]平台发挥的作用正是在解构旧的工业电气时代的秩序而重新建构智能时代的秩序，在这一过程中，程序的保驾护航作用仍然必不可少。这一程序规则在平台的多中心治理模式下就是要求将政府、顾客、平台商家等利益相关者提前引入到规则的制定、论证过程中来，并具有对规则修改、提议、制定的反馈和参与机制。诸如淘宝众议院、大众评审团这样的创新机制应该进一步常态化和正规化，平台的各项决策都要有成文的正当性程序规则可以依据。

具体而言，在程序设置上：第一，明确利益相关者的参与事项：有关公众切身利益的事项，如安全、健康、成长等基本需求。

[1] 季卫东：《法律程序的意义》，载《中国社会科学》1993 年第 1 期。

第二，赋予利益相关者议程设置和发起的权利：允许各个利益相关者尤其是普通公众发起议程，掌握程序主动权，提出决策建议稿或草案，允许各个利益团体通过各个正规程序渠道表达自己的偏好。第三，提供充分的信息传递、表达和回应渠道，如规定或定期主办一系列的座谈会、协商会、听证会、开放式论坛等，并设置公众公平表达意见的环节，要求对各个参与者的意见无论采纳与否都要提供回应，仅仅参与表达而无回应的机制只会停留在程序正义层面。第四，建立决策反馈和修正机制，对各个利益团体要在决策发布后继续设置专门流程，以接受各种关于决策执行或改进的反馈建议或意见，允许各个参与者进行批评。决策的过程是一个不断沟通—反馈—再沟通—修正—再沟通—实施的过程，沟通与修正、反馈的程序往返交错、互动运行。

（三）算法控制制度

现行的平台治理模式主要集中在与数据和内容有关的平台责任上，如平台在数据收集、使用过程中的责任，以及平台在内容发布和监管中的责任，而缺失了对算法的监管。然而平台时代，算法与规则呈现出水乳交融的关系，对算法的监管审查对于平台责任和网络空间的治理极为关键。[1] 平台治理固然可以借助规则的自创生得以运行，作为其架构的算法本身也应纳入规则规制的体系内，规则本身就应该包括对算法规制的规则，平台规则的创生过程应该应用到算法的创制过程中去。

前述规则多元参与的程序性机制可以应用到算法的设计中，从事后的问责机制转变为事前的风险预防机制，在具体的机制设计上

[1] 参见张凌寒：《风险防范下算法的监管路径研究》，载《交大法学》2018 年第 4 期。

就是要将算法规则的设置提前经过各利益相关方的参与论证，至少要听取规则制定者的咨询建议，而不仅仅是实验室里工程师的单方技术创造。“黑箱”在适当时必须经受公众的适当质询并公开，法律从业者也应在其制定过程中发挥论证参与者的作用，从而将传统的事后监管转变成为事前的风险防范模式，即从结果监管转向事前的预防性监管。这就要求监管审查的对象从单轨的内容监管转向内容和算法的双轨制监管，[1]围绕算法风险的防范建立平台责任与技术责任的双轨责任制度，并对算法的生产性资源数据进行管理，对算法可能造成的消极后果进行风险防范。

（四）评估与问责制度

组织运作的过程也是决策不断建构、论证、实施、优化的过程，在复杂的组织系统运作中，面对系统与环境的各种可能性，组织者始终以“期待”的心态和态度从事实际的行动过程，并且在行动前、行动中和行动后随时对自己的行动进行反思，并永远不会满足自己的行动结果，永远追求新的行动可能性。[2]这一反思过程不仅要求组织者进行反思，还要求不同的主体通过参与、评价来督促组织者的反思。对重大决策尤其是事关公共安全和利益的决策进行评估和问责也是平台治理中的应有之义，这是由于平台企业作为一种私权力的主体同样有滥用权力的可能[3]，同样需要外部的监督和

[1] 算法的研发设计要遵循道德标准和设计规则，算法的运行应充分对用户公开透明其设计的目的和策略，其研发设计运行均应接受监管部门审查并建立有关的标准审核流程，并赋予算法用户知情权、解释权、异议权等权利。参见张凌寒：《风险防范下算法的监管路径研究》，载《交大法学》2018 年第 4 期。

[2] 高宣扬：《卢曼社会系统理论与现代性》，中国人民大学出版社 2016 年版，第 15 页。

[3] “一切权力的拥有者都有滥用权力的可能”，参见［法］孟德斯鸠：《论法的精神》，商务印书馆 2012 年版。

问责[1]。在平台组织内部的问责评估需要平台自身在评估主体、评估载体、评估方式和保障因素方面进行建设，在平台外部的评估问责则需要行业协会会同政府有关部门共同进行，比如在适当时候引入第三方评估专业机构来进行评测监督。

（五）解纷救济制度

多中心治理有效与否及其可能带来的负面影响需要在事后给予利益相关者适当的救济渠道，无论是向行业协会投诉、运用平台内部解纷渠道、向政府有关部门反映申诉、动用媒体监督还是最终诉诸仲裁或司法程序，事后的完善救济渠道才是多中心治理的最后保障，并有助于实现平台组织与各个社会系统之间的终极互动和监督。如果没有有效的事后救济、惩罚，所有系统之间的互动都只能是一种“弱”层次的互动。当前的平台治理系统的复杂性需要建立与之相配套的事后救济制度，以线上、线下两种方式为利益相关者提供救济渠道，并提供全域性的具有互联网思维和设计精神的便利渠道，打通既有的救济渠道障碍。

## 小　结

对待平台治理者及作为利益相关者的权力，监管部门不能再以传统的民法、行政法等规制思路来应对平台治理中规则运转面临的问题。平台规则的自创生理论对于平台治理的启示是，对于平台应在未来采取崭新的适应性治理模式。这种适应性治理的要害就在于通过全面而迅捷地把握信息、发挥多个利益主体的力量来共同进行

[1] 参见周辉：《变革与选择：私权力视角下的网络治理》，北京大学出版社2016年版。

"审时度势"的多中心的治理[1]。在此过程中，平台自治应为常态和主体，即平台运经营者自身应该发挥主导作用，根据系统外界环境的变化随时调整自身的各项规则，保持一种规范封闭而认知开放的状态。其他主体的多元共治为重要补充，政府需在规则面临冲突或争议时及时给予指导和协调，在平台难以应对系统外挑战时予以支持补位，在平台内部管理失灵时给予必要监管。平台内经营者、消费者及相关社会组织与个人则以适当的程序和方式来参与规则的制定、运行与监督，从而形成一种多元合作治理和决策的格局。

多中心治理的理念主张平台、政府、企业、行业、社会形成多元协同共治的模式，并通过对规则的参与性、程序性和技术制度的设计对多中心治理予以支撑，其内核是尊重多元主体的价值和智慧，主张一种多方合作，并适当参考传统的行政、立法决策流程程序，构建相关的配套制度。也许，这终将把平台治理纳入传统的法律规制运行体系中去，并仍然以传统法律体系对公开性、透明性和可问责性的追求为己任，从而使人们形成了"太阳底下并无新鲜事"的刻板印象。只是静观才会发现，其内核与主体已经发生了翻天覆地的变化。

通过多中心治理的平台治理模式研究发现，平台治理应引入政治决策的流程模式，对平台的自创生决策进行细化的升级改造。平台治理目前还停留在网络平台运营者为主体的阶段。事实上，未来的平台也许根本不限于一家公司为主体，对此，已经有学者提出了"平台城市"（钟鸿钧，2018）的概念，还有的学者提出了"平台社

[1] 张克中：《公共治理之道：埃莉诺·奥斯特罗姆理论述评》，载《政治学研究》2009年第6期。

会”的概念[1]，即在未来，一座城市和整个社会本身都将以平台方式运行。在可预见的未来，平台的形式、内容和规模都会发生创举与革新，电子商务平台之外还会涌现出更多的技术平台、生活服务平台、生涯发展平台、工业平台，等等。可以预见，当一座城市或社会都成为平台时，多中心的治理将不仅是一种可能，还将成为一种必需。政府会进一步面临巨大的挑战和威胁，任何一方主体都无能为力完成如此大体量、多方位的管理，只有依赖多方主体的力量，才能全方位动用各种资源、脑力和技术。

[1] Victoria Nash、Jonathan Bright，etc. *Public Policy in the Platform Society*. Policy and Internet，2017.

# 结论

网络平台是近些年来新兴的事物，其与传统企业系统迥异的是在诞生之初就与互联网、人工智能、大数据等工业 4.0 时代的技术紧密勾连，且由于体量巨大、动辄牵涉一国乃至人类的消费结构、生活和语言习性乃至命运走向，因此从一开始就打上了“未来感”的烙印。与平台有关的研究注定是一个多学科的领域。经济学者、管理学者分别在各自的领域对其作出了一系列的研究，法学界对于平台的研究还极为初步。对于这样一种新兴事物，一方面需要借助恰当的经典理论尤其是社会学理论的最新成果加以全面深入地认识、描述，另一方面要从描述认识中得出平台治理的模式构造，为这一时代难题提供学识智识。

互联网的规则运作从其诞生以来就始终处于自由主义和规制主义两种思想进路的张力之中。价值层面对互联网的畅想或防范是伦理学和哲学领域所密切关注的对象，法律学者的研究从法律社会学的角度来审视网络则总是离不开对其内在机制诸如结构、功能、运作机理的关注，进而从法教义学的角度去关注网络的各种权责问题。正如托依布纳认为，现代社会的基本权利不仅仅会受到政治权力的纵向侵犯，还会受到经济、科学、传媒、医疗、教育等“匿名魔阵”的横向侵犯，这种横向的侵犯事实上已经导致大量的人们陷于边缘地位，因此掀起了社会运动的一个个浪潮。互联网法作为法律系统和互联网系统的结构耦合机制，兼具两个系统的沟通符码，并在结构封闭中保持认知的开放，不断吸纳互联网系统中的新兴内容。本书对于平台的理论分析是对系统论的进一步验证和发展，不仅丰富了自创生系统理论的现代应用，也提升和夯实了网络平台治理的理论依据。

对于平台的认识通常都是基于对其合法性的质疑开始的，平台发展至今的近 20 年历史中经历了一个指数级、跨越式增长的过程，可以说当没有注意的众人忽然定睛一看时，便发现网络平台已经成为一个“独立王国”——其占有的能量、资源之大，其牵扯的受众数目之多，其掌握的技术、数据之新令其某种程度上成为政府之外的“一极”，传统学科的局限性已经使得其无法回应平台治理的诸多难题。当我们运用自创生系统理论的视角去考察时，会发现平台规则是一个自创生的系统，其通过自我观察、自我调整、自我描述、自我构成和自我再生产不断更新完善自身的规则，并不断对自身进行更新换代，以适应时代的发展。在此过程中，平台规则是不断流动反身的，平台对自身规则通过“二阶观察”不断主动整顿、通过纠纷解决对规则进行修改更新，通过自身创设的机制、程序对规则予以标准化地适用。

这种平台规则的自创生与组织的自治紧密关联，即平台治理事项通常是政府难以触及，导致了平台组织的自我供给与创新。与系统论的原理一样，平台系统的规范封闭和认知开放是相辅相成的，只有认识了平台规则的封闭性，才能在此基础上对其开放性和自我完善功能透彻了解。平台规则系统与其他的社会经济系统、政治系统、个体意识系统之间通过契约—交易、所有权—财产、算法—数据等耦合结构形成了系统之间信息的激扰与干涉。平台系统内部发生的改变并非完全是外界环境输入影响的直接结果，而是系统自身

“沟通”意义下的结果，系统对外界环境影响通过高度自主的选择予以反应。据此，网络平台系统是高度自主而不自足的系统。

关于平台运作的基本条件，本书认为在平台规则系统与环境中有一条比较清晰的边界，这一边界是借助不同的沟通媒介来运行的。在系统内部的沟通媒介是“金钱”“信用”“算法”“责任”。“金钱”的媒介对应的是平台的商业和营利事项，这是一个平台完全自治的领域，政府应该恪守自己的边界而不能越界。在“信用”和“算法”为媒介的领域，平台虽然能够实现自治，但时常面临“黑箱”和侵犯数据权利、选择权利等拷问，因此在系统的封闭自治为主之余还应注意与外界的互动开放，在信息、程序、规则制定和制度建设等方面积极吸收外界能量。以“责任”为沟通媒介的平台公共安全事项和公共福祉事项与政治系统的重叠阴影面积最大，二者在这里形成了密集的互动，政府和法院以“权力”作为媒介对于平台系统无力的事项予以补足。

总体而言，本书认为网络平台是一个独立的系统。与法院在法律系统中的中心地位类似，网络平台的系统中心是作为决策核心的平台企业组织。这一组织具有完全不同于传统企业法人的各种特性，一方面平台组织对于系统环境具有治理的强烈自主性，另一方面平台系统内部自我指涉和内部循环运作会令平台组织面临外来压力时不得不及时作出各种决策和回应。这一组织在不断丰富自身决策结构的同时也与外部各个结构主体之间存在利益和信息的交换。组织在以平台为主体的治理和以平台为对象的治理中分别掌握着决策主导权和决策参与权。无论是平台作为主体的治理还是以平台作为对象的治理，都应采取一种“适应性”的多中心治理模式，这一模式要求以平台组织作为决策的核心和主体，在平台治理中承担一种主导性的地位。平台组织在不断丰富自身决策前提的同时，在治理过程中应借鉴政治决策有关的流程机制，达成某种“议论”式的治理，并在此过程中对平台的组织决策前提和治理制度进行细化的升级改造。

网络平台的出现不是在互联网的虚拟空间“未来之路”上越走越远，而是有意识地整合虚拟和现实的世界，起到了一个连接现实和网络的“组织者”作用。如果我们在互联网的运作上不断追问“谁的算法”“谁的决策”？那么至少在平台这个领域，我们可以得到相对清晰的认识：这是在平台这个综合系统内部以平台组织为主导和枢纽组织的多中心共同参与的算法和决策，它将在某种程度上延循既有的政治系统与法律系统的立法、政策、司法决策流程与模式，将我们对人类文明社会发展的第三次浪潮——人工智能社会的种种猜想和担忧逐个实现和击破。

个体在平台时代的生存方式无疑与以往相比已经形成了颠覆性的变革，这种生存方式可以称为“数字化生存和无限的网络连接”。个体意识深受算法技术的激扰和信息的拘束，表面上看通过平台，就连处于边远山区的人们也可以获得大量的信息，信息的获得和技术的运用越来越公平。然而事实上，对于信息的选择能力和对技术的掌控能力却呈现出前所未有的分化区隔趋势，其背后的智力因素、家庭背景和教育背景等因素事实上发挥了资源分配的实质效力。在这种情况下，公平和歧视已经成为一种水乳交融、难分彼此的状态。表面的公平意味着深度的不公平，最终起到决策作用的可能是掌握算法、规则和资源代码的少数人群。尽管拥有极为宽广的受众，但平台的决策前提里通常只有少量的人群，若要推动平台时代的决策民主化，以平台自治为主的多中心治理机制是一个可行的出路。

本书主要以阿里巴巴平台为例，对平台进行个案研究基础上的全景透视。这不仅是因为阿里巴巴是中国最大也是世界排名前十的超级网络平台，电子商务平台在全社会各个类型平台发展中具有带动示范效应；也是因为其与普通公众生活的紧密互动所带来的全社会生活方式和思维方式的巨大变革。以单个平台系统而带动全社会系统的自我更替与创生，这在人工智能时代具有极为重要的社会学研究意义。

本书的可能学术贡献在于：第一，在平台治理这个新兴的学术领域，详细梳理了相关的中外文献，为后来者的研究提供了一些基础性的理论智识与铺垫。第二，鉴于对平台治理的法律研究缺乏深刻理论指导的现状，对治理有关的社会理论进行了较为完整的回溯，在此基础上进一步运用社会系统论中的自创生理论对平台的规则边界、组织边界等问题进行详细描述。提出了网络平台规则是一个自创生系统的命题，从而有助于深化对平台规则及其治理的认识。第三，通过详密论证构建了多中心治理的平台治理模式，为平台治理提供了可行的制度设想，从而填补了平台治理领域缺乏有效深入的法治研究的不足，为平台治理的进一步完善提供了新的理路。第四，将平台规则及其治理放置到具体的电子商务平台语境中予以分析检验，尤其对中国最为典型的超级网络平台——阿里巴巴的实证资料研究为分析论证提供了可行的支撑，从而增强了研究的实践价值和推广意义。此外，作者还深入阿里巴巴平台进行了针对平台灵活用工、反垄断与反不正当竞争、数据与算法治理等领域的详密调研和论证，获得了宝贵的第一手平台资料，从而增强了本书的理论应用和实践指导价值。第五，为社会学经典的自创生系统论提供了崭新的观察视域，从而为该理论提供了来自互联网智能新时代的验证，为该理论自身的发展和更新提供了新的理路。

然而，囿于研究能力和研究资源等局限，本书除却通过调研访谈得来的大量实证资料，在基于社会系统理论和治理理论等重要理论的分析论证和抽象建构上还有待进一步深化，对于平台治理的实践和理论贡献还可以进一步提升。此外，不同平台企业、不同发展阶段的规则及其治理模式也有着不同的表征。智能时代的飞速发展使得本书所应用的相关理论需要在网络平台实践中进一步跟踪观察检验，并对于平台进行分阶段地细化分析。有关社会系统理论对平台的全景透视还可以在未来不同场景、不同类型、不同领域的平台中进行分析验证。总之，平台及其规则的快速发展和更新迭代需要我们始终以一种开放的心态、多元的方法不断地对其进行分阶段、分场景的追踪观察和深入探寻。

# 参考文献

## 一、中文著作类

1. 沈岿、付宇程、刘权等:《电子商务监管导论》,法律出版社 2015 年版。

2. 苏国勋、刘小枫:《二十世纪西方社会理论文选:社会理论的诸理论》,华东师范大学出版社 2005 年版。

3. 杜健荣:《卢曼法社会学理论研究——以法律和社会的关系问题为中心》,法律出版社 2012 年版。

4. 高宣扬:《鲁曼社会系统理论与现代性》,中国人民大学出版社 2016 年版。

5. 徐晋:《平台经济学:平台竞争的理论与实践》,上海交通大学出版社 2007 年版。

6. 周雪光:《组织社会学十讲》,社会科学文献出版社 2003 年版。

7. 欧树军:《国家基础能力的基础:认证与国家基本制度建设》,中国社会科学出版社 2013 年版。

8. 石晓军:《信用治理:文化、流程与工具》,机械工业出版社 2004 年版。

9. 王文建、夏金华:《治理理论研究新探》,科学出版社 2018 年版。

10. 周雪峰、李平主编:《网络平台治理与法律责任》,中国法制出版社 2018 年版。

11. 胡泳、王俊秀主编:《连接之后：公共空间重建与权力再分配》，人民邮电出版社 2017 年版。

12. 陈卫星:《网络传播与社会发展》，北京广播学院出版社 2001 年版。

13. 吴声:《场景革命：重构人与商业的连接》，机械工业出版社 2015 年版，第 66 页。

14. 周辉:《变革与选择：私权力视角下的网络治理》，北京大学出版社 2016 年版。

15. 王勇、戎珂:《平台治理：在线市场的设计、运营与监管》，中信出版社 2018 年版。

16. 钟学富:《社会系统：社会生活准则的演绎生成》，中国社会科学出版社 2007 年版。

17. 王小章:《经典社会理论与现代性》，社会科学文献出版社 2006 年版。

18. 张康之:《合作的社会及其治理》，上海人民出版社 2014 年版。

19. 孔繁斌:《公共性的再生产：多中心治理的合作机制建构》，江苏人民出版社 2012 年版。

20. 刘学:《重构平台生态》，北京大学出版社 2017 年版。

21. 李宏、孙道军:《平台经济新战略》，中国经济出版社 2018 年版。

## 二、中文译著类

1.［德］尼克拉斯·卢曼:《社会的法律》，人民出版社 2009

年版。

2.［德］尼克拉斯·卢曼:《法社会学》，上海人民出版社 2013 年版。

3.［德］尼克拉斯·卢曼:《权力》，瞿铁鹏译，上海人民出版社 2005 年版。

4.［德］尼克拉斯·卢曼:《社会的经济》，人民出版社 2008 年版。

5.［德］尼克拉斯·卢曼:《社会的宗教》，周怡君等译，台湾商周出版社 2002 年版。

6.［德］尼克拉斯·鲁曼:《社会中的法》，李君韬译，台湾五南图书 2009 年版。

7.［德］尼克拉斯·鲁曼:《对现代的观察》，鲁贵显译，左岸文化 2005 年版。

8.［德］玛格特·博格豪斯:《鲁曼一点通》，张锦惠译，台湾暖暖书屋文化事业股份有限公司 2016 年版。

9.［德］托依布纳:《魔阵·剥削·异化——托依布纳法律社会学文集》，泮伟江、高鸿钧等译，清华大学出版社 2012 年版。

10.［德］托依布纳:《法律：一个自创生系统》，张骐译，北京大学出版社 2004 年版。

11.［德］托依布纳:《宪法的碎片：全球社会宪治》，陆宇峰译，中央编译出版社 2016 年版。

12.［美］奥斯特罗姆:《公共事物的治理之道：集体行动制度的演进》，余逊达、陈旭东译，上海译文出版社 2012 年版。

13.［德］克内尔、纳斯海:《卢曼社会系统理论导引》，鲁显贵译，台湾巨流图书公司 2000 年版。

14.［美］劳伦斯·赖斯格:《代码：塑造网络空间的法律》，李旭等译，中信出版社 2004 年版。

15.［美］劳伦斯·赖斯格:《代码 2.0：网络空间中的法律》，李旭等译，清华大学出版社 2018 年版。

16.［美］乔纳森·特纳:《社会学理论的结构》，邱泽奇译，华夏出版社 2001 年版。

17.［美］理查德·泰勒、卡斯·桑斯坦:《助推》，刘宁译，中信出版社 2009 年版。

18.［美］尼古拉斯·尼格罗庞蒂:《数字化生存》，胡泳、范海燕译，海南出版社 1997 年版。

19.［英］杰弗里·维克斯:《判断的艺术——政策制定的研究》，陈恢钦等译，中国青年出版社 2004 年版。

20.［美］黛博拉·斯通:《政策悖论：政治决策中的艺术》，顾建光译，中国人民大学出版社 2009 年版。

21.［美］大卫·雷·格里芬:《后现代精神》，王成兵译，中央编译出版社 2015 年版。

22.［美］弥尔顿·L. 穆勒:《网络与国家：互联网治理的全球政治学》，周程等译，上海交通大学出版社 2015 年版。

23.［美］詹姆斯·布坎南:《自由的界限》，董子云译，浙江大学出版社 2012 年版。

24.［以色列］尤瓦尔·赫拉利:《未来简史》，林俊宏译，电子工业出版社 2017 年版。

25.［以色列］尤瓦尔·赫拉利:《人类简史》，林俊宏译，电子工业出版社 2017 年版。

26.［法］布迪厄、［美］华康德:《实践与反思：反思社会学导引》，李猛、李康译，中央编译出版社 1998 年版。

27. [ 美 ] 理查德 · 斯皮内洛：《铁笼还是乌托邦：网络空间的道德与法律》，李伦等译，北京大学出版社 2007 年版。

28. [ 美 ] W. 理查德 · 斯科特，杰拉尔德 · F. 戴维斯：《组织理论：理性、自然与开放系统的视角》，高俊山译，中国人民大学出版社 2011 年版。

29. [ 美 ] 鲍威尔、迪马吉奥：《组织分析的新制度主义》，姚伟译，上海人民出版社 2008 年版。

30. [ 法 ] 费埃德伯格：《权力与规则》，张月等译，格致出版社、上海人民出版社 2008 年版。

31. [ 美 ] W. 理查德 · 斯科特：《制度与组织——思想观念与物质利益》（第 3 版），姚伟、王黎芳译，中国人民大学出版社 2010 年版。

32. [ 美 ] 戴维 · 尤里奇、托德 · 吉克、史蒂夫 · 克尔：《无边界组织：打破组织结构的锁链》，机械工业出版社 2016 年版。

33. [ 美 ] 丹尼尔 · F. 史普博：《管制与市场》，余晖等译，上海人民出版社 1999 年版。

34. [ 美 ] 凯斯 · 桑斯坦：《网络共和国——网络社会中的民主问题》，黄维明译，上海人民出版社 2003 年版。

35. [ 荷 ] 穆尔：《赛博空间的奥德赛——走向虚拟本体论和人类学》，麦永雄译，广西师范大学出版社 2007 年版。

36. [ 美 ] 戴维 · 伊斯顿：《政治生活的系统分析》，王浦劬译，人民出版社 2012 年版。

37. [ 英 ] 哈耶克：《法律、立法与自由》（第 1 卷），邓正来译，中国大百科全书出版社 2000 年版，第 55 页。

38.［美］曼卡尔·卡斯特:《网络社会的崛起》，夏铸九等译，社会科学文献出版社 2001 年版。

39.［美］曼卡尔·卡斯特:《网络社会：跨文化的视角》，周凯译，社会科学文献出版社 2009 年版。

40.［赛］库巴利加、［英］盖尔博斯坦:《网络治理》，中国互联网协会译，人民邮电出版社 2005 年版。

41.［美］欧文·戈夫曼:《日常生活的自我呈现》，冯钢译，北京大学出版社 2008 年版。

42.［英］亚当·乔伊森:《网络行为心理学》，任衍具、魏玲译，商务印书馆 2010 年版。

43.［荷兰］舒尔曼:《科技时代与人类未来——在哲学深层的挑战》，李小兵译，东方出版社 1995 年版。

44.［美］凯斯·桑斯坦:《网络共和国——网络社会中的民主问题》，黄维明译，上海人民出版社 2003 年版。

45.［美］基佐:《欧洲文明史：自罗马帝国败落起到法国革命》，程洪逵、沅芷译，商务印书馆 1998 年版。

46.［美］克里斯托弗·斯坦纳:《算法帝国》，李筱莹译，人民邮电出版社 2017 年版，第 197 页。

47.［德］乌尔里希·贝克:《风险社会》，何博闻译，译林出版社 1992 年版。

48.［德］尼克拉斯·卢曼:《风险的社会学》，小松丈晃译，新泉社 2014 年版。

49.［英］安东尼·吉登斯:《现代性的后果》，田禾译，译林出版社 2011 年版。

50.［美］阿什肯纳斯、尤里奇、吉克:《无边界组织：移动互联时代企业如何运行》，康至军等译，机械工业出版社 2016 年版。

51. ［美］亚历克斯·莫塞德、尼古拉斯 L. 约翰逊：《平台垄断：主导 21 世纪的经济力量》，机械工业出版社 2018 年版。

52. ［美］杰奥夫雷·G. 帕克、马歇尔 W. 范·埃尔斯泰恩、桑基特·保罗·邱达利：《平台革命：改变世界的商业模式》，志鹏译，机械工业出版社 2017 年版。

53. ［美］戴维·埃文斯、理查德·施马兰奇：《多边平台经济学》，张昕译，黄勇、张艳华校译，中信出版集团 2018 年版。

## 三、中文论文类

1. 周汉华：《论互联网法》，载《中国法学》2015 年第 3 期。

2. 吴汉东：《人工智能时代的制度安排与法律规制》，载《法律科学》2017 年第 5 期。

3. ［德］贡托·托依布纳：《法律与社会中的自创生：对勃兰根堡的反驳》，冯健鹏译，《法哲学与法社会学论丛》2007 年第 1 辑。

4. 宾凯：《法律如何可能：通过“二阶观察”的系统建构——进入卢曼法律社会学的核心》，载《北大法律评论》2007 年第 7 卷。

5. 李学尧：《如何寻求政治理想与法治理想的统一：一个规划的法理论视角》，载《法制与社会发展》2015 年第 9 期。

6. 李学尧：《应急法治的理想类型及其超越》，载《中国法律评论》2021 年第 4 期。

7. 李忠夏：《宪法学的系统论基础：是否以及如何可能》，载《华东政法大学学报》2019 年第 3 期。

8. 李忠夏：《法治国的宪法内涵：迈向功能分化社会的宪法观》，载《法学研究》2017 年第 2 期。

9. 张海涛：《政治与法律的耦合结构：党内法规的社会系统论分析》，载《交大法学》2018 年第 1 期。

10. 刘涛：《文字与法律演化：卢曼系统理论的视角》，载《社会学评论》2016 年第 5 期。

11. 刘涛：《互联网时代的社会治理：以社会系统理论分析为分析框架》，载《社会学评论》2017 年第 4 期。

12. 泮伟江：《作为法律系统核心的问题：卢曼的社会系统论及其启示》，载《清华法治论衡》2009 年第 2 期。

13. 泮伟江：《双重偶联性问题与法律系统：卢曼社会学的问题结构及其启示》，载《中外法学》2014 年第 2 期。

14. 杜健荣：《法律系统的自治：论卢曼对法律自治理论的重建》，载《中南大学学报》2008 年第 4 期。

15. 杜健荣：《自创生视域中的法律与社会——卢曼法律自创生理论研究》，载《中山大学法律评论》第 9 卷第 2 辑。

16. 渠敬东、周飞舟、应星：《从总体支配到技术治理——基于中国 30 年改革经验的社会学分析》，载《中国社会科学》2019 年第 11 期。

17. 马长山：《互联网时代的软法之治》，载《现代法学》2016 年第 5 期。

18. 王勇、冯骅：《平台经济的双重监管：私人监管与公共监管》，载《经济学家》2017 年第 11 期。

19. 余军华、袁文艺：《公共治理：概念与内涵》，载《中国行政管理》2013 年第 12 期。

20. 解志勇、修青华:《互联网治理视域中的平台责任研究》,载《国家行政学院学报》2017 年第 10 期。

21. 孙国强、张宝建、徐俪凤:《网络权力理论研究前沿综述及展望》,载《外国经济与管理》2014 年第 12 期。

22. 李三虎:《技术、空间和权力——米歇尔·福柯的技术政治哲学》,载《公共管理学报》2006 年第 3 期。

23. 吴炯、胡培、任志安:《企业边界的多重性与公司治理结构》,载《经济科学》2002 年第 6 期。

24. 黄晓星、杨杰:《社会服务组织的边界生产——基于 Z 市家庭综合服务中心的研究》,载《社会学研究》2015 年第 6 期。

25. 涂明君、张志明:《西方治理理论的社会系统学派》,载《中国社会科学报》2019 年 8 月 14 日;涂明君:《社会治理是系统治理》,载《中国社会科学报》2016 年 5 月 18 日。

26. 涂明君、张志明:《从一竿子插到底、摸石头过河到系统治理——组织系统理论视域下 70 年国家治理模式变革逻辑》,载《理论学刊》2019 年第 9 期。

27. 宋红岩:《网络权力的生成、冲突与道义》,载《江淮论坛》2013 年第 3 期。

28. 薛虹:《论电子商务第三方交易平台——权力、责任和问责三重奏》,载《上海师范大学学报(哲学社会科学版)》2014 年第 5 期。

29. 肖文明:《观察现代性——卢曼社会系统理论的新视野》,载《社会学研究》2008 年第 5 期。

30. 方兴东、严峰:《网络平台“超级权力”的形成与治理》,载《人民论坛》2019 年第 8 期。

31. 孙国强、李维安：《网络组织治理边界的界定及其功能分析》，载《现代管理科学》2003 年第 3 期。

32. 肖红军、李平：《平台型企业社会责任的生态化治理》，载《管理世界》2019 年第 4 期。

33. 沈凯、王雨本：《信用立法的法理分析》，载《中共中央党校学报》2009 年第 3 期。

34. 罗培新：《善治须用良法：社会信用立法论略》，载《法学》2016 年第 12 期。

35. 田飞龙：《公众参与的时代样本——厦门 PX 事件的过程分析和模式归纳》，载王锡锌主编：《公众参与和中国新公共运动的兴起》，中国法制出版社 2008 年版。

36. 胡象明、唐波勇：《危机状态中的公共参与和公共精神》，载《人文杂志》2009 年第 3 期。

37. 周志家：《环境保护、群体压力还是利益波及：厦门居民 PX 环境运动参与行为的动机分析》，载《社会》2011 年第 1 期。

38. 许可：《数据保护的三重进路——评新浪微博诉脉脉不正当竞争案》，载《上海大学学报》2017 年第 6 期。

39. 张骐：《直面生活、打破禁忌——一个反身法的思路》，载《法制与社会发展》2003 年第 1 期。

40. 严新龙：《“互联网 +”时代的行政法律规制》，载《重庆社会科学》2017 年第 7 期。

41. 高秦伟：《社会自我规制与行政法的任务》，载《中国法学》2015 年第 5 期。

42. 宋华琳：《论政府规制中的合作治理》，载《政治与法律》2016 年第 8 期。

43. 胡凌:《数字社会权力的来源：评分、算法与规范的再生产》，载《交大法学》2019 年第 1 期。

44. 戴昕:《“守法作为借口”：通过社会规范的法律干预》，载《法制与社会发展》2017 年第 6 期。

45. 季卫东:《决策风险、问责以及法律沟通》，载《政法论丛》2016 年第 6 期。

46. 诸大建、李中政:《网络治理视角下的公共服务整合初探》，载《中国行政管理》2007 年第 8 期。

47. [德] 托依布纳:《现代法中的实质要素和反思要素》，矫波译，载《北大法律评论》第 2 卷第 2 辑（1999 年）。

48. 张骐:《直面生活，打破禁忌——一个反身法的思路》，载《法制与社会发展》2003 年第 1 期。

49. 罗静:《国外互联网监管方式的比较》，载《世界经济与政治论坛》2008 年第 6 期。

50. 石萌萌:《美国网络信息管理模式探析》，载《国际新闻界》2009 年第 7 期。

51. 何明升、白淑英:《网络治理：政策工具与推进逻辑》，载《兰州大学学报》2015 年第 3 期。

52. 孟天广、李锋:《网络空间的政治互动：公民诉求与政府回应性——基于全国性网络问政平台的大数据分析》，载《清华大学学报》2015 年第 3 期。

53. 张君:《网络空间国际治理的困境与出路——基于全球混合场域治理机制之构建》，载《法学评论》2015 年第 4 期。

54. 张新宝、许可:《网络空间主权的治理模式及其制度构建》，载《中国社会科学》2016 年第 8 期。

55. 张康之、向玉琼:《网络空间中的政策问题建构》,载《中国社会科学》2015 年第 2 期。

56. 刘作翔:《当代中国的规范体系:理论与制度结构》,载《中国社会科学》2019 年第 7 期。

57. 方兴东、严峰:《浅析超级网络平台的演进及其治理困境与相关政策建议——如何破解网络时代第一治理难题》,载《汕头大学学报》2017 年第 3 期。

58. 王瑞雪:《政府规制中的信用工具研究》,载《中国法学》2017 年第 4 期。

59. 吴元元:《信息基础、声誉机制与执法优化——食品安全治理的新视野》,载《中国社会科学》2012 年第 6 期。

60. 石佑启、陈可翔:《论互联网公共领域的软法治理》,载《行政法学研究》2018 年第 4 期。

61. 毕雁英:《法律社会化视角下的软法责任》,载《行政法学研究》2018 年第 4 期。

62. 丁晓东:《算法与歧视——从美国教育平权案看算法伦理与法律解释》,载《中外法学》2017 年第 6 期。

63. 白堃:《测度、评估和奖励:中国和西方建立社会信用体系的挑战?》,载《互联网金融法律评论》2018 年第 1 期。

64. 高秦伟:《社会自我规制与行政法的任务》,载《中国法学》2015 年第 5 期。

65. 戴昕:《"守法作为借口":通过社会规范的法律干预》,载《法制与社会发展》2017 年第 6 期。

66. 王雪飞、张一农:《国外互联网管理经验分析》,载《现代电信科技》2007 年 8 月。

67. 罗静:《国外互联网监管方式的比较》，载《世界经济与政治论坛》，2008 年第 6 期。

68. 尹建国:《我国网络信息的政府治理机制研究》，载《中国法学》2015 年第 1 期。

69. 郜书锴:《场景理论的内容框架与困境对策》，载《当代传播》2015 年第 4 期。

70. 孙玮:《微信：中国人的“在世存有”》，载《学术月刊》2015 年第 15 期。

71. 王浦劬:《国家治理、政府治理和社会治理的含义及其相互关系》，载《国家行政学院学报》2014 年第 3 期。

72. 辛西娅·休伊特·德·阿尔坎塔拉:《“治理”概念的运用与滥用》，载《国际社会科学杂志》1999 年第 1 期。

73. 臧雷振:《治理类型的多样性演化与比较——求索国家治理逻辑》，载《公共管理学报》2011 年第 4 期。

74. 李大宇、章昌平、许鹿:《精准治理：中国场景下的政府治理范式转换》，载《公共管理学报》2017 年第 1 期。

75. 周黎安、张维迎、顾全林、沈懿《信誉的价值：以网上拍卖交易为例》，载《经济研究》2006 年第 12 期。

76. 方旭辉:《ODR——多元化解决电子商务版权纠纷新机制》，载《法学论坛》2017 年第 4 期。

77. 申欣旺:《淘宝互联网纠纷解决机制——结构化维权及其司法价值》，载《法庭内外》2016 年第 3 期。

78. 朱慈蕴、毛健铭:《商法探源：论中世纪的商人法》，载《法制与社会发展》2003 年第 4 期。

79. 张钧:《法律多元主义及其在中国的新发展》，载《法学评论》2010年第4期。

80. 郎平:《网络空间国际治理机制的比较与应对》，载《战略决策研究》2018年第2期。

81. 邹军:《从个人管理到全球共治：互联网治理的历史变迁与未来趋势》，载《现代传播》2017年第1期。

82. 孙永革、郎平:《中国参与“多利益相关方”的治理实践及收获》，载《汕头大学学报（人文社会科学版）》2017年第1期。

83. 王瑞雪:《政府规制中的信用工具研究》，载《中国法学》2017年第4期。

84. 张凌寒:《风险防范下算法的监管路径研究》，载《交大法学》2018年第4期。

85. 徐晋、张祥建:《平台经济学初探》，载《中国工业经济》2006年第5期。

86. 肖卫兵:《我国社会信用立法若干问题探析》，载《电子政务》2017年第6期。

87. 姚志伟:《“网规”若干基本问题初探》，载《科技与法律》2012年第2期。

88. 黄进、胡永庆:《现代商人法论——历史与趋势》，载《比较法研究》1997年第2期。

89. 孙宇:《互联网治理的模型、话语及其争论》，载《中国行政管理》2017年第5期。

90. 李凌:《平台经济发展与政府管制模式变革》，载《经济学家》2015年第1期。

91. 程贵孙、陈宏民、孙武军:《双边市场视角下的平台企业行为研究》，载《经济理论与经济管理》2006 年第 9 期。

92. 曲振涛、周正、周方召：《网络外部性下的电子商务平台竞争与规制——基于双边市场理论的研究》，载《中国工业经济》2010 年第 4 期。

93. 王勇、朱雨辰：《论开发区经济的平台性和政府的作用边界——基于双边市场理论的视角》，载《经济学动态》2013 年第 11 期。

94. 张康之、向玉琼：《网络空间中的政策问题建构》，载《中国社会科学》2015 年第 2 期。

95. 李凌：《平台经济发展与政府管制模式变革》，载《经济学家》2015 年第 7 期。

96. 王勇、冯骅：《平台经济的双重监管：私人监管与公共监管》，载《经济学家》2017 年第 11 期。

97. 泮伟江：《宪法的社会学启蒙——论作为政治系统与法律系统结构耦合的宪法》，载《华东政法大学学报》2019 年第 3 期。

98. 孙宇：《互联网治理的模型、话语及其争论》，载《中国行政管理》2017 年第 5 期。

99. 黄荣贵：《互联网与抗争行动：理论模型、中国经验及研究进展》，载《社会》2010 年第 2 期。

100. 孔繁斌：《多中心治理诠释——基于承认政治的视角》，载《南京大学学报》2007 年第 6 期。

101. 罗豪才、宋功德：《公域之治的转型》，载《中国法学》2005 年第 5 期。

102. 华中生：《网络环境下的平台服务及其管理问题》，载《管理科学学报》2013 年第 12 期。

103. 冯巨章：《政府、市场、企业和商会治理机制演化研究》，载《中国经济问题》2012 年第 4 期。

104. 彭岳：《共享经济的法律规制问题——以互联网专车为例》，载《行政法学研究》2016 年第 1 期。

105. 张成福、孟庆存：《重建政府与公民的信任关系》，载《国家行政学院学报》2003 年第 3 期。

106. 王坤、周鲁耀：《平台企业的自治与共治》，载《浙江学刊》2021 年第 1 期。

107. 周辉：《网络平台治理的理想类型与善治——以政府与平台企业间关系为视角》，载《法学杂志》2020 年第 9 期。

## 四、英文著作类

1. Niklas Luhman. Personnel. In D. Baecker（Ed.）& R. Barrett（Trans.）, *Organization and Decision*. Cambridge University Press, doi: 10.1017/9781108560672.010 Suhaib, 2018.

2. Niklas Luhman. *A sociological theory of law*. China Social Sciences Publishing House, 1999.

3. Niklas Luhman. *Observations on Modernity*, Standford University Press, 1998.

4. Niklas Luhman, *The Differentiation of Society*, Columbia University Press, 1982.

5. Niklas Luhman. *Essays on Self-reference*, Columbia University Press, 1990.

6. Ostrome. *A Polycentric Approach for Coping with Climate Change*, Policy Research Working Paper 5095. Washington, DC: The

World Bank, 2009.

7. Pfeffer J., Salancik G. *The External Control of Organizations: A Resource Dependence Perspective*, Harper & Row, 1978.

8. Cass R. Sunstein, *Risk and Reason: Safety, Law, and the Environment*, Cambridge University Press, 2002.

9. Adam Thierer, Andrea Castillo O'Sullivan, and Raymond Russell, *Artificial Intelligence and Public Policy,* Routledge India, 2018.

10. Moravec H. *Mind children: The future of robot and human intelligence.* Cambridge, MA, USA: Harvard University Press, 1988.

11. Howlett M., Ramesh M. *Studying Public Policy. Policy Cycles and Policy Subsystems* Toronta: Oxford University Press, 1995.

12. Robert C. Ellickson, *Order Without Law: How Neighbors Settle Disputes,* Harvard University Press, 1994.

13. Eric A. Posner, *Law and Social Norms*, Harvard University Press, 2002.

14. Howlett M., Ramesh M. *Studying Public Policy. Policy Cycles and Policy Subsystems*. Oxford University Press, 1995.

15. Working Group on Internet Governance. *Report of the Working Group on Internet Governance.* http://www. wgig.org/docs/ WGIGREPORT.pdf/.

16. William Dutton. *The Oxford Handbook of Internet Studies.* Oxford University Press, 2013.

17. Yochai Benkler. *The Wealth of Networks: How Social Production Transforms Markets and Freedom*. Yale University Press, 2006.

18. Lawrence B. Solum. *Models of Internet Governance*. In Lee A. Bygrave and Jon Bing. *Internet Governance: Infrastructure and Institutions*. Oxford University Press, 2009.

19. Milton L. Mueller. *Networks and States: The Global Politics of Internet Governance. Cambridge*, MIT Press, 2010.

20. Boudreau K. J., Hagiu A. *Platform Rules: Multi-sided Platforms as Regulators. In Platforms, Markets and Innovation,* A Gawer ( eds ). UK: Edward Elgar Publishing, 2009.

21. Dellarocas C., Dini F., Spagnolo G. *Reputation Mechanisms*. Handbook of Economics and Information Systems, Terence Hendershott, ed., Elsevier Publishing, 2006.

22. Rochet, J.-C. And J. Tirole. *Two-sided Markets: an Overview. Mimeo*, IDEI, University of Toulouse, 2004.

23. Armstrong, M. *Competition in Two-sided Markets*. University College, 2004.

24. Nakamura, L. *Cybertypes: Race, ethnicity, and identity on the internet*. Routledge, 2013.

25. Rosenau, J. N., & Czempiel, E.-O. *Governance without government: Order and change in world politics*. Cambridge University Press, 1992.

26. Gillespie, T. *Custodians of the internet: Platforms, content moderation, and the hidden decisions that shape social media.* CT: Yale University Press, 2018.

27. Helmond, A. *The affordances of social media platforms. In J. Burgess, A. Marwick, & T. Poell ( Eds. ),* The SAGE handbook of social

media, 2018. SAGE. doi: 10.4135/9781473984066.

28. David S. Evans, Richard Schmalense, *Matchmakers: The New Echonomics of Multisided Platforms,* Harvard Busines Review Press, 2016.

29. Gillespie, T. *Regulation of and by platforms*. In J. Burgess, A. Marwick, & T. Poell（Eds.）, The SAGE handbook of social media. 2018, London: SAGE. doi: 10.4135/9781473984066.

30. Scholz, T. *Platform cooperativism*（challenging the corporate sharing economy）. Rosa Luxemburg Foundation, 2016.

31. Srnicek, N. *Platform capitalism.* Cambridge: Polity Press, 2016.

32. Van Dijck, J., Poell, T., & de Waal, M. *The platform society: Public values in a Connective world.* Oxford University Press, 2018.

33. Moore, M., & Tambini, D.（Eds.）. *Digital dominance: The power of Google, Amazon, Facebook and Apple*. Oxford: Oxford University Press, 2018.

## 五、英文论文类

1. Akerlof G. A. *The Market for "Lemons": Quality Uncertainty and the Market Mechanism.* The Quarterly Journal of Economics, 84（3）: 488—500, 1970.

2. Alzou'bi, Dr. Haitham Alshibly, Dr. Mohammad Al-Ma' Aitah 3, *Artificial Intelligence In Law Enforcement*, International Journal of Advanced Information Technology, Vol. 4, No. 4, 2014.

3. Robert Cooter, *A Normative Failure Theory of Law,* Cornell Law

Review. Vol. 82, No. 5 ( Jul., 1997 ).

4. Lisa Bernstein, *Opting Out of the Legal System: Extralegal Contractual Relations in the Diamond Industry*, Journal of Legal Studies, Vol. 21, No. 1, 1992.

5. Richard H. McAdams, *The Origins, Development, and Regulation of Norms,* Michigan Law Review, Vol. 96, No. 2, 1997.

6. Dan M. Kahan and Eric A. Posner, *Shaming White—collar Criminals: A Proposal for Reform of the Federal Sentencing Guidelines*, Journal of Law and Economics, Vol. 42, No. 1, 1999.

7. Lawrence Lessig, *The Regulation of Social Meaning*, University of Chicago Law Review, Vol. 62, No. 3, 1995.

8. Cass R. Sunstein, *On the Expressive Function of Law,* University of Pennsylvania Law Review, Vol. 144, No. 5, 1996.

9. Malcolm M. Feeley, *Law, Legitimacy and Symbols: an Expanded View of Law and Society in Transition,* 77 Mich. L. Rev. 899, 1978—1979.

10. N. Luhmann, *Operational Closure and Structural Coupling: The Differentiation of the Legal System,* 13 Cardozo. L. Rev. 141, 1441, 1991.

11. Cary Coglianese and David Lehr, *Regulating By Robot: Administrative Decision Making in The Machine-Learning Era*, The Georgetown Law Journal, Vol. 105: 1147.

12. Trevor Bench-Capon, Etc. *A History of AI And Law In 50 Papers: 25 Years of The International Conference on AI And Law*, Artif Intell Law, 2012.

13. Abbott, R. *I Think, Therefore I Invent: Creative Computers and The Future of Patent Law.* Boston College Law Review, 57（4）, 2016.

14. Miller, A. R.*Copyright Protection For Computer Programs*, Databases, And Computer Generated Works: Is Anything New Since Contu? Harvard Law Review, 1993.

15. Wang Y., Feng H., Liu H., et al. *Platform Governance in the Sharing Economy: Interplay Between Public and Private Regulators.* Academy of Management Proceedings, 2017.

16. Rochet, J.-C. And J. Tirole. *Platform Competition in Two-sided Markets*. Journal of European Economic Association, 1（4）, 2013.

17. Eisenmann, T., G. Parker And M.Van Alstyne. *Opening Platforms: How,When and Why*? Harvard Business School Entrepreneurial Management Working Paper No.09-030, 2009.

18. Eisenmann, T., G. Parker And M. Van Alstyne. *Platform Envelopment.* Strategic Management Journal, 32, 2011.

19. Wright, J. *One-sided Logic in Two-sided Markets*. Review of Network Economics, 3（1）, 2004.

20. Jullien, B. *Two-sided Markets and Electronic Intermediari*e. CESifo, Working Paper No.1345, 2004.

21. Robert Gorwa, *What is platform governance*? Information, Communication & Society, Vol. 22, No. 6, 2019.

22. Nooren, P., van Gorp, N., van Eijk, N., & Fathaigh, RÓ *Should we regulate digital platforms? A new framework for Evaluating policy options.* Policy & Internet, 10（3）, 2018, doi: 10.1002/poi3.177.

23. Nash,V., Bright, J., Margetts, H., & Lehdonvirta, V. *Public*

*policy in the platform society*. Policy & Internet, 9（4）, 2017. doi:10.1002/poi3.165.

24. Helmond, A. *The platformization of the web: Making web data platform ready*. Social Media & Society, 1（2）, 2015. doi:10.1177/2056305115603080.

25. Bogost, I., & Montfort, N. *New media as material constraint: An introduction to platform studies*. In Proceedings of the first international HASTAC conference, 2007.

26. Fukuyama, F. *What is governance? Governance,* 26（3）, 2013.

27. Gillespie, T. *The politics of "platforms."* New Media & Society, 12（3）, 2010.

28. Gillespie, T. *Platforms intervene*. Social Media & Society, 1（1）, 2015. doi:10.1177/2056305115580479.

29. Helberger, N., Pierson, J., & Poell, T. *Governing online platforms: From contested to cooperative responsibility*. The Information Society, 34（1）, 2018, doi:10.1080/01972243.2017.1391913.

30. Helmond, A. *The platformization of the web: Making web data platform ready*. Social Media & Society, 1（2）, 2015. doi:10.1177/2056305115603080.

31. Kaye, D. *A human rights approach to platform content regulation*. Report of the UN Special Rapporteur on the Promotion and Protection of the Right to Freedom of Opinion and Expression. Retrieved from https://freedex.org/a-human-rights-approach-to-platform-content-regulation/, 2018.

32. Matias, J. N., & Mou, M.*Civilservant: Community-led experiments in platform governance.* In 2018 CHI conference on human factors in computing systems. ACM.

33. Nash, V., Bright, J., Margetts, H., & Lehdonvirta, V. *Public policy in the platform society.* Policy & Internet, 9（4）, 2017. doi:10.1002/poi3.165.

34. Nieborg, D. B., & Poell, T. *The platformization of cultural production: Theorizing the contingent cultural commodity.* New Media & Society, 2018. doi:10.1177/1461444818769694.

35. Nielsen, R. K., & Ganter, S. A. *Dealing with digital intermediaries: A case study of the relations between publishers and platforms.* New Media & Society, 2017. doi:10.1177/1461444817701318.

36. Pasquale, F. *Two narratives of platform capitalism.* Yale Law & Policy Review, 35（1）, 2016.

37. Pasquale, F. *Tech platforms and the knowledge problem. American Affairs, 2(2).* 2018, Retrieved from https://papers.ssrn.com/abstract = 3197292.

38. Plantin, J.-C., Lagoze, C., Edwards, P. N., & Sandvig, C. *Infrastructure studies meet platform studies in the age of Google and Facebook.* New Media & Society, 20（1）, 2018.

39. Scholz, T., & Schneider, N.（Eds.）. *Ours to hack and to own: The rise of platform cooperativism, a new vision for the future of work and a fairer internet.* OR Books, 2017.

40. Schwarz, J. A. *Platform logic: An interdisciplinary approach to the platform-based economy.* Policy & Internet, 9（4）, 2017.

doi:10.1002/poi3.159.

41. Suzor, N., Van Geelen, T., & Myers West, S. *Evaluating the legitimacy of platform governance: A review of research and a shared research agenda.* International Communication Gazette, 2018. Retrieved from https://eprints.qut.edu.au/112749/.

42. Van Doorn, N. *Platform labor: On the gendered and racialized exploitation of low-income service work in the "on-demand" economy. Information*, Communication & Society, 20（6）, 2017. doi:10.1080/1369118X.2017.1294194.

43. Weltevrede, E., & Borra, E. *Platform affordances and data practices: The value of dispute on Wikipedia.* Big Data & Society, 3（1）, 2016. doi:10.1177/2053951716653418.

44. Barnett, M., & Duvall, R.（Eds.）. *Power in global governance*, Cambridge University Press, 2004.

45. Barocas, S., Hardt, M., & Narayanan, A. *Fairness and machine learning,* 2018. Retrieved from https://fairmlbook.org.

46. Klonick, K. *The new governors: The people, rules, and processes governing online speech.* Harvard Law Review, 131, 1598, 2017.

47. Kate Crawford, *The Hidden Biases of Big Data*, Harvard Business Review, April 1, 2013.

48. Bryce Goodman & Seth Flaxman, *European Union regulations on algorithmic decision-making and a "right to explanation"* ICML Workshop on Human Interpretability in Machine Learning, 2016.

49. Tal Z. Zarsky, *Understanding Discrimination in the Scored Society.* 89 Wash. L. Rev. 1375, 2014.

50. Marie-Helen Maras, *Internet of things: Security and privacy implications,* 5 International Data Privacy Law 99, 2015.

51. Hillary Brill & Scott Jones, *Little Things and Big Challenges: Information Privacy and the Internet of Things*, 66 Am. U. L. Rev. 1183, 2017.

52. Lizhi Liu & Barry R. Weingast, *Taobao, Federalism, and the Emergence of Law,* Chinese Style, Minnesota Law Review, 2018.

# 后　记

本书脱胎于我的博士论文，如今呱呱落地出版面世，深感欣慰。

网络平台从诞生到发展壮大不过二十多年的历史，这二十年也是我国从工业2.0的电气化时代到工业3.0的信息化时代，直至工业4.0的智能化时代蜕变的伟大变革时代。在这二十多年里，移动通信技术不断迭代变更，从3G、4G再到5G，我国的通信企业逐步掌握了技术的前沿，互联网的载体从PC端转换成为App移动终端。借助互联网、智能通信的技术系统的翅膀，应对风险社会尤其是两次世所罕见的大规模疫情的现实需求，诸多技术和社会、经济因素促成了超级网络平台的生长并走进千家万户，使得我国本土的公司在历史上首度有可能进入世界级伟大公司的行列。在网络平台不断创新试错的过程中，政治系统在制度供给层面也在不断探索衍进，这使得网络平台在享受经济系统“政策红利”的同时也在随时经受内外部的各项考验。

我作为超级网络平台生长的见证人、使用人，从起初对平台的观望、不解到逐步使用、了解、熟悉，再到置身其中成为一名研究者和管理者，以不同的角色、角度或者是“参与式观察”的身份完整经历了平台发展的二十多年历史，对这样一个研究主题的选择不仅是兴趣使然也是深思熟虑的结果。还记得2016年末，我刚刚结束美国加州的访学返沪，短短一年多时间过去，生活中已经铺天盖地的都是支付宝的推广支付，就连街头巷尾摆摊卖货的老大爷也在车头悬挂着他们的支付宝和微信二维码，这于我而言既惊叹又好奇……所有这些经历促使我想要刨根问底平台到底是如何运作治理的，其一系列的发展变化究竟会给我们这个社会、这个国家带来怎样的改变，这一切促成了博士论文的选题。

如今，本书付梓之际已经距离博士论文成文两年有余，其间，平台经历的内外部法律政策环境无时无刻不在发生巨大变化。从2021年“3·15”当天发布的《网络交易监督管理办法》对《电子商务法》的具体阐述，到《数据安全法》和《个人信息保护法（草案）》先后为平台加码合规红线，再到《国务院反垄断委员会关于平台经济领域的反垄断指南》和《反垄断法》修改等引发的平台反垄断风暴，平台的内外部环境可谓风云变幻。就在我撰写这篇后记的当天，关系万千用户交通出行的滴滴出行App被国家网信办下架处理，而随着阿里巴巴的反垄断处罚靴子落地，美团的反垄断调查正在进行，反垄断风暴和其他合规整治风暴的下一个会是谁，始终萦绕在互联网人的心头。经历了规则自创生之后的平台如何在内外治理上设立恰当边界并予以改进？所有的立法、政策、舆情均在考验着与平台有关的各个内外部主体的治理能力。在此背景下，我决定将几年来有关网络平台治理的思考付之于世，为网络平台治理在理论和实务方面的推进提供些许参考、贡献些许智识。鉴于平台这一高速发展的轨迹目前仍在既有轨道运转，未来我将会会同有关有识之士持续对网络平台治理这一研究主题予以根寻。

本书主要内容脱胎于我的博士论文，因而乐于在此分享读博感受以飨读者。就个人经历而言，读博首先是一个理想主义者脚踏实地的修行，不解乃至嘲讽曾如影随形，谬赞与溢美有时也意外降临，一如这个多元、复杂社会和平台的矛盾状态。在内外系统不断交互沟通过程中产生的种种摩擦迫使我们不断调整内部的种种精神、物理和身体装置，以更好地“耦合”外界环境，成为另外一种学会思考写作的“物种”；读博是一次极为奢侈的提升，在这样一个“躁动”时代读书，尤其是在职业生涯本应最富盛年的时候读书意味着需要投入极高的沉没成本。从某种程度上可以说，再没有比自我教育提升，尤其是接受博士生教育还要昂贵的消费。坚持走下来的我们都经历了一场最为奢侈的历程；读博是一条孤独的求进之路。一路走来，既有非同路者的不解乃至反作用力，也有诸多引路人和同路人的理解、帮助、关心和支持。困惑与懊恼令我们更为深知引路人和同路人的不易和可贵。温暖与美好令人前行，总有一种暖流令我们坚持自我、对世界仍抱有期望。要向引路人和同路人致以深深的谢意，向所有曾给予过我哪怕是一句、一次温暖、鼓励、感动的话语或行动的人们致以真诚的感谢。

感谢导师李学尧教授，在我博士求学之初他便不断提醒我要沉下心来读书、写作。博士大论文的选题、修改、报告，每一次完善都是在李老师的指导下得以完成，导师是我学术之路的有力向导。感谢那些一路走来予我以点拨鼓励帮助支持的师长同侪。宾凯教授给予过社会系统论的直接指导建议，王先林教授、季卫东教授、杨力教授、程金华教授等是求学历程中的引路人。当然还有诸多在学术讲座、学术会议和研究课题开展、学术论文写作过程中有幸结识的老师，也给予了本书许多有益启发。诸位先生博雅的修养、深厚的学识、杰出的综合能力令我在求知受教之余深深感佩。感谢博士同门范凯文、袁小玉、宋杰、钟浩南、刘住洲等，尤其要感谢钟浩南、刘住洲两位师弟在论文写作过程中提供的思维火花和意见建议，他们对社会系统理论的共读帮助推进了本书的进展。

感谢女儿叮当宝贝，最令我欣慰的是在读博期间陪伴你度过的生命最初也是最宝贵的两三年时光。在你身上，我如此直观而深刻地体会到生命的鲜活与不易、灵动与真实、神奇与美妙，这一生命的序曲相比任何理智的逻辑推理与深度思考都更加富有灵性，并令人发自内心地感到温暖愉悦。孔德的社会有机体理论认为，家庭是社会的细胞，人类因为对家人的爱而推广至社会人群的博爱。在你身上，我深深懂得了这个论断。感谢先生，在求学初期遭遇某些怀疑、负面反馈甚至引发自我摇摆时，是他始终坚定地支持我的学业，尊重我的小小事业追求和学术理想，始终给我以正面的鼓励和信心。

感谢上海这座城市，她将所有的中国元素和时代元素熔于一炉，尽情淬炼我们这一代人的思想与意志，令我们不断拓展认知世界的深度和广度。自许多年前 16 岁的我来到这里读书以来，我始终认为这也许是中国最为尊重女性、最适合女性生活的城市。如今，他乡已是故乡。感谢这座城市提供的那些可以令人偏安一隅、静思文章的众多“公共领域”。比如位于家门口的这家星巴克咖啡馆，为我提供了写书期间兼顾家庭和学业的最好场所。感谢这座城市提供的诸多文化资源，感谢诸多文化机构为我们提供的知识滋养和扶助。在本书付梓过程中，冯静编辑给予了诸多细致而有益的建议。

感谢网络平台及其身处的伟大时代，给予了我们前所未有的资源和便利，也给予了我们前所未有的期盼和想象。为此，我们应该珍惜所有、携手砥砺以创造更为美好的未来，为更多人尤其是我们的下一代增添哪怕是些微的福祉。

李怡然

二〇二一年七月　于松湖斋

**图书在版编目(CIP)数据**

网络平台治理:规则的自创生及其运作边界/李怡然著.—上海:上海人民出版社,2021
ISBN 978-7-208-17259-3

Ⅰ.①网… Ⅱ.①李… Ⅲ.①计算机网络管理-科学技术管理法规-研究-中国 Ⅳ.①D922.174

中国版本图书馆CIP数据核字(2021)第148370号

**责任编辑** 冯 静
**封面设计** 光合时代

**网络平台治理**
——规则的自创生及其运作边界
李怡然 著

**出　　版** 上海人民出版社
(200001 上海福建中路193号)
**发　　行** 上海人民出版社发行中心
**印　　刷** 上海商务联西印刷有限公司
**开　　本** 635×965 1/16
**印　　张** 19.25
**插　　页** 2
**字　　数** 217,000
**版　　次** 2021年9月第1版
**印　　次** 2021年9月第1次印刷
ISBN 978-7-208-17259-3/D·3810
**定　　价** 85.00元

# “人工智能与法治”书目

**一、“独角兽·人工智能”系列**

第一辑《机器人是人吗？》

《谁为机器人的行为负责？》

《人工智能与法律的对话》

第二辑《机器人的话语权》

《审判机器人》

《批判区块链》

第三辑《数据的边界：隐私与个人数据保护》

《驯服算法：数字歧视与算法规制》

《人工智能与法律的对话 2》

第四辑《理性机器人：人工智能未来法治图景》

《数据交易：法律·政策·工具》

《人工智能与法律的对话 3》

**二、“独角兽·未来法治”系列**

《人工智能：刑法的时代挑战》

《人工智能时代的刑法观》

《区块链治理：原理与场景》

《权力之治：人工智能时代的算法规制》

《数字货币与日常生活》

《网络平台治理：规则的自创生及其运作边界》

**三、“独角兽·区块链”系列**

《人工智能治理与区块链革命》

《区块链与大众之治》

《链之以法：区块链值得信任吗？》

阅读，不止于法律，更多精彩书讯，敬请关注：

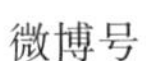

微信公众号　　微博号　　视频号